老人居家健康照顧
理論與實務

Health Homecare Concept and Practice for Senior Citizen

陳美蘭、洪櫻純、黃琢嵩、呂文正／著

作者簡介

陳美蘭

現任

全球品牌整合行銷有限公司總經理

學歷

經國管理暨健康學院健康產業管理研究所碩士

經歷

全球照顧服務事業體系執行長、伊甸基金會執行長室顧問、伊甸基金會附設迦勒居家照顧服務中心專案督導、經國管理暨健康學院樂齡大學講師、新北市松年大學課程規劃師／講師、新北市婦女大學課程規劃師／講師、拼藝拼創意拼貼彩繪師資班講師、職訓美容美髮美甲講師班講師、兒童環境教育志工講師

學術專長

照顧服務技能訓練、長照產業人才建置、課程規劃、團體活動方案設計、企劃書撰寫等

著作

《老人服務事業概論》（合著）、《老人身心靈健康體驗活動設計》（合著）、《老人學》（合著）、《老人居家健康照顧手冊》

洪櫻純

現任

經國管理暨健康學院老人服務事業管理系助理教授

學歷

國立台灣師範大學社會教育學系博士

經歷

經國管理暨健康學院老人服務事業管理系主任、國立台灣師範大學社會教育學系博士教師、國立台灣師範大學成人教育研究中心暨非正規教育課程認證中心執行秘書

學術專長

老人學、老人社會工作、老人教育與學習、老人靈性健康

特殊貢獻

經國管理暨健康學院「100學年度教學優良教師」、教育部第2屆（103年）樂齡教育奉獻獎「卓越領導獎」

專業服務

基隆市政府老人福利推動小組委員、基隆市第六屆終身學習推展委員會委員、教育部樂齡學習北區輔導團計畫訪視委員

著作

《老人服務事業概論》（合著）、《老人身心靈健康體驗活動設計》（合著）、《老人學》（合著）、《老人教育學》（合著）

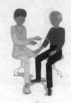

黃琢嵩

現職

財團法人伊甸社會福利基金會執行長

衛福部第十次身心障礙福利機構評鑑諮詢小組委員

教育部第六屆家庭教育諮詢委員會委員

行政院長期照護保險推動小組第七屆委員

新北市政府身心障礙者鑑定審議諮詢小組委員

社團法人中華民國殘障聯盟第十一屆常務理事

中華民國社會福利聯合勸募協會理事

台灣社會福利總盟第四屆理事

學歷

經國管理暨健康學院健康產業研究所畢業

建築物公共安全檢查專業檢查人認可證

國家文官學院「99年高階文官決策發展訓練（SDT）研究班課程」

經歷

台北市政府市政顧問

台北市南區扶輪社職業楷模

新北市政府身心障礙者權益保障推動小組委員

高雄市第三屆身心障礙者權益保障推動小組委員

台中市身心障礙者權益保照推動小組委員

內政部第11屆身心障礙金鷹獎楷模

亞洲無障礙運輸聯盟台灣組織發起人

全國傑出聽障人士

社教公益獎個人獎

經國管理暨健康學院104年度傑出校友

呂文正

現任

明言法律事務所律師

學歷

台灣大學科際整合法律研究所碩士

台灣大學政治學系公共行政組學士

經歷

立詳法律事務所律師

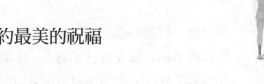

作者序　　　　　　　　　預約最美的祝福

　　照顧服務理論與實務，一直是近年來備受關注的課題，因著長照十年計畫2.0所引導的健康照護政策目標之規劃與執行，且在衛生福利部高齡社會健康照護政策目標與策略指導之下，政府期能建立優質之長期照顧服務體系，非營利組織期能在社區中發展家居屋型態之整合性服務功能，協助社會落實並強化照顧管理各層面之發展，終極目標為做到長照2.0「找得到」、「看得到」、「用得到」的三大特色，及提供包含彈性、擴大、創新、整合與延伸五大服務特色的服務項目。

　　人生是一條不平坦的道路，一路上有生離死別的劇情上演，還有喜怒哀樂的加料調味。每個人都會老，而充分學習與準備面對老後的生活，是在為自己預約最美的祝福。照顧服務專業技能的不斷學習，對服務員或是家庭照顧者而言，都是必要的。特別是投入照顧服務後的照顧者或志工，在做中學並觀察到健康引導之道，幫助他人也受益良多。

　　照顧服務員結業證明取得課程，包含了90小時學科及術科的學習。作者以投入照顧服務產業三十多年的實務經驗，於105年初完成並出版《老人居家健康照顧手冊》，讓讀者從手冊中，學習40小時術科的專業技術及實務上的應用。而這本老人居家健康照顧理論與實務，則是提供讀者學習50小時學科的知識及如何應用在實務工作上。書中並加上督導工作的基本認識與分享，還有失智症和腦中風課題之探討。

　　這本書的出版令人感恩及備受祝福，首先感謝伊甸基金會黃琢嵩執行長、牧師及同工們的協助，同時感謝經國管理暨健康學院老人服務事業管理系前系主任洪櫻純教授，以及呂文正律師，和我一起努力完成這本書。謝謝一直以來，一起為台灣社會長期照顧產業盡力付出

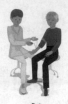

的你們。感謝寫作的過程中，默默給我們鼓勵與支持的你們。你們促使我們不斷的督促自己，寫出一本可以對社會有貢獻的書，我自己也在閱讀及整理文獻的過程中，發現樂活生命意義的許多內涵與增進工作技能的更多方法，來分享給大家。

我期待藉由本書，讓更多實務工作者，一起為照顧服務產業服務品質的提升及人才培育發展而努力。期待讀者們將本書分享給更多人，讓知識藉由分享，讓需要的人得其所需，讓學習者充分瞭解照顧服務及居家服務督導工作領域的概略。謝謝揚智文化公司閻富萍總編及團隊默默的支持與協助。再次謝謝默默為我們祝福祈禱的你們。

陳美蘭 謹識
於2017年3月初

目　錄

老人居家健康照顧理論與實務

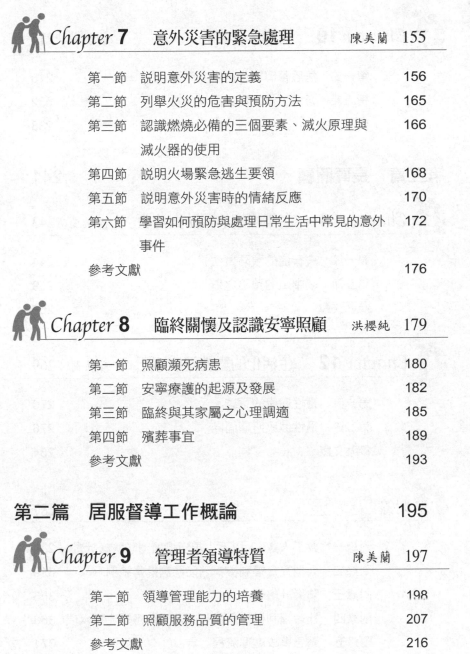

老人居家健康照顧理論與實務

第一篇

照顧服務工作概論

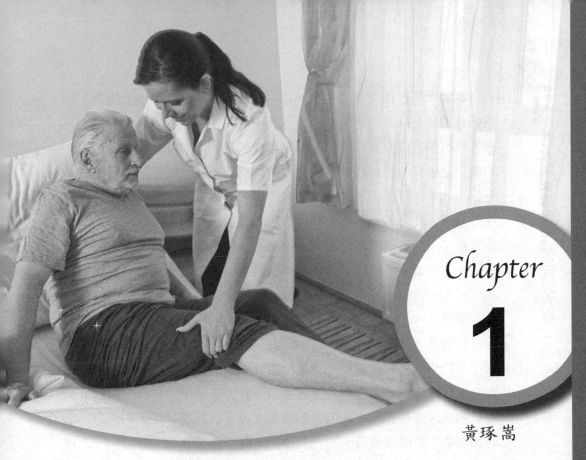

黃琢嵩

緒論

1.認識照顧服務員的工作場所及工作對象。

2.說出照顧服務員的業務範圍、角色功能與
應具備的條件。

3.認識照顧服務員的工作倫理及工作守則。

紐約大學教授克林南柏格（Eric Klinenberg）（2013）提到，當我們為了擔憂長者寂寞、被孤立以及安危，讓他們放棄自己的天地及犧牲尊嚴搬去跟家人或跟專業照護者住，我們的安排真的是長者想要的嗎？這對許多處於高齡階段的人來說代價太高；這是為什麼在歐美有超過八千三百萬長者選擇一個人住，未來數十年將會有數百萬人跟進的原因。長者的幸福，不是將自己的人生任由他人擺布，而是給予「尊重」，讓他們照著自己的意思過活；自己選擇自己的人生，保有他們的「尊嚴」；提供多樣化高品質的服務，活出「尊榮」感。老後的生活也絕對不是等死，而是要慰勞自己辛苦的一生，所以更應該享有「尊重」、「尊嚴」、「尊榮」的對待。

不管是否老去或失能，只要活著就能帶來愛。尤其是現今陸續退出工作場域之戰後嬰兒潮的現代長者，他們被稱為建造者，他們創造財富也累積財富，成為各世代裡消費實力最雄厚的一群。對於生活品質的要求更甚於以往，但並不是每個長者都有獨立生活的能力，這時即需要「照顧服務員」的介入協助，使能持續享有「尊重」、「尊嚴」、「尊榮」的生活品質。

第一節　照顧服務員的工作場所及工作對象

照顧服務員是近十幾年才有的職業名詞，雖已經使用十幾年了，但還是很多人不清楚，也常與其他場所之照顧者名詞混淆，如居家服務員、病房助理員等，故於此節會詳加說明。另照顧服務員之工作場所及工作內容，亦會說明如後。

一、照顧服務員之緣由

因為逐年降低的出生率、高齡化、小家庭取代了大家庭、價值觀的改變，以及現代醫療的進步（雖延長壽命，但大多沒有真正回復健

康狀態）等因素，使得現代家庭及居住型態改變，造成照顧支持、人力及知識之不足，因而照顧壓力增加，社會問題層出不窮。因此，政府為了減輕照顧者壓力、增加照顧人力、提升照護品質、降低醫療機構間相互感染的比率，以及增加就業機會，而有了「照顧服務員」的設置，以進場協助解決目前之照顧問題（何瓊芳，2014），簡易以下圖1-1表示之。

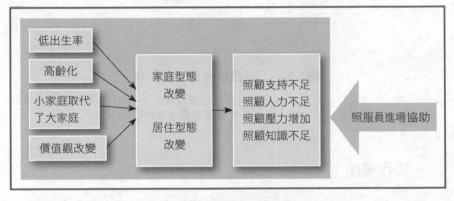

圖1-1　照顧服務員之需求因素

資料來源：修改自行政院（2015）。「高齡社會白皮書」（行政院於104年10月13日核定），2016年04月26日取自http://www.ey.gov.tw/News_Content4.aspx?n=0AD1AB287792C301&s=AD43B6E1D7406D7C

　　為避免跟其他同性質之照顧人員名詞混淆，先說明「照顧服務員」（亦簡稱為「照服員」）一詞之由來。根據照服員訓練課程講師何瓊芳（2014）之說明，從民國72年社會局推展在宅服務開始，當時稱服務員為「在宅服務員」，之後又改稱「居家服務員」；至民國82年衛生署則稱在護理機構工作，負責床邊照顧者為「病房助理員」；民國85年又改稱為「病患服務員」；一直到民國92年10月修正公布「護理機構設置標準表」採用照顧服務員一詞，統一採用照顧服務員，並於同年（92年）由內政部與行政院衛生署共同函頒「照顧服務員訓練計畫」，規定照顧服務員須接受50小時核心課程訓練及40小時實習課程，經結訓取得證書，即成為照顧服務員（**圖1-2**）。

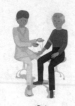

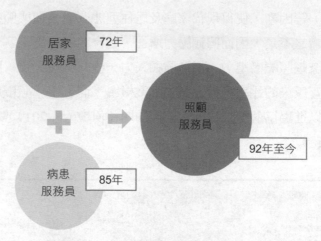

圖1-2　「照顧服務員」的由來

資料來源：整理自何瓊芳（2014）。〈照顧服務緒論〉。《103年度照顧服務員訓練》，頁2-10。台北市：康寧醫護暨管理專科學校。

二、工作場所

　　照服員之工作場所可以先從國家政策來瞭解「照顧服務員」的服務範圍，**圖**1-3是衛生福利部（2015）為保障健康人權，依據世界衛生組織（WHO）提出之「健康全面覆蓋」觀念，所建構最完整的老人全人全照顧政策體系，此一體系主要是以延長國人健康年數、減少失能老人人口為政策核心主軸，針對不同情況之長者因應不同的方案。其中占老年人口多數之健康及亞健康長者（約占83.5%）以「預防」為重點，引入民間資源，發展社會企業支持服務，延緩其進入失能的時間；而急性病患和出院後仍需繼續追蹤照護之病人，則提供醫療服務、出院準備服務、遠距照護服務及中期照護服務；另以長期照顧服務量能提升計畫發展長期照顧服務體系，針對16.5%的失能老人提供所需要之機構照護、社區照護、居家照護，及其他如家庭照顧者支持服務等（衛生福利部，2015）。

　　從**圖**1-3左側之照顧服務員需求可知，愈健康之長者對「照顧服

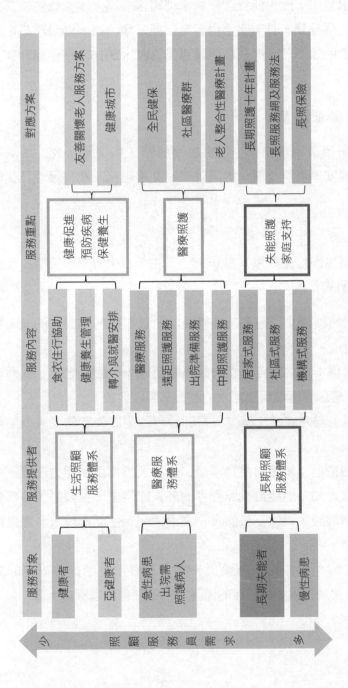

圖1-3 老人全人全照顧政策

資料來源：彙整自衛生福利部（2015）。《長期照顧服務量能提升計畫》（104〜107年核定本）；衛生福利部及經建會建置《長期照顧服務網及服務法》（2009）。

務員」之需求愈少，而失能程度愈嚴重則需求愈高。本文以各體系服務提供者為主要分類，長照服務內容為次要分類，將照顧服務員之工作場所介紹說明如下（台灣長期照護專業協會，2016；衛生福利部，2015）：

(一)生活照顧服務體系

由照顧服務員到案主家中提供家事服務（如準備餐食）、洗補衣服、關心問安、環境整理、陪同就醫、文書服務、簡易護理及復健等。

◆ 機構式服務

機構式服務即是搬離原本之居所，入住至24小時照顧機構接受專業人員的照護服務。

1.老人長照機構：以罹患長期慢性病，且需要醫護服務的老人為照顧對象。

2.養護機構：以生活自理能力缺損需要他人照顧之老人，或需鼻胃管、導尿管護理服務需求的老人為照顧對象。

3.失智型：經過神經及精神科醫師診斷為中度失智的老人為照顧對象。

4.安養型機構：服務對象為年滿60歲以上日常生活能力尚可、可以正常走動，並能自我照顧者的老人家為主，主要是預防疾病及促進健康，提供三餐飲食、文康休閒、生活安排、身體保健等服務。

5.榮民之家：收住對象為榮民，大多為日常生活能力尚可的榮民，其次是養護、失智症的照護，為退輔會所屬機構。

(二)醫療服務體系

醫療服務體系之機構式服務主要是指醫院、護理之家、復健醫院、精神病院及其他呼吸治療病房與慢性病房，受過照服員訓練者亦可在醫院擔任病房助理員或是個人看護，故此亦將醫院列入機構式的工作場所之一。

◆醫院

1.病房助理員：為醫院所聘僱，通稱為病房助理員，分派在急性病房、慢性病房及安寧病房；輪班制擔任護理師之助理，照顧各病床之患者，在病房間協助病人移位、翻身、管灌餵食、沐浴、送餐、關懷、床單或尿布更換等照顧工作。

2.個人看護：由病患或家屬自費聘請之個人看護，住在醫院代替家屬進行如病房助理員之照顧工作，因是一對一私人專屬看護，故費用較高。

◆護理之家

主要提供身體功能嚴重缺損、罹患長期慢性病、出院後需療養或傷口護理、三管照護（鼻胃管、氣管、導尿管）等需24小時照顧服務之個案；除了一般生活照顧服務外，還有專業護理師監控整體住民健康狀況、定期醫療診查、營養師評估照護、藥師用藥諮詢、社工社會福利資源諮詢、復健治療師評估與指導等專業照顧服務。

◆復健醫院

由復健醫師主導的復健團隊，包括語言治療師、職能治療師、物理治療師、心理治療師、社工等專業復健師。

◆精神型長期照顧機構

包含精神護理之家、社區復康中心（日間型）、康復之家（住宿型）。

◆其他

呼吸治療病房與慢性病房。

(三)長期照顧服務體系

我國為健全長照服務體系之發展，並兼顧服務品質與資源發展，以保障弱勢接受長照服務者之權益，於104年6月3日總統令公布長期照顧服務法，預計兩年後正式上路。為我國長期照顧發展重要的里程碑。依據該法定義長期照顧（以下稱長照）：指身心失能持續已達或預期達六個月以上者，依其個人或其照顧者之需要，所提供之生活支持、協助、社會參與、照顧及相關之醫護服務。而長照服務依其提供方式，區分如下：

1.居家式：到宅提供服務。
2.社區式：於社區設置一定場所及設施，提供日間照顧、家庭托顧、臨時住宿、團體家屋、小規模多機能及其他整合性等服務，但不包括機構住宿服務。
3.機構住宿式：以受照顧者入住之方式，提供全時照顧或夜間住宿等之服務。
4.家庭照顧者支持服務：為家庭照顧者所提供之定點、到宅等支持服務。
5.其他經中央主管機關公告之服務方式。

茲分別說明如下：

◆居家式服務

照顧服務員依約定時間至被照顧者（個案）居住之地方提供照顧服務。

1.居家服務：照顧服務員依長者日常生活失能程度之不同，依約定時間前往個案居所提供身體照顧服務、日常家庭生活照顧

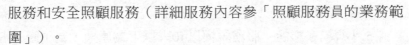

服務和安全照顧服務（詳細服務內容參「照顧服務員的業務範圍」）。

2.個案自聘：長者或家屬自費聘請照顧服務員至個案居所24小時或計時陪伴，並提供家庭及日常生活照顧服務、身體照顧服務和安全性照顧服務之照顧服務。

◆社區式服務

社區設置一定場所及設施，提供日間照顧、家庭托顧、臨時住宿、團體家屋、小規模多機能及其他整合性等服務。

1.日間照護：服務對象為日常生活能力尚可的老人；日間照護中心介於老人中心及機構，白天提供照護、復健、各項活動，晚上老人家回到家中，如同幼兒上幼稚園一般。

2.家庭托顧：把原來家庭保母照顧的幼兒轉換成失能長者的照顧模式，照顧服務員改造自己的居所為無障礙環境，照顧居家附近的長者，讓長者在充滿家庭氣氛及專業的托顧家庭中得到合適的照顧。

3.臨時住宿：失智長者通常有失眠問題，照顧者因而無法得到充分休息，長期下來照顧者容易身心俱疲，因此設有臨時住宿讓照顧者有喘息的機會；或是家屬晚上有事或需外出數日，無法照顧失智長者時，無法帶服務對象一同前往時，亦可申請臨時住宿。

4.團體家屋：服務對象以失智長者為主，提供24小時之全日型照顧，與一般的機構式照護不同的是，家屋的空間規劃像是一般家庭，有餐廳、廚房、客廳、廁所及屬於自己的臥室；社工、照服員及其他工作人員會像家人一樣陪伴著失智長者共同生活，尊重其原本的生活經驗，依個人的獨特性、喜好興趣及身體狀況排定個別生活照顧計畫，在日常生活中融入照顧及復健，協助維持生活功能，延緩退化（社團法人台灣失智症協

會，2016）。

5.小規模多機能：服務規模以40人以下為原則，為了讓長者可以在熟悉的環境下接受照顧，集合居家服務及社區服務於一身，提供社區長者彈性、個別化又能充分運用之照顧服務；如以日間照護中心為基礎，附加到宅送餐、居家照護、就醫接送以及臨時短期住宿等服務，提供如同社福界之便利商店般的多元性照護服務。

◆機構式服務

所謂機構式服務指的是被照顧者離開原本的住所，入住至24小時照顧機構接受專業人員的照護服務，依被照顧者之身分及需求狀況，可分為以下幾種：

1.長期照顧機構：
(1)長期照護型機構：與護理之家相似，主要提供身體功能嚴重缺損、罹患長期慢性疾病，且需要醫護24小時照顧服務之個案；與護理之家不同之處，是依據老人福利法，主責單位是社家署、社會局，屬社會福利體系之機構。
(2)養護型機構：須滿60歲以上、生活自理能力缺損需他人照顧之長者，與長期照護型機構不同之處是只可以照顧有導尿管、鼻胃管需求服務之個案，不能收有氣切之患者。
2.失智照顧型機構：以神經科、精神科等專科醫師診斷為失智症中度以上、具行動能力，且需受照顧之老人為照顧對象。身心障礙福利機構提供身心障礙者托育養護，以及日常生活照顧。

三、工作對象

根據老年醫學教授李世代（2003）之分類，可將本書的主要服務工作對象——「老人」分成以下幾種（**圖1-4**）：

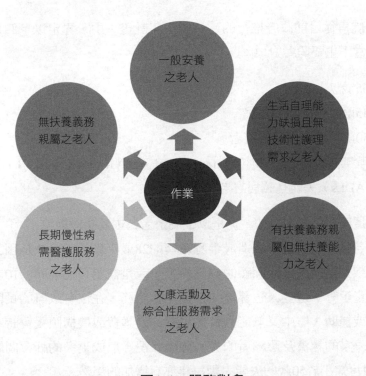

圖1-4　服務對象

資料來源：李世代（2003）。〈醫事照顧〉。取自於中華民國長期照護專業協
　　　　　會，《老人安養護、長期照護機構營運指南》，頁111-132。台北
　　　　　市：內政部。

案例：有扶養義務親屬但無扶養能力之老人

　　一位51歲的黃懷德先生將80歲失智行動不便的老母親送到
雲林一安養中心照護，但一個月需18,000元，無力負擔，便將
老母親遺棄在台中榮總醫院，留下一封信後離去，「希望老母
親能得到政府更好的照顧」，雖事後警方有找到他，但他仍不願接
回老母親，而被警方以遺棄罪函送法辦（湯世名，2010）。

我們再從目前政府推行的「長照十年計畫」中，界定以下四類失能者為當下主要照顧對象：

1.65歲以上老人。

2.55歲以上山地原住民。

3.50歲以上之身心障礙者。

4.僅工具性日常活動（Instrumental Activities of Daily Living, IADLs）失能且獨居之老人。

從這四類失能者可知，仍是以較高齡者為主要照顧對象。

但若是一位因出車禍造成半身癱瘓的28歲年輕爸爸，或是因工作摔落鷹架長期無法自我照顧的43歲媽媽，或是需要長期照顧的10歲自閉症兒童等等，這些人也都需要長期照顧服務，在沒有政府的長照服務提供或補助，家中又無能力負擔昂貴的看護費或機構照養費時，往往拖垮一家的經濟及照顧者的身心健康狀況，形成更多的社會問題；從**表1-1**可知小於50歲的失能人數每年亦有增加的趨勢。

表1-1　推估長照服務對象之需求增加

年份	65歲以上失能人數	身心障礙者失能人數			原住民失能人數		
		50～64歲	＜50歲*	小計	＞55歲	＜55歲*	小計
101	427,276	62,870	100,346	163,216	11,504	9,094	20,598
102	447,286	63,178	100,838	164,016	11,530	9,115	20,645
103	467,295	63,488	101,332	164,820	11,554	9,133	20,687
104	487,305	63,799	101,829	165,628	11,573	9,148	20,721
105	510,023	64,112	102,328	166,440	11,592	9,164	20,756
106	532,741	64,426	102,829	167,255	11,604	9,173	20,777
107	555,459	64,742	103,333	168,075	11,616	9,183	20,799

註*：長期照顧十年計畫中未納入之服務對象。

資料來源：衛生福利部（2015）。《長期照顧服務量能提升計畫》（104～107年核定本）。

　　若是依據照顧服務員訓練實施計畫中的第3條照顧服務員的服務對象，則是「日常生活活動功能或維持獨立自主生活能力不足，需他人協助者」，則不限年齡，只要有失能狀況者，皆是服務對象。依據105年9月29日行政院院會「長照十年計畫2.0」報告案資料顯示，長期照顧服務擴大服務對象包含：失智症照顧服務、原住民族地區社區整合型服務、小規模多機能服務、家庭照顧者支持服務據點、成立社區整合型服務中心、複合型日間服務中心與巷弄長照站、社區預防性照顧、預防失能或延緩失能之服務（如肌力強化運動、功能性復健自主運動、吞嚥訓練、膳食營養、口腔保健），延伸至出院準備服務、居家醫療等。

　　為方便讀者瞭解，本文將「長照十年計畫」及「長期照顧服務法」之照顧對象彙整如圖1-5所示，未來若長照保險法正式啟用後，凡

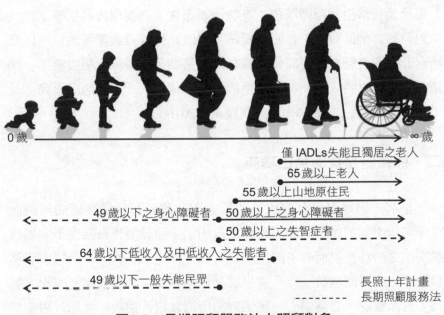

0歲　　　　　　　　　　　　　　　　　　　　　　　　∞歲

僅 IADLs失能且獨居之老人

65歲以上老人

55歲以上山地原住民

49歲以下之身心障礙者　　50歲以上之身心障礙者

50歲以上之失智症者

64歲以下低收入及中低收入之失能者

49歲以下一般失能民眾　　　　　　　　————— 長照十年計畫

- - - - - - - - 長期照顧服務法

圖1-5　長期照顧服務法之照顧對象

圖片來源：from Dreamstime，http://www.dreamstime.com/illustration/evolution-silhouette-baby-boy-man.html#details49118834

經評估符合失能程度界定之失能者，不限年齡、障別、族群，皆能得到長照服務。

第二節　照顧服務員的業務範圍、角色功能與應具備的條件

不管是管理者、被照顧者本人、家屬或照顧服務員本身，都應瞭解照顧服務員的業務範圍、角色功能與應具備的條件，以減少不必要之爭執與衝突。

一、照顧服務員的業務範圍

根據照顧服務員訓練實施計畫第4條，服務項目所載之服務範圍為「家務及日常生活照顧服務；身體照顧服務；在護理人員指導下執行病患照顧之輔助服務。但服務範疇不得涉及醫療及護理行為」，以及前台北市政府社會局副局長周麗華的「長期照護資源介紹與應用」簡報說明，本文將「家務及日常生活照顧服務」、「身體照顧服務」及「安全性照顧」以**圖1-6**表示（周麗華，2016）。

二、照顧服務員的角色功能

早期，照顧服務員的角色功能會因為政府和民間機構的規範而有所影響；如前述「照顧服務員之緣由」，照顧服務員因在不同場合或提供之服務差異而有不同之名稱，如「在宅服務員」、「居家服務員」、「病房助理員」或「病患服務員」等；當時因機構及家屬之需要，許多醫院、看護中心、護工介紹所等會自行招收，並進行短期訓練，即分配至一線照顧場所進行簡單之照顧工作，有的甚至未經任何訓練就擔任看護工作，照顧品質參差不齊；直至社政、衛政陸續開辦

照顧服務員的業務範圍

家務及日常生活照顧服務	身體照顧服務	安全性照顧
1. 換洗衣物之洗滌及修補	1. 協助如廁、沐浴	1. 注意個案有
2. 居家環境之改善	2. 協助換穿衣物	無異常狀況
3. 家務與文書服務	3. 協助進食、口腔清潔	2. 緊急通報醫
4. 友善訪問（電話問安）	4. 協助服藥	療機構
5. 備餐服務	5. 協助翻身、拍背	3. 協助危機事
6. 陪同代購生活必需用品	6. 簡易被動式肢體關節活動	件處理及其
7. 陪同就醫或聯絡醫療機關	7. 協助上下床、陪同復健	他相關服務
8. 文康休閒及協助參與社區	8. 協助使用日常生活輔助器具	
活動	9. 其他相關之居家服務	
9. 其他相關之居家服務		

圖1-6　照顧服務員的業務範圍

資料來源：整理自何瓊芳（2014）。〈照顧服務緒論〉。《103年度照顧服務員訓練》，頁2-10。台北市：康寧醫護暨管理專科學校；周麗華（2016年5月24日），長期照護資源介紹與應用，取自www.nurse.org.tw/nurseEdu/eduProDownFile.ashx?file=108

訓練計畫，才有正式的訓練課程及證明，之後內政部整合社政及衛政，於92年開始不管是在醫院或居家服務，只要是從事照護工作皆需接受90小時的照顧服務員訓練課程，其中包括核心課程50小時、實習課程40小時。

(一)角色

　　照顧服務員主要是扮演家庭及醫院照顧人力不足時的替補角色，例如：

1. 家屬的代勞者：根據**圖1-1**可知家庭型態及居住型態的改變，造成家庭之主要照顧者因受不了長期之照顧壓力，進而延伸出許多社會問題，故照顧服務員即是家屬的重要代勞者，除了替代

家屬照顧個案外，還能比家人提供更專業的照顧服務。

2.醫護人員的助手：在醫院醫護人員不足之情況下，會聘請助手或稱為護佐來協助照顧病人，如協助翻身、拍背、餵藥、換穿衣物、如廁、沐浴、病房消毒等病房事務。

3.半專業的助人者：照顧服務員系經過照顧服務訓練後，成為半專業的助人者。

(二)功能

照顧服務人員主要的功能如下所述：

1.服務者，協助案主日常生活，盡可能協助他獨立。

2.保護者，保護案主免於受到傷害。

3.代言人，為家屬的代言人，表達案主的需求。

4.陪伴者。

5.關懷者。

6.安慰者。

7.資源轉介者，對於案主有其他長期照顧需求，協助轉介其他相關單位。

三、照顧服務員應具備的條件

在台灣，如想要從事照顧服務的工作者，皆須參加「照顧服務員訓練」課程且通過測試始能取得結業證書，領取結業證書後方能擔任照顧服務員之職，中央政府於96年8月7日根據老人福利法第20條訂定「老人福利服務專業人員資格及訓練辦法」，其中第5條即明文規定照顧服務員應具備以下資格之一（何瓊芳，2014）：

1.領有照顧服務員訓練結業證明書。

2.領有照顧服務員職類技術士證。

3.高中（職）以上學校護理、照顧相關科（組）畢業。

老人長期照顧失智照顧型機構照顧服務員除應具前項資格外，並應取得失智症相關訓練證明文件。

第12條亦明文規定社會工作人員、照顧服務員、居家服務督導員及老人福利機構院長（主任）每年應接受至少二十小時在職訓練，訓練內容包括下列課程：

1.老人福利概述。
2.老人照顧服務相關法令。
3.老人照顧服務工作倫理。
4.老人照顧服務內容及工作方法。
5.其他與老人照顧服務相關課程。

前項在職訓練，由主管機關自行、委託或由經主管機關審查核定之機構、團體及學校辦理。訓練成績合格者，訓練主辦單位應發給結業證明文件，並載明訓練課程及時數。

除了以上政府明文規定照顧服務員應具備的條件外，更應具備對照顧工作的興趣、對人的關懷及愛心、身心成熟具自我察覺能力、敏銳的觀察力、真誠熱心與歡愉的態度、溝通的能力及豐富的知識等等特質，則能讓照顧服務的工作做起來更為得心應手，除了協助個案生活功能的改善，更能提升個案心靈的層次。

第三節　認識照顧服務員的工作倫理及工作守則

在瞭解了照顧服務員的工作場所、服務對象、工作條件、工作內容及應具備的特質，也需知道擔任照顧服務員應遵守的工作倫理及守則，除了能保護患者亦是維護自己的權益。

一、醫院管理照顧服務員訂定之管理規範

依照醫院照顧服務員管理要點（民國95年5月29日），醫院管理照顧服務員訂定之管理規範如下：

1. 照顧服務員對於工作上知悉之病患隱私，不得無故洩漏。
2. 照顧服務員每年至少接受8小時在職訓練，訓練內容包括感染控制、病人安全、緊急處理及照顧服務員技術等。
3. 照顧服務員對於所服務醫院之內部管理相關規定應予遵守。
4. 醫院依其管理及病患安全所需，應與照顧服務業者或與照顧服務員訂定相關契約及規範。按約定時間到案家，不可以遲到早退。

二、照顧服務員的工作倫理及工作守則

倫理是引導我們明辨是非對錯的心理準則，在決定的當下能做出正確的判斷。以下就何瓊芳（2014）在照顧服務員訓練課程中所說明的，整理如下：

(一)對個案

尊重個案之生命、宗教信仰、風俗習慣、價值觀、獨特性、人性尊嚴自主性、隱私權及個別需求；對瀕臨死亡的個案，仍予以尊重，使其安詳且尊嚴的死亡。

(二)提供服務時

按約定時間到案家，不可以遲到早退；提供服務前，應先說明；不得竊取或盜用個案或其他工作人員之財物；個案有惡化狀況時，應馬上聯絡醫護人員及其家屬。

(三)對個案家屬

對個案家屬應予尊重、協調、開放的態度，並鼓勵他們參與照顧；但不得向病患家屬解釋病情，干涉醫療行為；亦不得推銷、媒介藥品或醫療器材，以及暗示要求送紅包等不當牟利行為；甚至不能將個人電話、地址留給案主及家屬。

(四)與醫療團隊

與醫療團隊成員維持良好的合作關係；認知到可能的危害和培養安全的工作習慣。當發現其他醫療成員有不道德或不合法行為時，應以維護個案權益為主，積極採取保護措施。

學習與討論

學習題一、請說明照顧服務員的工作場所及工作對象。

學習題二、請說明照顧服務員的業務範圍、角色功能與應具備的條件。

學習題三、請說明照顧服務員的工作倫理及工作守則。

學習題四、照顧服務員在照顧過程中，對於案主狀況之變化，如何及時反應給照顧團隊。

從伊甸基金會看非營利組織之運作

　　數字，不是伊甸最終的結果，數字是伊甸做的每一件事情的一個表徵，若伊甸把數字當做最後目的，一定會出問題。

　　所以它有兩個層次，一個是我們選擇去做該做的事情，然後去享受或承擔該受的結果。相對的從管理方面亦無法不重視數字，我們從社會工作質化的研究中，就可以看出其基礎中，還是有充滿了量化的影子，這表示管理科學的工具中，回到理性的對話不得不用數字才有辦法對話，即使是非經濟指標，如服務人數、服務人次、受益人數等都是數字。數字對於機構管理是相對有效的溝通工具，數字的背後要去解釋它的意涵，尤其是社會工作者特別注重的感動、熱情。

　　2008年9月，伊甸的捐款掉了27%，同年8月某A基金會關了七家庇護工場，當時如果您是伊甸執行長，一邊是面臨雷曼兄弟的金融風暴，一邊是300位個案，你會如何決策？為了做這個決定我思考了兩個月，最後決定全部吸收，原因是伊甸該做「對」的事，而什麼是「對」的事，如果我像A基金會一樣關掉一些庇護工場，財務會立即得以緩解，不會再雪上加霜；但這300位學員要何去何從？伊甸的存在不就是為了這社會的需要及問題嗎？而且當這是一個問題的時候，不正是我們應該跳出來承擔起這個社會責任的時候嗎？所以我就跟董事會提出我們應該要照單全收。決定的當下很感性，但之後所要面對的是很殘酷的問題，需很理性的去思考該如何做，我們的庇護工場必須轉型為就業安置，300位身心障礙學員全部轉為正式員工，光是雇主提撥之健保費每個月就要兩百多萬、捐款少了27%，感謝上帝支持，2008年年底伊甸捐款的總量並沒有變少，你做對的事，神就加倍奉還給你。

伊甸基金會執行長

黃琢嵩

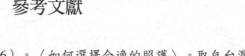

參考文獻

台灣長期照護專業協會（2016）。〈如何選擇合適的照護〉。取自台灣長期照護專業協會，http://www.ltcpa.org.tw/public/choose_01.html

朱偉仁（2014）。〈照顧服務資源簡介〉。台北市：群仁老人養護所。

何瓊芳（2014）。〈照顧服務緒論〉。《103年度照顧服務員訓練》，頁2-10。台北市：康寧醫護暨管理專科學校。

李世代（2003）。〈醫事照顧〉。取自於中華民國長期照護專業協會，《老人安養護、長期照護機構營運指南》，頁111-132。台北市：內政部。

李世代（2010）。〈長期照護的發展與推動〉。《台灣醫界雜誌》，53(1)，44-50。

社會保險司（2016）。〈長照保險法懶人包〉。取自衛生福利部──長照政策專區，http://www.mohw.gov.tw/cht/LTC/DM1_P.aspx?f_list_no=898&fod_list_no=0&doc_no=50958

社團法人台灣失智症協會（2016）。〈照護資源──團體家屋〉。取自社團法人台灣失智症協會社會支持網，http://www.tada2002.org.tw/Support.Tada2002.org.tw/support_resources11.html

洪世民譯（2013）。Klinenberg Eric著。《獨居時代：一個人住，因為我可以》。台北市：漫遊者。

湯世名（2016）。〈養不起老母？載去丟醫院〉。取自《自由時報》，http://news.ltn.com.tw/news/society/paper/435628

衛生福利部（2015）。《長期照顧服務量能提升計畫》（104～107年核定本）。台北市：衛生福利部。

衛生福利部（2016）。〈長期照顧的整體政策藍圖〉。取自衛生福利部，http://www.mohw.gov.tw/CHT/LTC/DM1_P.aspx?f_list_no=896&fod_list_no=0&doc_no=50956

鄭啟旭譯（2008）。草花里樹著。《看護工向前衝》。台北市：東立出版社。

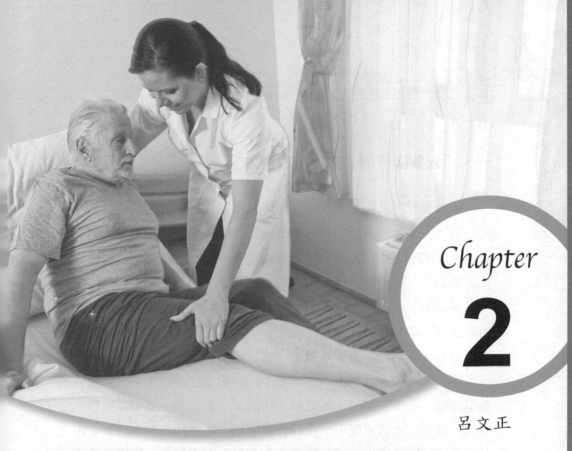

Chapter 2

呂文正

照顧服務相關法律基本認識

學習目標

1. 認識老人福利法、身心障礙者權益保障法、護理人員法等
2. 瞭解照顧服務相關民法、刑法等概要

第一節　社會福利制度的憲法基礎

一、「社會國原則」與「社會憲法」

國家有照顧人民的義務。從社會學觀點以觀，社會國家有四項主要特徵：(1)國家或政府介入經濟市場；(2)保障每個國民最基本的需求滿足；(3)福利是國民的權利，並非國家施惠行為；(4)福利的提供係國家以強制性、集體性且無差別性的直接滿足人民需求為主要模式（林萬億，1994）。但是社會國家的相關制度及措施，如何奠基於憲法與相關法律規定中呢？

社會福利制度之憲法基礎，立基於憲法基本原則之一——「社會國原則」。社會國原則與民主原則、法治國原則及基本權保障是憲法基本原則（吳庚，2003；陳愛娥，1997）。所謂的「社會國原則」，或稱「社會法治國原則」、「福利國原則」，係指國家本於對人民之保護義務，應予提供維持人性尊嚴生存最低限度條件，以實踐社會正義，促進民生福祉。我國大法官於司法院釋字第485號解釋明確指出：「促進民生福祉乃憲法基本原則之一，此觀憲法前言、第一條、基本國策及憲法增修條文第十條之規定自明。」明確指出「社會國原則」乃是我國重要憲政原則之一。

國家對人民負有保護義務，其來有自。憲法之原意，係為避免國家權力行使之流弊，著重於人民基本權之主觀防禦功能，避免國家公權力侵害，藉以保障人民得以自由開展個人生活，並於國家權力限縮、分化之下，從事社會及經濟活動。但單純的限制國家權力干預、侵害人民私領域的生活，並不當然帶來人民富足之生活。長遠來看，這對國家的發展並非一大佳音。因此，國家非但不得干涉人民生活，進一步還負有對全體人民積極照護之義務，這是人民基本權之客觀給付功能。是以，我國於憲法中各該章節中，對社會經濟秩序分別做出

具體之安排與規範，讓國家得以建立社會安全制度，適度重分配社會資源，藉此保障人民得以在基本物質基礎上，享有個人自由發展的公平機會（孫迺翊，2015a），足見我國符合當代國家非純粹自由主義國家型態。

綜觀我國憲法及憲法增修條文之規定，我國憲法前言「中華民國國民大會受全體國民之付託，依據孫中山先生創立中華民國之遺教，為鞏固國權，保障民權，奠定社會安寧，增進人民福利，制定本憲法，頒行全國，永矢咸遵。」及憲法第1條，明文揭示國家存在是為增進人民福利，憲法第15條揭示人民生存權保障，憲法第22條揭示未列舉基本權保障，於第十三章基本國策第152條至第157條明文國家應對勞工、農民、老弱殘廢、婦女及兒童予以特別保護，並要求國家應依其保護類型，制定各該保護政策、爭議調解、社會福利及社會保險制度，而憲法增修條文第10條更明文婦女、身心障礙者及原住民保障、全民健保制度，重視社會救助、社會福利、國民就業及醫療保障等國家措施及給付。上述憲法規定，直接或間接或以社會政策或社會立法形式體現，渠等規定便稱為「社會憲法」（陳新民，2011），此乃我國社會福利制度之憲法規定。

二、我國「社會國原則」之憲政實踐

「社會國原則」作為我國重要憲政原則之一，但其與社會憲法各該條款之規範作用為何，學界仍有爭議[1]，但觀察歷來司法院大法官做成之憲法解釋，雖未就社會憲法各該條款規範效力表示意見，但實際上卻會援引社會憲法條款作為合憲或違憲之判斷依據。大法官釋字第422號解釋援引憲法第15條及第153條，作為國家負有農民生存及提升其生活水準義務之依據、釋字第456號解釋援引第153條解釋勞工保險乃保障勞工生活，促進社會安全，符合基本國策要求而設立，排除非專任員工或勞動者之被保險人資格，對於符合資格者，未能顧及權

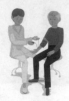

益，有違保護勞工之意旨，而屬違憲、釋字第472號解釋及第609號解釋，重申憲法上要求國家為謀社會福利應實施社會保險制度，並於釋字第609號解釋理由書內說明強制投保及社會互助原則、釋字第694號及第701號解釋，援引憲法第15條及第155條，揭示國家所採取保障人民生存與生活之扶助措施原有多端，租稅優惠亦屬其中之一環，足見社會國原則實踐上，我國大法官做出憲法價值之取捨，進而影響社會福利立法之形成。

第二節　老人福利政策與老人福利法

一、老人福利政策

所謂的「老年」，依據老人福利法第2條規定：「指年滿六十五歲以上之人。」從而相關老人福利法規，均係以年滿65歲之人為老年福利之適用對象。我國於1994年邁入高齡化社會，將於2018年邁入高齡社會，預計於2026年邁入超高齡社會（簡志文、廖又生、黃敏亮，2014），甚至2016年台灣65歲以上人口已正式超越14歲以下人口（行政院經濟建設委員會，2012），可見台灣未來老人人口激增已是不可逆的人口現象，相關老人福利政策立法更應完善以待。

為因應老化社會的到來，政策面規劃而言，行政院於1994年制訂並於2012年修正核定「社會福利政策綱領」，於2007年4月核定「我國長期照顧十年計畫」，且於2015年6月公布「高齡社會白皮書」，並影響老人福利法制之立法，以下分述其要點：

(一)社會福利政策綱領

◆緣起

1945年光復前，國民政府頒布「民族保育政策綱領」、「勞工政

策綱領」、「農民政策綱領」及「戰後社會安全初步實施綱領」等四大社會政策綱領，取代戰時的難民救濟，而當中所強調的就業輔導、社會保險與社會救助更成為政府遷台後台灣地區社會安全制度的基本架構。隨著社會環境的快速變遷，為謀國民福利之均衡發展，各該社會政策綱領迭有修正，如1965年「民生主義現階段社會政策」、1969年「現階段社會建設綱領」等，終至1994年通盤檢討頒布「社會福利政策綱領」，並於2004年修正，嗣於2012年，一則因2009年立法院通過，並由總統簽署批准「經濟社會文化權利國際公約」及「公民與政治權利國際公約」兩項聯合國人權公約（俗稱「兩公約」），為促進我國社會福利發展與國際接軌，謀求建立符合時代趨勢與民眾需求之社會福利體系，一則本於憲法之任務，為因應社會變遷，社會福利政策應適時調整之需求，以「邁向公平、包容與正義之新社會」為願景，重新核定社會福利政策綱領。

◆內容

2012年修正之「社會福利政策綱領」內容包括社會救助與津貼、社會保險、福利服務、健康與醫療照護、就業安全、居住正義與社區營造等六大項目。其中與老人福利較為顯著相關項目包括「社會保險之目的在於保障全體國民免於因年老、疾病、死亡、身心障礙、生育，以及保障受僱者免於因職業災害、失業、退休，而陷入個人及家庭的經濟危機。據此，其體系應涵蓋職業災害保險、健康保險、年金保險、就業保險、長期照護保險。」（二之1）、「政府針對經濟弱勢之兒童、少年、身心障礙者、老人、婦女、原住民、婚姻移民家庭、單親家庭等應有適切協助，以提升生活品質。」（三之4）、「政府與民間應整合社會福利、衛生醫療、教育及相關資源，營造高齡友善環境，保障老人尊嚴自主與健康安全。」（三之12）、「政府應結合民間倡導活躍老化，鼓勵老人社會參與，提供教育學習機會，提升生活調適能力，豐富高齡生活內涵。並強化世代間交流，倡導家庭價值，

鼓勵世代傳承，營造悅齡親老與世代融合社會。」（三之13）、「政府照顧老人及身心障礙者應以居家式和社區式服務為主，機構式服務為輔。」（三之14）及「政府應健全長期照護體制，充實長照服務人力與資源，強化服務輸送體系，增進服務品質，縮減城鄉差距，並積極推動相關立法工作。」（四之7）等內容，由此可見我國老人政策以高齡友善社會為基礎，尊重老人尊嚴，推動全人照顧及在地老化，並以「活躍老化」促進老人參與，並藉此提升老人生活品質。

(二)長期照顧十年計畫

◆緣起

過往長期照顧被認為是家庭倫理之一環，但有鑑於我國老年人口攀升，且我國人口老化速度快速增加，隨之而生之慢性病及功能障礙盛行率亦增加，因此功能障礙或缺乏自我能力照顧者之健康、醫療服務需求增加，長期照顧服務更是需求倍增，加上長期照顧「逆選擇」特性，顯已超出家庭負荷。因此，為滿足長期照顧需求人數之增加，行政院2007年核定「我國長期照顧十年計畫」，以「建構完整之我國長期照顧體系，保障身心功能障礙者能獲得適切的服務，增進獨立生活能力，提升生活品質，以維持尊嚴與自主」為目標，建構包括老人照護在內之長期照顧制度，藉以分攤家庭照顧或機構照顧之負擔。

◆內容

1.「長期照顧十年計畫」以全人照顧、在地老化、多元連續服務為長期照顧服務原則，保障民眾獲得符合個人需求的長期照顧服務，並增進民眾選擇服務的權利。同時，其仍係以居家及社區照護為主，藉長期照顧制度支持家庭照顧能力，分攤家庭照顧責任。另外，該計畫重申建立照顧管理機制，整合各類服務與資源，確保服務提供的效率與效益。而財源方面，除了透過政府的經費補助外，以長期照顧社會保險制度建立由政府與民

眾共同分擔財務責任，確保長期照顧財源永續維持。

2. 「長期照顧十年計畫」服務對象並不限於老人，亦包括55～64歲的山地原住民、50～64歲的身心障礙者、工具性日常活動（IADLs）失能獨居老人，透過失能程度及家庭經濟狀況評定，給予不同的照顧服務措施，並予以不同補助標準。其照顧服務措施主要以實物給付為主，現金給付為輔，種類包括：居家服務、日間照顧、家庭托顧服務、居家護理、社區及居家附件、輔具購買、租借及住宅無障礙環境改善服務、餐飲服務及喘息服務，上開服務種類並引進民間參與，以增加服務提供單位數量及多元化服務模式，建構多元社區照顧網絡。

(三)高齡社會白皮書

我國人口老化速度過快，於2015年65歲以上之人口已達286萬餘人，占總人口12.21%，將於2018年邁入高齡社會，2026年邁入超高齡社會，如此快速攀升的老年人口，加上少子化，扶老比增加，家庭照顧壓力加劇，且因老人生活形態之改變以及社會變遷中世代價值觀念之差異，是行政院在「為年輕人找出路、為老年人找依靠；為企業找機會，也為弱勢者提供有尊嚴的生存環境」政策理念下，以「建立健康、幸福、活力、友善的高齡社會」為願景，以健康生活、幸福家庭、活力社會及友善環境四項目標，個別推動策略包括：建構預防性環境、整合醫療服務及智慧科技、擴大居家社區醫療服務、提供足夠穩健的長期照顧服務人力、品質與多元性、進行整體規劃家庭照顧者支持制度、強化世代連結互助、保障高齡者經濟安全、鼓勵高齡者勞動參與、教育學習與休閒多元化、建置連續性服務資源相互串連網絡、結合科技發展銀髮產業以及破除年齡歧視與障礙等項目。

二、老人福利法概述（民國104年12月9日修正）

(一)立法目的及適用對象

步入老年，人面臨因退休[2]或勞動能力下降所導致之所得流失風險，身體機能衰退導致疾病及意外發生率增加之醫療需求風險，以及身體機能減損所生之保護風險，使得年長者生活風險上升。因此，為強化或補充老人面臨該等風險之老人福利法及相關法規相應而生，兼及老人權利保護[3]及老人參與，尤因近年來政府對長期照護的重視，故老人福利法於民國104年12月9日修正第1條：「為維護老人尊嚴與健康，延緩老人失能，安定老人生活，保障老人權益，增進老人福利，特制定本法。」特增訂「延緩老人失能」為立法目的之一。其次，在我國社會福利立法中，老人福利法是以「年齡」作為區分標準以特定立法之適用對象，即以年滿65歲之老人均作為適用對象（老人福利法第2條）。

(二)主管機關及行政事項

有關老人事務之主管機關，中央以衛生福利部為主管機關，地方以各縣、市、直轄市政府為主管機關（老人福利法第3條）。

衛生福利部執掌全國性老人事務、跨國交流及地方老人事務執行之監督，包括老人政策、法規及老人保護業務之擘劃、地方主管機關老人福利執行之監督與協調、中央老人福利經費分配及補助、全國性老人福利機構設立、監督及輔導、老人福利專業人員訓練之規劃（老人福利法第4條）。

各地方政府（以下稱地方主管機關）則負責地方性老人政策及自治法規規劃、中央老人福利政策執行、老人保護業務執行、地方性老人福利機構設立、監督及輔導、老人福利專業人員訓練之執行（老人福利法第5條）。

主管機關應建立「諮詢機制」，邀集老人代表、老人福利相關學者或專家、民間相關機構、團體代表及各目的事業主管機關代表，整合、諮詢、協調及推動老人福利事務，其中老人代表及老人福利相關學者或專家及民間機構、團體代表不得少於二分之一，且老人代表不得少於五分之一，應有原住民代表或熟諳原住民文化之專家學者至少一人（老人福利法第9條）。另，主管機關應「定期調查」，至少每五年舉辦老人生活狀況調查，出版統計報告（老人福利法第10條）。

(三)我國老人福利法的領域

　　我國老人福利法主要可分為五個領域：(1)老年經濟安全保障；(2)老年醫療保障；(3)老年照護；(4)老年保護；(5)活躍老化。擇重要內容說明如下：

◆ 老年經濟安全保障

①生活津貼、特別照顧津貼及年金保險

　　老人經濟安全保障，老人福利法第11條設有總則性規定，課以政府應針對老人經濟安全保障，應採用生活津貼、特別照顧津貼、年金保險制度等方式，逐步實施規劃。其中，中低收入老人未接受收容安置，得申請發給生活津貼，而領有生活津貼，失能程度經評估為重度以上者，實際由家人照顧者，照顧者得向地方主管機關申請發給特別照顧津貼（老人福利法第12條第一、二項）。而年金保險，則依相關社會保險法律規定辦理（老人福利法第11條第二項）。另，104年12月9日修法，增訂第12條之1，明定老人依老人福利法請領各項現金給付或補助權利，具有一身專屬性，不得扣押、讓與或供擔保，不可作為強制執行之標的，藉以保障老年經濟安全。而相關主管機關為辦理老人福利法各項現金或補助業務之必要資料，請求第三人提供，受請求者負有配合提供資訊之義務，而主管機關因而取得之資料，保有、處理及利用應符合我國個人資料保護法相關規定。

②監護或輔助宣告聲請協助

老人如因有精神障礙或其他心智缺陷，致不能為意思表示或受意思表示，或不能辨識其意思表示之效果者，地方主管機關得協助老人向法院聲請監護宣告（老人福利法第13條第一項、民法第14條及家事事件法第164條至176條）；如因有精神障礙或其他心智缺陷，致其為意思表示或受意思表示，或辨識其意思表示效果之能力，顯有不足者者，地方主管機關得協助老人向法院聲請輔助宣告（老人福利法第13條第一項、民法第15條之1及家事事件法第177條至第180條）。撤銷宣告聲請及改定監護人或輔助人之必要，亦同。於監護或輔助宣告確定前，地方主管機關得為老人身體及財產保護之目的，聲請法院為必要處分，並提供其他與保障財產安全相關服務（老人福利法第13條第三項）。

③財產保障及居住安全保障

為保障老人財產安全，地方主管機關應鼓勵老人將其財產交付信託（老人福利法第14條第一項）。又，老人福利法於民國104年12月9日修正老人福利法第14條第二項，增訂「金融主管機關應鼓勵信託業者及金融業者辦理財產信託、提供商業型不動產逆向抵押貸款服務」，提供老人「財產信託」選項外，亦可選擇「不動產逆向抵押貸款」[4]，為「以房養老」制度提供法源依據。同時，除地方主管機關應提供中低收入戶住宅修繕或租屋補助（老人福利法第32條第一項）外，本次另增訂住宅主管機關應提供住宅租賃及社會住宅相關服務（老人福利法第14條第三項、第33條第一項），維護老人居住之安穩。

④長期照顧補助

老人福利法第15條規定地方主管機關對於有接受長期照顧服務必要之失能老人，應依老人與家庭之經濟狀況及老人之失能程度提供經費補助[5]，另長期照顧服務法（民國104年6月3日通過，民國106年6月3日施行）第8條第三項規定主管機關應提供補助，但僅得擇一為之。

◆老年醫療保障

為因應老化易面臨傷害及疾病風險，我國相關法遂制設有老人醫療保障，包括老人福利法第21條規定主管機關應定期舉辦老人健康檢查、追蹤及保健服務，老人福利法第23條主管機關應自行或結合民間資源提供輔具服務，尚包括醫療補助，除有全民健康保險法提供各類健保及醫療給付外，老人福利法第22條規定地方主管機關應提供無力負擔之老人或法定扶養義務人之保險費補助[6]。而老人福利機構提供之醫療服務，須依醫療法、護理人員法或其他醫事專門職業法等規定辦理（老人福利法第34條第二項）。而各地方政府另自行提供中低收入戶假牙裝置服務，不再贅述。

◆老年照顧服務提供

①建置原則

老人照顧應依全人照顧、在地老化、健康促進、延緩失能、社會參與及多元連續服務原則規劃辦理，地方主管機關應依前開原則，依據老人需求提供居家式、社區式或機構式服務，並建置妥善照顧管理機制（老人福利法第16條）。其中，機構式服務應以結合家庭及社區生活為原則，並得支援居家式或社區式服務（老人福利法第19條）。

②老人照顧服務種類及提供方式

老人照顧服務種類及提供方式，整理如**表2-1**。

③老人福利機構

老人福利法第34條至第40條規定老人福利機構，要求主管機關自行或結合民間資源，依老人需求辦理老人福利機構，老人福利機構種類包括長期照顧機構、安養機構及其他老人福利機構（老人福利法第34條）。如係私立老人福利機構，應標明業務性質，且應冠以私立二字，如係公設民營機構，名稱不冠以公立或私立，但應於名稱前冠以所屬行政區域名稱（老人福利法第35條）。而老人福利機構之成立，需向地方主管機關申請設立許可（老人福利法第36條第一項），並於

表2-1　老人照顧服務及提供方式一覽表

項目	居家式	社區式	機構式
法源依據	老人福利法17條	老人福利法第18條	老人福利法第19條
服務對象	失能居家老人	老人	居住機構之老人
提供服務目的	協助失能居家老人之連續性照顧	提高家庭照顧意願並協助老人在社區生活自主性	滿足居住機構老人多元需求
提供服務類型	・醫護服務 ・復健服務 ・身體照顧 ・家務服務 ・關懷訪視服務 ・電話問安服務 ・餐飲服務 ・緊急救援服務	・保健服務 ・醫護服務 ・復健服務 ・輔具服務 ・心理諮商服務 ・日間照顧服務 ・餐飲服務 ・家庭托顧服務	・住宿服務 ・醫護服務 ・復健服務 ・生活照顧服務 ・膳食服務 ・緊急送醫服務 ・社交活動服務 ・家屬教育服務
提供服務類型	・住家環境改善服務 ・其他相關之居家式服務	・教育服務 ・法律服務 ・交通服務 ・退休準備服務 ・休閒服務 ・資訊提供及轉介服務 ・其他相關之社區式服務	・日間照顧服務 ・其他相關之機構式服務
服務提供者	政府或民間	政府或民間	政府或民間

三個月內辦理財團法人登記，但小型且不對外募捐、不接受補助及不享受租稅減免，得免辦財團法人登記。老人福利機構設施或服務，收費規定應報所在地之地方主管機關核定（老人福利法第34條）。另外，老人福利機構與入住者需訂立書面契約，明定權利義務關係[7]（老人福利法第38條）。又老人福利機構為擔保營運能力，保障老人權益，應投保公共意外責任保險及具有履行營運能力之擔保，並不得兼營營利行為或利用其事業為任何不當之宣傳（老人福利法第39條）。主管機關對老人福利機構應予輔導、監督、檢查、評鑑及獎勵，老人福利機構不得規避、妨礙或拒絕，並應提供必要協助（老人福利法

第37條）。如老人福利機構未申請設立許可或未依法辦理財團法人登記，處其負責人新臺幣六萬元以上三十萬元以下罰鍰及公告其姓名，並限期令其改善，改善期間不得增加收容老人，違者另處負責人新臺幣六萬元以上三十萬元以下罰鍰，並得連續處罰。如老人福利機構違反收費規定超收費用或未報請主管機關核可、規避、妨礙或拒絕主管機關之檢查抑或未投保公共意外責任保險或未具履行營運之擔保能力，主管機關得限期令其於一個月內改善；屆期未改善者，處新臺幣三萬元以上十五萬元以下罰鍰，並得按次連續處罰。

此外，老人福利法第34條第二項及第36條第五項授權中央主管機關訂定「老人福利機構設立標準」，其中第2條規定各該類型定義，老人福利機構可分為長期照顧機構、安養機構及其他老人安養福利機構。其中，長期照顧機構可以細分為三種類型：長期照護型、養護型及失智照顧型。長期照護型以罹患長期慢性病，且需要醫護服務的老人為照顧對象。養護型以生活自理能力缺損需他人照顧之老人，或需鼻胃管、導尿管護理服務需求之老人為照顧對象。失智照顧型以神經科、精神科等專科醫師診斷為失智症重度以上、具行動能力，且需受照顧之老人為照顧對象。所謂的「安養機構」，以需他人照顧或無扶養義務親屬或扶養義務親屬無扶養能力，且日常生活能自理之老人為照顧對象之照護機構。其他老人福利機構以提供老人其他福利服務為主之照護機構。各該類型照護機構設置行政事務、床數及內部採光等事項，均應依前開設立標準為之。

④喪葬籌劃

無扶養義務之人或扶養義務之人無扶養能力之老人死亡時，地方主管機關或其入住機構應為其辦理喪葬；所需費用，由其遺產負擔之，無遺產者，由地方主管主管機關負擔之（老人福利法第24條）。

◆ 老年保護

老人福利法規定積極性老人保護服務及消極性老人保護措施（簡

玉聰，2015）。老人因無人扶養或扶養義務人疏忽、虐待或遺棄者，致生命、身體、健康或自由有危難者，地方主管機關得依老年人申請或職權予以適當保護及安置，如地方主管機關支出費用，得通知償還，逾期未償還，得移送法院強制執行，同時為落實老人服務及安置保障，設有相關人員通報、訪視調查、協助配合、建立老人保護體系及定期召開老人保護聯席會報等機制，老人福利法第41條至第44條規定甚明。而消極保護措施部分，於老人福利法第51條至第52條設有罰鍰、公布姓名、刑責及接受家庭教育及輔導等情節不一之各該罰則。

◆ 老人參與

為活躍老化，鼓勵老人參與，老人福利法特規定老人搭乘國內公／民營、水／陸／空大眾運輸工具、進入康樂場所及參觀文教設施，應予以半價優待（老人福利法第25條第一項）。中央主管機關應協調各該目的事業主管機關提供或鼓勵提供各項老人教育措施、鼓勵老人參與志願服務（老人福利法第26條、第28條）。同時，中央主管機關自行或結合民間資源，鼓勵老人組織社會團體，從事休閒活動、舉辦老人休閒活動、體育活動、設置休閒活動設施（老人福利法第27條）。又，為避免就業歧視及為鼓勵老人主動就業、活化參與，民國104年12月9日修正老人福利法第29條第一項，特規定勞工主管機關應積極促進高齡者就業，並致力老人免於就業歧視。

第三節　身心障礙者權益保障法概要

一、立法目的及適用對象

為維護身心障礙者之權益，保障其平等參與社會、政治、經濟、文化等之機會，促進其自立及發展，是我國制定身心障礙者保護法。我國身心障礙者保護法自民國69年立法迄今，迭經多次修改，我國除

了國內法制訂法律保障身心障礙者外，於民國103年制訂「身心障礙者公約施行法」，並承認聯合國2006年「身心障礙者權利公約」（The Convention on the Rights of Persons with Disabilities）規範之各該身心障礙者權利具有國內法效力，並要求國內各機關應各司其職，辦理各項身心障礙者權益保障業務，從而聯合國2006年身心障礙者權利公約成為我國身心障礙者權益保障法之法源之一。所謂的身心障礙者之定義，學理上有「醫療模式」及「社會模式」，前者著眼於個人疾病或身體功能缺損，立法政策著重金錢給付或福利服務補償，後者著眼於社會總體對身心障礙者結構性排斥，造成社會參與及自我發展機會不平等，因而政策方向著重於「參與」，強調公、私領域歧視禁止及機會平等，並創設無障礙環境。我國現行身心障礙者權益保障法第5條定義身心障礙者係身體系統構造或功能，有損傷或不全導致顯著偏離或喪失，影響其活動與參與社會生活，經醫事、社會工作、特殊教育與職業輔導評量等相關專業人員組成之專業團隊鑑定及評估，領有身心障礙證明者，兼採「醫療模式」及「社會模式」，是須經「醫療鑑定」及「需求評估」兩道檢驗程序。如經鑑定及評估為身心障礙者，得據以提供福利及服務，如對鑑定及評估有異議，得申請重新鑑定及評估，但以一次為限，並應負擔部分費用，如對重新鑑定及評估結果不服，自應尋行政救濟程序途徑救濟（孫迺翊，2015b）。至於身心障礙者權益保障法主管機關及行政事項，與老人福利法規定相同，於此不贅。

二、身心障礙者權益保障法基本原則與相關措施

綜觀身心障礙者權益保障法之立法，可歸納為五項基本原則：

(一)預防原則

各級政府相關目的事業主管機關，應本預防原則，針對遺傳、

疾病、災害、環境汙染及其他導致身心障礙因素,有計畫推動生育保健、衛生教育等工作,並進行相關社會教育及宣導(身心障礙者權益保障法第8條)。

(二)歧視禁止及實質平等原則

為避免社會結構性的排斥,對身心障礙者不應歧視,是身心障礙者保護法之立法精神之一,相關具體措施包括不得對身心障礙者接受教育、應考、進用、就業、居住、遷徙及醫療等權益為歧視性對待(身心障礙者權益保障法第16條第一項)、取消各項公務人員考試對身心障礙者體位之不合理限制(身心障礙者權益保障法第39條)、進用身心障礙者之機關(構),對其所進用之身心障礙者,應本同工同酬之原則,不得為任何歧視待遇,其所核發之正常工作時間薪資,不得低於基本工資(身心障礙者權益保障法第40條第一項)、傳播媒體報導身心障礙者或疑似身心障礙者,不得使用歧視性之稱呼或描述,並不得有與事實不符或誤導閱聽人對身心障礙者產生歧視或偏見之報導(身心障礙者權益保障法第74條第一項)等;又,我國憲法第7條規範平等權之保障。憲法第7條平等原則並非指絕對、機械之形式上平等,而係保障人民在法律上地位之實質平等,是立法機關基於憲法之價值體系及立法目的,自得斟酌規範事物性質之差異而為合理之區別對待(司法院大法官釋字第485號解釋)。是以,本於「實質平等」原則,身心障礙者權益保障法於公、私領域均有各項具體平等措施,例如:公共設施應使身心障礙者有公平使用之權利(身心障礙者權益保障法第16條第二項)、各類考試應依身心障礙應考人個別障礙需求,提供多元適性服務(身心障礙者權益保障法第16條第三項、第30條)、禁止設籍歧視(身心障礙者權益保障法第49條第二項)、提供身心障礙者各項無障礙社會參與(身心障礙者權益保障法第52條)等。

(三)福利服務與金錢給付並重

　　為使身心障礙者得參與社會各項活動，我國身心障礙者權益保障法本於金錢給付與福利服務並重之原則，依照個別需求，排除障礙，使身心障礙者發展自我之機會，促進其社會參與。具體措施除有提供身心障礙者醫療及輔具費用補助（身心障礙者權益保障法第25條）、生活補助費（身心障礙者權益保障法第71條）之金錢給付外，另提供各項福利服務，一則散見教育權益及就業權益章節，二則亦提供身心障礙者個人支持性照顧服務及社會參與服務（身心障礙者權益保障法第50條、第52條），並提供其照顧者支持性服務（身心障礙者權益保障法第51條）、提供各項無障礙環境（身心障礙者權益保障法第52條之1至第62條）等措施。

(四)個別化及多元化之福利服務

　　我國身心障礙者權益保障法重視身心障礙者個別需求評估，並明文規定各級主管機關及目的事業主管機關應依服務需求之評估結果，提供個別化、多元化之服務（身心障礙者權益保障法第19條），具體措施包括：就支持服務部分，要求主管機關應積極溝通、協調，提供身心障礙者整體性及持續性服務（身心障礙者權益保障法第48條），並依多元連續服務原則辦理（身心障礙者權益保障法第49條）；各級衛生機關應整合醫療資源，並依個別需求提供醫療保健服務（身心障礙者權益保障法第22條）；勞工主管機關應依身心障礙者個別需求提供無障礙職業重建服務（身心障礙者權益保障法第33條第一項）；教育單位依身心障礙類別、程度、學習及生活需要，提供各項必需之專業人員、特殊教材與各種教育輔助器材、無障礙校園環境、點字讀物及相關教育資源（身心障礙者權益保障法第30條），並以專業團體合作進行原則，提供學習、生活、心理、復健訓練、職業輔導評量及轉銜輔導與服務等協助（特殊教育法第24條）。

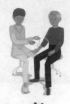

(五)資源整合原則

為促進身心障礙輔具資源整合、研究發展及服務,中央主管機關及目的事業主管機關應推動辦理身心障礙輔具資源整合及研究發展等相關事宜(身心障礙者權益保障法第20條),中央衛生主管機關亦應規劃整合醫療資源,提供身心障礙者健康維護及生育保健(身心障礙者權益保障法第21條)。

三、身心障礙者之照護

地方主管機關應依需求評估結果辦理臨時及短期照顧、照顧者支持、照顧者訓練及研習、家庭關懷訪視及服務以及其他有助於提昇家庭照顧者能力及其生活品質之服務,以提高身心障礙者家庭生活品質,身心障礙者權益保障法第51條第一項明定之。為落實前開各項支持服務穩定品質提供,同條第二項授權中央主管機關就內容、實施方式、服務人員之資格、訓練及管理規範等事項訂定辦法管理之。為此,中央主管機關衛福部訂定「身心障礙者服務人員資格訓練及管理辦法」、「身心障礙者個人照顧服務辦法」及「身心障礙者家庭照顧者服務辦法」,以下分述之。至於身心照護者之經濟安全支持,與老人福利法規定有諸多相似之處,可觀前一節之說明,而就業服務及教育服務因與本書內容無涉,於此不贅。

(一)身心障礙者服務人員資格取得

按「身心障礙者服務人員資格訓練及管理辦法」第2條之規定,身心障礙者服務人員包括社會工作人員、教保員、訓練員、生活服務員、照顧服務員、居家服務督導員、家庭托顧服務員、臨時及短期照顧服務員、個人助理、同儕支持員、定向行動訓練員、視覺功能障礙生活技能訓練員、輔具評估人員、輔具維修技術人員及其他依身心障礙福利機構設施人員配置標準規定提供服務需進用之相關專業人員,

各該身心障礙者服務人員應具備相當學經歷，或取得相關證照，詳細內容規定於該辦法第3條至第16條，且應每年接受20小時在職訓練（身心障礙者服務人員資格訓練及管理辦法第18條）。以照顧服務員為例，需具備高中（職）以上學校護理、照顧相關科、系、組、所、學位學程畢業之學歷，或領有照顧服務員訓練結業證明書，或領有照顧服務員職類技術士證，且應每年接受20小時在職訓練。

(二)身心障礙者之照護

身心障礙者之照護，可分為兩大區塊，一則係以身心障礙者個人照護為主，包括居家式服務、社區式服務、機構式服務、居家照護、友善服務、送餐到家、居家復健、生活重建、心理重建、社區居住、婚姻及生育輔導、性教育及諮詢、家庭托顧、自立支持服務、復康巴士及輔具服務，一則以身心障礙者照顧者之支持性服務為主，包括照顧者支持與訓練及研習、家庭關懷訪視及服務。

茲就身心障礙者照顧服務及應注意事項擇要整理如**表2-2**。

(三)身心障礙者之保護

◆ 禁止歧視原則體現

傳播媒體報導身心障礙者或疑似身心障礙者，不得使用歧視性之稱呼或描述，並不得有與事實不符或誤導閱聽人對身心障礙者產生歧視或偏見之報導。身心障礙者涉及相關法律事件，未經法院判決確定其發生原因可歸咎於當事人之疾病或其身心障礙狀況，傳播媒體不得將事件發生原因歸咎於當事人之疾病或其身心障礙狀況，為身心障礙者權益保障法第74條明定，藉以避免引發閱聽人因之歧視或傳達偏見，是立法明定避免媒體渲染效果。另，地方主管機關或身心障礙福利機構，於社區中提供身心障礙者居住安排服務，如遭居民以任何形式反對者，地方主管機關應協助排除障礙（身心障礙者權益保障法第82條）。

表2-2　身心障礙者照顧服務

服務名稱	服務內容	服務提供者	資格限制	附註
居家護理	居住處提供護理服務。	・護理人員。 ・具上開人員之居家護理機構。 ・具上開人員之設有居家護理服務部門之護理機構、醫療機構。	服務提供者需具備護理人員資格，且須依護理人員法規定為之。	
身體照顧服務	包含協助沐浴、如廁、穿脫衣服、口腔清潔、進食、服藥、翻身、拍背、肢體關節活動、上下床、陪同散步、運動、協助使用日常生活輔助器具及其他服務。	・照顧服務員及居家服務督導員。 ・具上開人員之醫療機構、護理機構、精神照護機構、身心障礙福利機構、老人福利機構、財團法人、社會福利團體、照顧服務勞動合作社、社會工作師事務所。	服務提供者應有照顧服務員及居家服務督導員，居家服務督導員與受服務人數比率以一比六十遴用，並得視身心障礙者特性需求，增聘專任或特約行政人員、醫師、護理人員或其他公正人員。	・提供服務前，應與服務對象簽訂書面服務契約，明定雙方權利義務，服務契約應包括國定假日可提供服務及不得拒絕服務等約定。 ・依服務對象意願及需求作考量，擬定服務計畫，以得提供24小時服務為原則。 ・訂定工作督導流程，每月應電話訪問服務對象一次，每三個月應至少家庭訪視一次，並定期召開工作會報。 ・服務對象身心狀況，應轉介地方政府或需求評估單位重新評估。
家務服務	包含換洗衣物之洗濯及修補、生活起居空間居家環境清潔、家務及文書服務、餐飲服務、陪同或代購生活必需用品、陪同就醫或聯絡醫療機關（構）及其他相關之居家服務。			
友善服務	到宅關懷支持身心障礙者及其家庭、結合民間社會福利資源，協助服務對象改善困境及依服務對象狀況，提供轉介協助。	・經訓練之同儕支持員、家屬或志願人員，並有專人督導。 ・具上開人員之醫療機構、護理機構、精神照護機構、社會福利機構、財團法人、社會福利團體、照顧服務勞動合作社、社區發展協會、依法設立或登記有案之寺廟、宗教社團或宗教財團法人、社會工作師事務所。	友善服務提供單位應運用經訓練之同儕支持員、家屬或志願服務人員，並有專人督導。	提供友善服務之人員應製作服務紀錄。

（續）表2-2　身心障礙者照顧服務

服務名稱	服務內容	服務提供者	資格限制	附註
送餐服務	提供餐飲。	醫療或護理機構、精神照護機構、身心障礙福利機構、老人福利機構、財團法人、社會福利團體、照顧服務勞動合作社、社區發展協會、餐館業或其他餐飲業。		應依照食品衛生法規提供衛生安全及營養均衡之飲食。
居家復健	包括物理、職能及語言治療。	・居家復健應分別由物理治療師、職能治療師及語言治療師分別提供居家復健服務。 ・具有上開人員之復健相關醫事機構、醫療機構、護理機構。	服務提供者應各該具備物理治療師、職能治療師及語言治療師資格，並應遵照物理治療師法、職能治療師法或語言治療師法規定提供服務。	
日常生活能力培養	自我照顧及居家生活能力培養、社區生活參與之促進、定向行動訓練及資訊溝通訓練、其他與日常活動有關能力培養。	・教保員或訓練員。 ・具上開人員之醫療、護理機構或復健相關醫事團體、身心障礙福利機構、老人福利機構、財團法人、社會福利團體、照顧服務勞動合作社、社會工作師事務所、精神復健機構。	服務提供者應置教保員或訓練員。每服務十名身心障礙者，應聘一名教保員或訓練員，並依據身心障礙者特性需求增設人員。	
社交活動及人際訓練服務	依服務對象狀況及意願提供社交技巧之指導、辦理文康活動或團體工作，增加服務對象人際互動、協助服務對象積極參與社區活動，加強與家人及社區居民互動、其他與促進人際關係或社會參與有關之服務。	醫療或護理機構、精神照護機構、社會福利機構、財團法人、社會福利團體、社區發展協會、依法設立或登記有案之寺廟、宗教社團或宗教財團法人、社會工作師事務所、精神復健機構。		社交活動應多元化，並涵蓋動態及靜態活動。且應結合社區資源並建立社區相關服務網站。並應就服務內容製作服務紀錄。

（續）表2-2　身心障礙者照顧服務

服務名稱	服務內容	服務提供者	資格限制	附註
心理重建	包括心理衛教宣導、心理諮商及輔導、心理治療、其他心理重建相關服務。	社區心理衛生中心、精神照護機構及社會福利團體。	心理衛教宣導得由心理系畢業者提供，其餘各該心理重建之內容，需由各該專業人員依法提供。	心理重建應依個案需求評估結果，訂定心理重建計畫及運用個別、團體或家庭諮商方式提供服務。
社區居住	社區式提供十八歲以上，評估具有居住需求之身心障礙者，服務內容包括居住規劃及社區參與等內容。	財、社團法人身心障礙福利機構及團體，及其他捐助章程明定辦理身心障礙福利事業之財團法人。	服務團隊成員應包括督導、社會工作人員及教保員，督導得為兼任。其中督導或社會服務人員，每位服務人員不得超過25人，教保員服務之居住單位不得超過兩個。	• 社區居住服務應設寢室、衛浴設備，並應投保公共意外責任險。 • 提供夜間住宿，不得兼辦社區式日間照顧服務。 • 應建立服務對象居住服務評估、服務內容即服務紀錄等居住服務資料。
日間及住宿式服務	日間及住宿式照顧分為日間式照顧、夜間式照顧及全日住宿式照顧，由服務提供單位提供十八歲以上身心障礙者托育養護、作業設施服務或課程活動。	日間及住宿式照顧服務得以社區式或機構式服務提供。其中，社區式日間照顧以作業設施服務及開設課程活動方式進行之，得由醫護機構、精神照護機構、老人福利機構及身心障礙福利機構等辦理之。而機構式住宿照顧服務，財、社團法人身心障礙福利機構提供。日間及住宿式照顧服務提供單位應配置社會工作人員及教保員，社會工作人員最多可於三處提供服務。教保員配置比率按服務對象障礙程度以一比六至一比十二遴用，並視需求	社區式照顧服務提供單位應置生活服務員，生活服務員配置比率按服務對象障礙程度以一比五至一比十五遴用；並得視身心障礙者之特性需求，增置專任或特約社會工作人員、教保員、行政人員、廚師、醫師、護理人員、心理科系畢業相關人員或其他工作人員。而社區日間作業設施服務提供單位應	• 社區式日間照顧服務場所平均每人樓地板面積不得少於6.6平方公尺，同一時間服務人數以15人為原則。社區式日間照顧服務不得提供夜間住宿，服務場所不得兼辦住宿服務。 • 作業社式服務提供單位，應設置社區日間作業設施服務場所，每一地點至多服務12人。社區式作業設施服務不得提供夜間住宿，服務場所不得兼辦住宿服務。 • 住宿式服務單位對象為經需求評估需24小時生活照顧或夜間照顧服務之身心障礙者，設施應具備有緊急安全事件處理及應變機制，空間設備之安全便利均亦應加

（續）表2-2　身心障礙者照顧服務

服務名稱	服務內容	服務提供者	資格限制	附註
			增置兼職或特約專業人員。 機構式服務提供單位應組成專業服務團隊提供服務，成員至少應包括督導、社會工作人員及教保員；其中督導得為兼任。	以考量。收費應依主管機關核定收費，不得另立名目收取任何費用。
家庭托顧	包括居家身體照顧服務、生活照顧服務及安全照顧服務。	包括身心障礙福利機構、老人福利機構及社會工作師事務所。	服務提供單位應設置社會工作人員。服務提供單位應協助照顧計畫訂定、照顧人力媒合，並應設置家庭托顧服務員資格之替代照顧者或提供替代照顧服務措施。而家庭托顧服務由家庭托顧服務員提供。	• 服務提供單位協助需求者及家庭托顧服務員之媒合，並協助家庭托顧服務員提供服務前，與服務對象簽訂家庭托顧服務契約，明定契約義務，並定期召開工作會報。 • 家庭托顧服務員姓名、資格均應由服務提供單位報請地方主管機關備查，並需由服務提供單位媒合後，始可提供家庭托顧服務。 • 家庭托顧服務員照顧人數，含其本人之身心障礙家屬不得超過三人，每日收托時間以八小時為原則，並不得提供夜間住宿服務。 • 家庭托顧服務員須與服務對象、服務對象之法定代理人等訂立書面契約，明定權利義務，並每兩年接受健康檢查且合格，每年至少接受20小時之在職訓練，並應接受地方主管機關檢查、訪視、輔導及監督。

（續）表2-2　身心障礙者照顧服務

服務名稱	服務內容	服務提供者	資格限制	附註
其他服務	包括復康巴士、情緒支持服務、行為輔導、輔具服務。	•復康巴士除醫護機構、精神照護機構、身心障礙機構、老人福利機構外，亦可由汽車客運業、小客車租賃業等提供服務。 •情緒支持服務得由醫護機構、精神照護機構及社福機構、社會工作師事務所提供。 •行為輔導除醫護機構、精神照護機構及社福機構、社會工作師事務所提供外，亦可由各級學校或特殊教育資源中心提供之。 •輔具服務醫護機構、精神照護機構及社福機構、社會工作師事務所提供外，亦可由地方主管機關自行或委託辦理之輔具中心辦理之。	•復康巴士提供單位應設置駕駛員、行政人員及督導執行之管理人員，並應自行配有復康巴士。 •情緒支持服務應由社會工作人員、受過訓練之志願服務人員、同儕支持原或心理衛生人員提供。 •行為輔導服務提供單位應置社會工作人員、心理師、學校輔導人員或特殊教育相關專業人員，以專業團隊方式提供服務；並得視身心障礙者之特性需求增置專任或特約精神科醫師或其他相關專業人員。 •輔具服務應依身心障礙者個別化需求，配備必要之設施及相關專業人員，以提供個別化服務。	•復康巴士申請使用，應秉持公平公開原則，病友控管查核機制，每次出車均應列冊紀錄。此外，應具備駕駛員進用管理機制，車輛、車型應依規定辦理，並定期維修保養及清潔維護，車輛均應投保第三人責任險及乘客責任險。 •情緒支持服務提供單位得以書面、電話、團體或面談等方式提供服務。必要時，應轉介相關專業團體或機構，提供後續服務。 •輔具服務提供應提供居家無障礙環境及改善到宅評估、輔具諮詢、追蹤、維修及調整服務，並提供輔具評估及使用訓練服務，於必要時提供到宅服務。

◆安置及緊急安置

　　身心障礙者權益保障法明定禁止對身心障礙者為遺棄、身心虐待、限制自由、留置於易發生危險或傷害之環境、利用身心障礙者行乞或供人參觀、強迫或誘騙結婚，以及其他對身心障礙者或利用身心障礙者從事犯罪或不正當行為（身心障礙者權益保障法第75條），如有此情形，身心障礙者保障法建置「通報機制」，課以醫事人員、社工人員、執行身心障礙服務業務人員於二十四小時內應通報，負有通

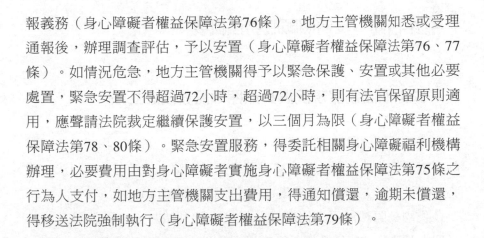

報義務（身心障礙者權益保障法第76條）。地方主管機關知悉或受理通報後，辦理調查評估，予以安置（身心障礙者權益保障法第76、77條）。如情況危急，地方主管機關得予以緊急保護、安置或其他必要處置，緊急安置不得超過72小時，超過72小時，則有法官保留原則適用，應聲請法院裁定繼續保護安置，以三個月為限（身心障礙者權益保障法第78、80條）。緊急安置服務，得委託相關身心障礙福利機構辦理，必要費用由對身心障礙者實施身心障礙者權益保障法第75條之行為人支付，如地方主管機關支出費用，得通知償還，逾期未償還，得移送法院強制執行（身心障礙者權益保障法第79條）。

◆ 經濟保障及訴訟權保障

身心障礙者有受監護或輔助宣告，地方主管機關得協助其向法院聲請，如監護或輔助宣告之原因消滅時，地方主管機關得協助進行撤銷宣告之聲請（身心障礙者權益保障法第81條）。且，為使無能力管理財產之身心障礙者財產權獲得保障，中央主管機關應會同目的事業主管機關，鼓勵信託業者辦理身心障礙者財產信託（身心障礙者權益保障法第83條）。至於訴訟權保障，倘身心障礙者為犯罪嫌疑人或被告身分，除課與檢察官及法院應告知刑事訴訟法第95條權利告知事項之義務外，如身心障礙者未選任辯護人，偵查中及審判中應指定辯護人為之辯護，以維護其接受實質且有效之辯護權（刑事訴訟法第31條），並得指派社工人員擔任輔佐人（刑事訴訟法第35條、身心障礙者權益保障法第84條）。身心障礙者如須作證時，法院或檢察機關於訴訟實施過程中，亦應其障礙類別提供必要協助（身心障礙者權益保障法第85條）。

第四節　長期照顧服務法概要

一、長期照護制度現況與長期照顧服務法之立法

　　過往長期照顧被認為是個人及家庭責任的一部分，我國長期照護制度主要係透過政府重大法案或計畫加以形塑，並以老人福利法為核心，輔以其他法規或行政計畫進行（蔡雅竹，2014）。

　　我國長照法制原則尚可分為以老人福利法為主之社政體系、以護理人員法為主之衛政體系及專以退除役官兵為對象之退輔體系等三大照護體系。因三大體系分立，是長期照護業務遭到割裂，散見各類法規，非但造成資源分散、管理標準不一、跨領域專業無法整合之問題外，亦造成三體系各自發展，造成資源重疊、資源發展不均及服務斷層問題，阻礙整體長照制度發展（吳淑瓊，1999）。此外，長期資源供給失衡，長期照護方式包括居家照護、社區照護及機構照護，以2010年統計各類型服務人數比較，從事機構照護之服務人員數量約為居家服務人力之1.5～2倍、社區照顧人力之10倍（吳淑瓊、陳亮汝、張文瓊，2013），可見居家照護及社區照護人力資源不足問題，且人力資源集中於機構照護方式，論者有批評為「國家資源投入的錯置」（蔡幸緙，2007），亦與在地老化精神相悖。又，長期照顧人力非但集中於機構照護方式，造成居家照護及社區照護資源不足。整體而言，照護人力長期供給不足，觀以本國長期照護人力，除照顧服務員，亦包括護理人員、職能及物理治療師、社工人員及照護管理人員，個別工作內容因所適用法規多頭馬車，分化照護人力資源。再者，以照顧服務員為例，照顧內容主要為家庭托顧，不得涉及醫療或護理行為，被認定具有高度可替代性（呂寶靜、陳正芬，2009），加上外籍照護人力引進，造成該產業欠缺吸引力，使得照護人力嚴重不足。

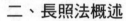

　　因社會變遷、人口結構老化、平均餘命延長、家庭功能削弱及女性勞動率、老年人或慢性病需求、失智病症人口需求等因素，造成長期照護之需求日益攀升，又因現行三大體系割裂長照業務、長照資源配置失當等問題，為整合長照服務體系及資源，確保服務品質及保障接受長照服務者權益，遂制定長期照顧服務法（以下稱長照法）。長照法於民國104年6月3日通過，該法將於民國106年6月3日實施。本次長照法之施行，統整國家長期照護資源，且需進行跨部會整合，例如於轉介服務方面，中央主管機關應訂定長照體系、醫療體系及社會福利體系間之連結機制，以提供轉介及整合性服務（長照法第32條），可見一斑。

二、長照法概述

　　長照法分為七章，共六十六條。主要內容為長照人員規範、長照機構設置與管理、受照護者權益保障三大面向。

(一)長照人員規範

　　長照服務之提供，經中央主管機關公告之長照服務特定項目，應由長照人員提供（長照法第18條）。長照人員非經登錄於長照機構，不得提供長照服務，長照機構不得容留非長照人員提供長照服務。長照人員應經一定積分之訓練、在職訓練及繼續教育並取得證照，始可為之。且長照人員訓練、在職訓練及教育應考量不同地區、族群、性別、特定疾病及照顧經驗之差異性給予之（長照法第19條、第18條）。長照機構應督導其所屬登錄之長照人員，就其提供之長照服務製作紀錄，如紀錄內有關醫事照護部分，除依醫事法令規定保存外，長照機構應至少保存七年（長照法第38條）。非長照人員提供長照服務，將處一萬元以上五萬元以下罰鍰（長照法第50條）。

(二)長照機構設置與管理

◆ 長照機構法人之設立

　　長照機構包括提供居家式服務、社區式服務、機構住宿式服務、綜合式服務及其他中央主管機關公告之服務（長照法第21條）。本次長照法之立法，規範機構住宿式服務類及設有機構住宿式服務之綜合式服務類、其他經中央主管機關公告之服務類，除公立長照機構外，應由社團法人或財團法人（以下稱長照機構法人）設立之（長照法第22條），相關長照機構法人設立及相關遵循事項，立法委託須於長照法施行後一年內另以法律定之。是以，該立法施行後，以老人福利機構為例，依現行老人福利法第35條設置未辦財團法人登記之私立老人福利機構，如提供綜合服務，亦需辦理財團法人登記或社團法人登記，始可繼續提供長照服務。

◆ 長照機構名稱與設置、停歇業

　　長照機構如係政府設置，應冠設置之政府機關名稱，民間設立者，應冠以私立二字，並應於場所內以明顯字體標示名稱，且應加註機構服務類別及服務內容（長照法第26條）。非長照機構不得使用長照機構之名稱（長照法第27條），長照機構設立之申請名稱，應注意不得於同一直轄市或縣市，使用廢止許可證明或經主管機關許可設立之長照機構相同之名稱，亦應注意不得使用易使人誤認其與政府機關、其他公益團體有關之名稱（長照法第28條）。長照機構之設立、擴充、遷移均應事先申請主管機關許可（長照法第23條），設置業務負責人一人（長照法第30條）。長照機構停業、歇業、復業或許可證明登載事項變更，應於事實發生日前三十日內，報請主管機關核定，停業期間不得超過一年（長照法第25條）。長照機構歇業或停業時，對長照服務使用者應予以適當之轉介或安置，如長照機構未能予以適當轉介或安置時，地方主管機關得強制之（長照法第41條），以避免

長照服務使用者無從獲得穩定的長照服務。違反前述各該規定，將處以長照法第47條以下各該罰鍰。

◆長照機構廣告

非長照機構不得為長照服務之廣告，縱係長照機構之廣告，內容限於長照機構名稱與應加註之事項、設立日期、許可證明字號、地址、電話及交通路線、長照機構負責人之姓名、學歷及經歷、長照人員之專門職業及技術人員證書或本法所定之證明文件字號、服務提供方式及服務時間、長照機構停業、歇業、復業、遷移及其年、月、日，以及主管機關核定之收費標準等事項，違者將各該依長照法第51條規定論處。

◆長照機構事務管理及監督

長照機構管理除前開事項外，長照機構應將其設立許可證明、收費、服務項目及主管機關所設之陳情管道等資訊，揭示於機構內明顯處所（長照法第37條），收取費用應開給載明收費項目及金額之收據，不得超收或擅立名目收費（長照法第36條）。機構住宿式服務之長照機構應投保公共意外責任險，確保使用者之生命安全（長照法第34條），並應與能及時轉介或提供必要醫療服務之醫療機構訂定醫療服務契約（長照法第33條），以建立橫向醫療服務提供網絡。主管機關對長照機構應予輔導、監督、考核、檢查及評鑑；必要時，並得通知其提供相關服務資料，長照機構不得規避、妨礙或拒絕（長照法第39條）。另，對接受機構住宿式長照服務使用者，其無扶養義務人或法定代理人者，地方主管機關應監督長照機構服務品質（長照法第46條）。

(三)受照護者權益保障

◆書面契約

為確保長照服務使用者與長照機構間之權利義務，與現行老人

福利法、身心障礙者權益保障法相同，對於服務之提供，規範契約為要式契約，非經書面，不得為之（長照法第42條可資參照）。相關格式、內容，由中央主管機關訂定定型化契約範本與其應記載及不得記載之事項。

◆ 長照服務使用者隱私、個資保護與例外

未經長照服務使用者之書面同意，不得對其進行錄影、錄音或攝影，並不得報導或記載其個資；其無法為意思表示者，應經其法定代理人或主要照顧之最近親屬之書面同意。但長照機構於維護長照服務使用者安全之必要範圍內，得設置監看設備，但仍應告知長照服務使用者、其法定代理人或主要照顧之最近親屬（長照法第43條）。

◆ 違法行為禁止

長照機構與其人員對長照服務者應予以適當照護，不得有遺棄、身心虐待、歧視、傷害、違法限制其人身自由情事（長照法第44條）。如有違反，該人員應負擔相關民、刑事責任外，該人員應處六千元以上三萬元以下罰鍰，得併處一個月以上一年以下停業處分，情節重大者，並得廢止其證明（長照法第56條）；長照服務機構處六萬元以上三十萬元以下罰鍰，並得限期改善，逾期未改善，處一個月以上一年以下停業處分，停業屆滿或情節重大，廢止其設立許可（長照法第47條）。

◆ 申訴機制

主管機關應建置陳情、申訴及調處機制，處理民眾申訴案件及長照服務單位委託之爭議等事件（長照法第45條），藉此保障長照服務使用者權益，並得及時處理。

 第五節　護理人員法概要

　　長期照護體系除了社政體系外，亦包括衛政體系及退輔會體系。衛政體系以護理人員法為主，可分為兩大面向：

一、護理人員之管制

(一)護理人員及業務內容

　　依據護理人員法第2條，護理人員指護理師及護士。護理人員業務範圍包括健康問題之護理評估、預防保健之護理措施、護理指導及諮詢與醫療輔助行為（護理人員法第24條）。其中「醫療輔助行為」應在醫師指示下為之。所謂「醫療輔助行為」，究係何指？改制前之行政院衛生署衛署醫字第0900017655號公告：「(1)輔助施行侵入性檢查；(2)輔助施行侵入性治療、處置；(3)輔助各項手術；(4)輔助分娩；(5)輔助施行放射線檢查、治療；(6)輔助施行化學治療；(7)輔助施行氧氣療法（含吸入療法）、光線療法；(8)輔助藥物之投與；(9)輔助心理、行為相關治療；(10)病人生命徵象之監測與評估；(11)其他經中央衛生主管機關認定之醫療輔助行為。護理人員除執行前項醫療輔助行為外，對於住院人仍應依病人病情需要，提供適當之護理服務。」符合上開公告內容均屬之。護理人員執行業務時，應製作紀錄（護理人員法第25條）。護理人員執行業務時，遇有病人危急，應立即聯絡醫師。但必要時，得先行給予緊急救護處理（護理人員法第26條）。

(二)護理人員資格取得及執業

　　依據護理人員法第1條、第3條，護理人員非經護理人員考試及格，領有護理人員證書者，不可任之，此為擔任護理人員之積極資格。而擔任護理人員，不得有護理人員法第6條規定曾犯肅清煙毒條例

或麻醉藥品管理條例、毒品危害防制條例之罪，經判刑確定之情事，或依護理人員法受受廢止護理人員證書處分等情節，始可為之，此為擔任護理人員之積極資格。若未取得護理人員資格，執行護理人員業務，將依護理人員法第37條各處以本人及雇主一萬元以上十五萬元以下罰鍰。非領有護理師或護士證書，不得使用護理師或護士名稱，違者將處以一萬元以上六萬元以下罰鍰，並得限期改善，屆期不改善，得連續處罰（護理人員法第7條、第38條）。護理人員之執業，需向執業所在地方主管機關申請登記且領有執業執照，並加入當地護理人員公會，始得執業。執業範圍以一地為限，並限於核准登記地區醫療機構、護理機構或經主管機關認可之機構（護理人員法第8條、第10條、第12條及第13條）。

二、護理機構之管制

(一)護理機構種類

　　依據護理人員法第15條、護理機構分類設置標準第2條，護理機構可分為居家護理機構、護理之家機構及產後護理機構。居家護理機構服務對象為罹患慢性病需長期護理之病人，護理之家機構以出院後繼續護理之病人為服務對象，產後護理機構以產後未滿兩個月需護理之產婦及出生未滿兩個月之嬰幼兒為服務對象。

(二)護理機構名稱及設置、停歇業

　　護理機構名稱使用、變更，應以主管機關核准者為限，非護理機構不得使用護理機構或類似護理機構之名稱，並應依護理機構分類標明名稱，醫療機構附設之護理機構應冠以醫療機構名稱，並加註附設字樣，財團法人護理機構應冠以財團法人字樣（護理人員法第18條、護理人員法施行細則第9條）。護理機構名稱不得使用同一直轄市或縣市區域內他人已登記使用護理機構名稱，不得使用廢止開業執照未滿

一年或受停業處分之護理機構相同或類似名稱，亦不得使用易誤認其與政府機關、公益團體有關或有違公序良俗之名稱（護理人員法第18條之2）。非經主管機關許可，護理機構不得設置或擴充（護理人員法第16條），各該護理機構類型之設置，須符合「護理機構分類設置標準」所規範之人員、服務設施、建築物設計構造與設備，始可為之。護理機構應設置資深護理人員一人[8]，對其機構護理業務，負督導責任（護理人員法第19條）。護理機構設置後，應向主管機關申請核准登記，發給開業執照，始可進行營業（護理人員法第17條），停業、歇業或登記事項變更時，護理機構應於事實發生之日起三十日內，報請原發開業執照機關備查（護理人員法第22條）。護理機構應接受主管機關對其人員配置、設備、收費、作業、衛生、安全、紀錄等檢查及資料蒐集，並依傳染病防治法、人類免疫缺乏病毒傳染防治及感染者權益保障條例或其他法令，受主管機關通知後提出報告（護理人員法第23條），並應接受中央主管機關護理機構評鑑、地方主管機關定期督導考核，不得規避、妨礙或拒絕（護理人員法第23之1條）。

(三)護理機構事務管制

護理機構收費標準由地方主管機關核定之，但公立護理機構收費標準，由該管主管機關分別核定之。護理機構不得違反收費標準，超額收費，如有超額收費，除應退還超額費用外，另處以行政罰鍰。如不退還，處以罰鍰外，情節重大，得廢止開業執照。受廢止開業執照仍繼續開業，得由中央主管機關吊扣其負責護理人員證書二年（護理人員法第21條、第29條第三款、第31條、第36條）。另，就護理廣告之部分，非護理機構，不得為護理業務之廣告，縱護理機構廣告內容，僅以護理機構名稱、開業執照字號、地址、電話及交通路線、負責護理人員之姓名、性別、學歷、經歷、護理人員證書及執業執照字號、業務項目及執業時間、開業、歇業、停業、復業、遷移及其年、月、日及其他經中央主管機關公告容許事項為限。

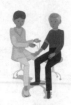

第六節　照顧服務員法律責任

一、照顧服務人員資格之取得

　　我國長期照護因照護體系割裂，是依據不同的體系而要求照顧服務人員需具備不同資格，且資格欠缺之法律效果亦不一。以護理機構為例，護理人員非經考試及格取得護理人員證書、加入當地公會，並向主管機關申請登記，且須未曾有護理人員法第6條規定之消極資格欠缺情事，始可取得護理人員資格，如未具備該資格而執業，將依據護理人員法第37條裁罰。而身心障礙者服務人員包括社會工作人員、教保員、訓練員、生活服務員、照顧服務員、居家服務督導員、家庭托顧服務員、臨時及短期照顧服務員、個人助理、同儕支持員、定向行動訓練員、視覺功能障礙生活技能訓練員、輔具評估人員、輔具維修技術人員及其他依身心障礙福利機構設施人員配置標準規定提供服務需進用之相關專業人員，各該身心障礙者服務人員應具備相當學經歷，或取得相關證照，詳細內容規定於該辦法第3條至第16條，且應每年接受20小時在職訓練（身心障礙者服務人員資格訓練及管理辦法第18條），各該要求不同。至於，將於民國106年6月3日施行之長照法，其要求長照人員應經一定積分之訓練、在職訓練及繼續教育並取得證照，且長照人員需登錄於長照機構，該名長照人員始可提供長照服務，若未取得長照人員證照卻提供長照服務，將依據長照法第50條處以罰鍰；如長照人員將長照人員證明租借他人使用，得處罰鍰併處停業處分，情節重大，並得廢止其證明（長照法第56條）。綜上，是各該資格取得，應以個別適用法規以觀，未具備資格而執業所衍生之責任，亦應據各該法規觀察。

二、民事責任

(一)侵權行為責任

◆一般侵權責任

按民法第184條規定：「（第一項）因故意或過失，不法侵害他人權利者，負損害賠償責任。故意以背於善良風俗之方法，加損害於他人者亦同。（第二項）違反保護他人之法律，致生損害於他人者，負賠償責任。但能證明其行為無過失者，不在此限。」此為我國侵權行為責任之一般規定。侵權行為係侵害他人權利或利益之違法行為，侵權行為一成立，行為人即應對被害人負損害賠償責任。各類照福人員於協助照顧服務時，應提供完善及健全之照顧服務及必要措施，並於看護或提供服務之過程中，本於專業知識，善盡注意義務，避免受照福之人員身體、健康、名譽、隱私或財產等權利受到損害，否則該受照福之人員非不得主張民法第184條第一項前段之過失侵權行為損害賠償責任。例如，某看護於照顧服務期間，未替受照顧人員繫上約束帶，嗣離開受照顧人員寢室三十分鐘以上，且於其離開期間並未升起床鋪護欄，受照顧人員翻身跌落地板，受有顱內出血等傷害。由此案例中，該看護未替受照顧人員繫上約束帶，且未將床欄升起，致生損害於受照顧人員，顯已違反注意義務而有過失，與受照顧人員身體受傷間有因果關係，是該受照顧之人員得本於民法第184條第一項前段請求損害賠償[9]。另需特別注意的是民法規定的侵權行為時效為請求權人知有損害及賠償義務人時起，二年不行使而消滅。自有侵權行為時起，逾十年不行使而消滅。

◆僱用人侵權行為責任

按民法第188條規定：「（第一項）受僱人因執行職務，不法侵害他人之權利者，由僱用人與行為人連帶負損害賠償責任。但選任受僱人及監督其職務之執行，已盡相當之注意或縱加以相當之注意而仍

不免發生損害者，僱用人不負賠償責任。（第二項）如被害人依前項但書之規定，不能受損害賠償時，法院因其聲請，得斟酌僱用人與被害人之經濟狀況，令僱用人為全部或一部之損害賠償。（第三項）僱用人賠償損害時，對於為侵權行為之受僱人，有求償權。」該條稱為「僱用人責任」，係指僱用人對受其指揮監督人員之侵權行為負連帶賠償責任，藉以擴大被害人之求償可能，本條立法之法律效果為僱用人需為受僱人之侵權行為負連帶賠償責任，僱用人如賠償被害人後，對受僱人有求償權。其中需要特別注意幾個事項：

1. 受僱人需成立一般侵權行為即民法第184條，僱用人始有成立僱用人責任之可能。換言之，僱用人責任連帶賠償責任之基礎須以受僱人成立一般侵權行為為前提。

2. 僱用人與受僱人間並不以實際上締結僱傭契約為限，只要客觀上被他人使用為之服務勞務而受其監督之者均係受僱人（最高法院57年台上字第1663號判例），學說上稱為「事實上僱傭關係」，是並不以有僱傭契約、受有報酬為必要。

3. 僱用人責任之成立以受僱人「執行職務」加害他人為要件，「執行職務」依照最高法院42年台上字第1224號判例，係指「受僱人之行為，在客觀上足認為與其執行職務有關。」是縱貨運公司受僱人於利用執行職務之方便，駕駛公司車輛訪友或接送上下班，因疏失發生車禍致生他人受傷，這種利用職務上之機會，亦會認為受僱人「執行職務」。

4. 僱用人對選任監督有過失，過失與損害發生間有因果關係：本條之立法採取衡平責任之立法，為擴大被害人求償之機會，是僱用人援引該條立法免責之機會較少。

舉例而言，某甲遞履歷到某基金會辦公室，稱其受過照顧服務員訓練取得資格，並表明願當服務員意願，某基金會同意某甲於該基金會實習一週，未支付薪資，而後某基金會派某甲擔任某乙之看護，某

甲穿著某基金會制服前往A醫院擔任某乙看護，於看護期間不慎致某乙受傷，某基金會雖抗辯某甲僅係實習生，並未支薪，但某甲受某基金會指揮監督，且身著某基金會制服，外觀上足以使他人認為某基金會使用，受其監督服勞務，某基金會應依民法第188條第一項負連帶賠償責任[10]。

(二)民事契約責任

　　所謂的契約責任包括履約責任及債務不履行損害賠償責任。履約責任顧名思義乃係債務人應依照契約內容履行契約義務，如債務人無法履行契約義務，即為債務不履行。債務不履行責任態樣有三：給付不能、給付遲延及不完全給付。給付不能即指債務人已無法依約履行給付義務，給付遲延是指有履約可能，但未依規定時間履行契約義務，不完全給付是指給付義務內容與約定給付內容不相合，存有瑕疵。如係給付不能，依據是否歸責於債務人之事由定法律效果，如果不可歸責於債務人，債務人得不必給付（民法第225條），如可歸責於債務人，債權人非但可以解約，還可以請求損害賠償（民法第226條、第256條及第260條）。如係給付遲延，以給付有無實益定之，如給付已無實益，債權人可以拒絕給付、解約並請求損害賠償（民法第232條及第255條），如給付仍有實益，債權人可以催請給付並請求遲延之損害賠償（民法第229條及第231條）。若係不完全給付，端視是瑕疵可否補正，如瑕疵無法補正，準用給付不能規定，如瑕疵可以補正，準用給付遲延之規定，此謂「瑕疵給付」（民法第227條第一項）。但如瑕疵造成債權人另行支付款項或造成債權人因而受有其他損害，學理稱為「加害給付」，債權人另行支出部分或損害之填補，均可另向債務人請求損害賠償（民法第227條第二項）。又，履行契約義務並不以債務人親自履行為必要，在實務上常由締約當事人之受僱人或代理人履行契約，學理稱為「履行輔助人」，就履行輔助人之故意或過失，債務人均應與其本身故意或過失負同一責任（民法第224條）。

　　無論老人照護、身心障礙者照護、長期照護及護理機構照護，均要求照護者與接受照護者間應訂定「書面契約」，據此，未訂定書面契約，契約無效，於此不贅。承前，照顧人員與接受照顧服務之人間可能直接有契約關係，亦有可能無契約關係。如照顧人員與接受照顧服務人員間無契約關係，照顧人員疏失致受照顧人員受有損害，受照顧人員得本於侵權行為相關規定請求。如照顧人員或照顧機構與受照顧人間有契約關係，因可歸責於照顧人員疏失所致損害，前者得直接本於契約向照顧人員請求，後者因照顧人員為照護機構所聘僱，契約成立於照護機構與受照護之人間，照顧人員僅係照護契約之履行輔助人。倘如照顧人員本身違反注意義務，致受照顧人員受有損害，本於契約責任之法律關係，照顧機構須為照福人員之行為負債務不履行損害賠償責任。

(三)消費者保護法相關規定

　　按從事設計、生產、製造商品或提供服務之企業經營者，於提供商品流通進入市場，或提供服務時，應確保該商品或服務，符合當時科技或專業水準可合理期待之安全性；商品或服務具有危害消費者生命、身體、健康、財產之可能者，應於明顯處為警告標示及緊急處理危險之方法；企業經營者違反前二項規定，致生損害於消費者或第三人時，應負連帶賠償責任，但企業經營者能證明其無過失者，法院得減輕其賠償責任，消費者保護法（以下稱消保法）第7條分別定有明文。消費者保護法第7條規範「企業經營者」之損害賠償責任採無過失責任，此與前開民法規定之一般侵權行為責任以故意或過失為前提不同，尤特注意。該條規定企業經營者應擔保商品或服務應具備當時科技或專業水準可合理期待之安全性，且縱無過失，企業經營者亦僅得主張減輕賠償責任，並非因而無責。而所謂的「企業經營者」，並不以營利為目的（消保法施行細則第2條），換言之，是否營利並非消保法規範之企業經營者判斷標準。另，為落實消費者保護政策，本於

消保法提起之訴訟，除請求填補損害所生之賠償外，因企業經營者故意所致之損害，消費者得請求五倍以下之懲罰性賠償金、因企業經營者重大所致之損害，消費者得請求三倍以下之懲罰性賠償金、因企業經營者過失所致之損害，消費者得請求一倍之懲罰性違約金（消保法第51條）。而前開各類型養護機構有無適用消保法規定？我國實務均肯認收取費用、提供照顧養護服務之機構，屬於消費者保護法規定之「企業經營者」，受照顧之人員乃為消費者保護法之「消費者」，自有消費者保護法規定之適用[11]。

三、刑事責任

(一)身體、生命部分

◆ 過失致死罪、業務過失致死罪

按刑法第276條：「（第一項）因過失致人於死者，處二年以下有期徒刑、拘役或二千元以下罰金。（第二項）從事業務之人，因業務上之過失犯前項之罪者，處五年以下有期徒刑或拘役，得併科三千元以下罰金。」有論者直接稱該條為「過失致死罪」。刑法所保護對象為「法益」，即值得保護之法律上利益。而法益種類有國家法益、社會法益、個人法益，其中個人法益包括生命、身體、財產及名譽法益。刑法第276條過失致死罪所保護的對象是人的生命法益，且屬非告訴乃論之罪，要先敘明。又，該條所謂的「過失」，是指刑法第14條所規定之「過失」，即「按其情節應注意，並能注意而不注意者」（刑法第14條第一項）與「預見其能發生而確信其不發生者」（刑法第14條第二項），前者稱無認識過失，後者稱有認識過失，前者處罰是處罰行為人注意義務之違反，後者處罰行為人之輕率。過失致死罪之成立，以客觀上有被害人死亡之結果，且其死亡結果與行為間有因果關係，我國實務上採相當因果關係。主觀上行為人有過失，過失的發生以行為人有注意義務為前提，即「應注意」，亦須行為人有注意

之能力，即「能注意」，並違反注意義務，即「不注意」，且行為人對其行為違法有責。

另，須加以說明同條第二項之業務過失致死罪所規範之「業務」為何。刑法上所謂業務，係指以反覆同種類之行為為目的之社會的活動而言（最高法院29年上字第3364號刑事判例、同院43年台上字第826號刑事判例），並不以營利為必要。業務之範圍包括主要業務及其附隨之準備工作與輔助事務在內。此項附隨之事務，並非漫無限制，必須與其主要業務有直接、密切之關係者，始可包含在業務概念中，而認其屬業務之範圍（最高法院89年台上字第8075號刑事判例），且一人不以一種業務為限，如一人同時兼有二種或二種以上之業務，而在某一種業務上有不慎致人於死之行為，即應負其業務過失致人於死罪責（最高法院69年台上字第4047號刑事判例）。

照顧服務員及醫務人員提供服務之對象相較於一般人的健康風險高，於照顧過程中不可不慎，特別是照顧服務員對照顧服務較一般人專業，一旦疏於細節，或違反注意義務，將可能造成受照顧人員不利益之結果。例如餵食時疏於注意受照顧人員過往健康紀錄，未依照平常教育訓練方式小口小口餵食、確認咀嚼吞嚥後餵食[12]、對於無法起身之受照顧人員未提供最適方式使用約束帶[13]、未注意升起床邊護欄[14]、對於可以活動的受照顧人員疏於注意活動範圍及給予必要的協助或限制[15]。

◆過失傷害罪、業務過失傷害罪

按刑法第284條：「因過失傷害人者，處六月以下有期徒刑、拘役或五百元以下罰金，致重傷者，處一年以下有期徒刑、拘役或五百元以下罰金。從事業務之人，因業務上之過失傷害人者，處一年以下有期徒刑、拘役或一千元以下罰金，致重傷者，處三年以下有期徒刑、拘役或二千元以下罰金。」該條保護個人的身體法益，且依刑法第287條之規定，屬告訴乃論之罪，如欲提起告訴，須於知悉犯罪行為人及

犯罪行為之日起六個月內提起告訴。該條之成立，客觀上需有傷害行為，且有受傷結果，傷害行為與結果間具備因果關係，行為人主觀須有過失，攸關過失、業務之概念均與過失致死罪、業務過失致死罪中之「過失」、「業務」概念及法釋義相同，於此不贅。其中需加以說明是「重傷害」之概念。依據刑法第10條第四項規定：「稱重傷者，謂下列傷害：一、毀敗或嚴重減損一目或二目之視能。二、毀敗或嚴重減損一耳或二耳之聽能。三、毀敗或嚴重減損語能、味能或嗅能。四、毀敗或嚴重減損一肢以上之機能。五、毀敗或嚴重減損生殖之機能。六、其他於身體或健康，有重大不治或難治之傷害。」該條列舉各該項目機能喪失或嚴重減損，無回復可能，即屬之。

　　照顧服務員提供照顧服務之對象，其因身體機能衰退導致疾病及意外發生率增加之醫療需求風險，以及身體機能減損所生之保護風險較一般人高，是照顧服務員除受應有專業訓練外，亦應具備照顧服務之專業知識及經驗，是如照顧服務員因違反注意義務致受照顧人員受有身體上之傷害或重傷害結果，將可能被論以業務過失傷害或業務過失重傷害罪責，如致重傷害結果，亦可能被論於業務過失傷害致重傷害結果等罪，我國司法實務上曾有洗澡沐浴及移位過程中，未盡注意施力步伐及支撐身體重心位置，受照顧人員因而打滑，重心不穩受有背、臀部挫傷結果[16]、未能注意飲食噎住受照顧人員致缺氧性腦病變，認構成業務過失致重傷害罪責[17]、從事照顧未注意應先固定輪椅位置或請他人協助抱起受照顧人員，致受照顧人員腳脫落撞擊輪椅而受有膝蓋撕裂傷勢[18]、或因未能注意輪椅踏板防護致受照顧人員受有傷勢[19]。

◆有義務遺棄罪

　　按刑法第294條：「對於無自救力之人，依法令或契約應扶助、養育或保護而遺棄之，或不為其生存所必要之扶助、養育或保護者，處六月以上、五年以下有期徒刑。因而致人於死者，處無期徒刑或七

年以上有期徒刑；致重傷者，處三年以上十年以下有期徒刑。」此條規定有論者稱為有義務之遺棄罪，該條乃係保護人之生命法益，避免無自救能力之人生命危殆。依該條之規定，依法令或契約負有扶助、養育或保護義務之人積極的為遺棄行為或消極的不為提供生存之保護，違反其義務，致應受扶助、養育或保護之人有生命滅失之危險，均處罰之，若因而發生死亡或重傷結果，罪責加重。其中，所謂的無自救能力之人，係指其人無自行維持生存所必要之能力者而言，如因疾病、殘廢或老弱、幼稚等類之人等是（最高法院32年上字第2497號刑事判例）。若負有此項保護、養育或扶助義務之人，不盡其義務之際，而事實上尚有他人為之養育或保護，對於該無自救力人之生命，並不發生危險者，即難成立該條之罪（最高法院29年台上字第3777號判例、同院87年台上字第2395號判例）。

照顧服務員與受照顧人員間或有契約關係，或因法律負有保護義務，自屬刑法294條規範之負有保護義務之人。受照顧人員有則因身體機能衰敗，有則因老化而有高度醫療需求，係無自救能力之人。而照顧服務員於照護期間應注意受照顧人員之身心狀態，不得任意離開。實務上曾發生照顧服務員受僱於醫院照顧終日以人工呼吸器維持生命，需人隨侍在側監控人工呼吸器運作之人，但照顧服務員卻無預警離開醫院，使人工呼吸器之運作長期無人監看，致受照顧人員受有人工呼吸器可能故障而無法呼吸之危險，法院認定構成刑法第294條遺棄罪[20]。

(二)登載資訊部分

按刑法215條：「從事業務之人，明知為不實之事項，而登載於其業務上作成之文書，足以生損害於公眾或他人者，處三年以下有期徒刑、拘役或五百元以下罰金。」刑法第216條：「行使第二百一十條至第二百一十五條之文書者，依偽造、變造文書或登載不實事項或使登載不實事項之規定處斷。」其中刑法第215條處罰從事業務之人登載於業務文書上不實，刑法第216條處罰行使偽造文書之行為，該二條屬於

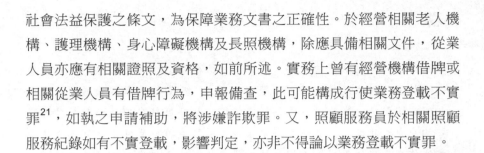

社會法益保護之條文，為保障業務文書之正確性。於經營相關老人機構、護理機構、身心障礙機構及長照機構，除應具備相關文件，從業人員亦應有相關證照及資格，如前所述。實務上曾有經營機構借牌或相關從業人員有借牌行為，申報備查，此可能構成行使業務登載不實罪[21]，如執之申請補助，將涉嫌詐欺罪。又，照顧服務員於相關照顧服務紀錄如有不實登載，影響判定，亦非不得論以業務登載不實罪。

(三)隱私部分

　　按長照法第20條：「長照人員對於因業務而知悉或持有他人之秘密，非依法律規定，不得洩漏。」[22]、長照法第43條第一項：「未經長照服務使用者之書面同意，不得對其進行錄影、音或攝影，並不得報導或記載其個資」，考其立法意旨乃係本於受照顧人員之隱私保護所為之規定。因從事長照服務可能因照護過程中得以知悉或獲取長照人員之隱私及個人資訊，為保障受照顧人員之隱私，明文規定長照人員對其業務知悉或持有秘密，包括個資，除非法律別有規定，否則不得洩漏。倘若未得書面同意而錄音、錄影受照顧人員非公開言論、活動、談話或身體隱私部位，可能構成刑法第315條之1無故竊聽竊錄罪，若揭露個人資料諸如病歷、醫療狀況，可能有個人資料保護法第41條之罪責。

學習與討論

學習題一、我國老人福利法提供老人哪些服務？請簡要析論之。

學習題二、長照人員須具備何種消極資格及積極資格？如不具備長照人員證照而提供長照服務有無責任？如未辦理登錄而提供長照服務須負何種責任？僱用不具長照人員證照之人員，並提供服務之長照機構，如因提供服務過程使受照顧人員受傷，長照機構有無責任？

注釋

1 就此爭議，可歸納數種說法，其一，「方針條款」，該主張認為社會憲法條款僅係國家政策綱領，不帶有拘束力，反對論者執以我國司法實踐上確有援引社會憲法條款作為釋憲依據，故認為社會憲法條款並非不帶有拘束力；其二，「立法委託」，該主張認為社會憲法條款課與立法者立法作為義務，反對論者認為該主張未能說明立法委託如不作為之效果為何；其三，「釋憲依據」，依其不同條款，分別認定其規範效力。例如憲法第15條生存權保障、憲法第22條未列舉基本權，可作為人民主觀公權利請求依據，而基本國策及相關制度設計，例如：憲法第153、154條制定保護勞工、農民之法律，屬於憲法委託，而憲法第155條社會保險制度，係憲法「制度性保障」之一環，作為立法界限。詳見孫迺翊（2015），頁71；陳新民（2011），頁359-360、410-411；黃舒芃（2006）。〈社會權在我國憲法中的保障〉。《中原財經法學》，頁2-24。

2 勞動基準法第54條規定年滿六十五歲強制退休。

3 老人福利法96年1月31日修正第1條，立法理由明定：「依據先進國家之主張，社會福利已不再被視為是慈善行為，而是社會風險之共同分擔與身為公民之基本權利。我國社會福利政策綱領亦指出，國家興辦社會福利之目的，在於保障國民之基本生存、家庭之和諧穩定、社會之互助團結等，期使國民生活安定、健康、尊嚴，為落實政策目標，爰將『宏揚敬老美德』修正為『維護老人尊嚴』，以釐清老人福利係老人身為公民應有權利之定位。」

4 所謂的「不動產逆向貸款」係指老人提供其所有之不動產，抵押予金融機構，金融機構估計房舍市價、未來增值或折舊，並依據老人所選定之抵押期（終生或相當期限），進行精算，按月或按年支付一定金額予老人作為養老金，老人於抵押期間內仍可居住設定抵押之房舍內，詳參薛承泰、陳素春（2011）。〈建構老人經濟安全的新選擇——不動產逆向抵押構思〉。《社區發展季刊》，第132期，頁93-105。

5 補助對象、項目基準，老人福利法第15條第二項授權訂定「失能老人接受長期照顧服務補助辦法」，依據該辦法規定，失能老人分輕度、中度及重度三級，並依據家戶人均月收入定補助比例，補助項目分為四類：

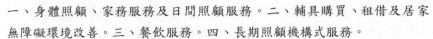

一、身體照顧、家務服務及日間照顧服務。二、輔具購買、租借及居家無障礙環境改善。三、餐飲服務。四、長期照顧機構式服務。

6 補助對象、項目基準，老人福利法第22條第二項授權中央主管機關訂定「老人參加全民健康保險無力負擔費用補助辦法」。

7 相關定型化契約範本撰擬，可詳參「安養定型化契約範本」及「安養定型化契約應記載及不得記載事項」。

8 護理人員法施行細則第11條規定，護理機構負責資深護理人員之資格條件，應具備從事臨床護理工作年資七年以上，或以護理師資格登記執業臨床護理工作年資四年以上。

9 改編自台灣高雄地方法院101年度訴字第947號民事判決案例事實。

10 改編自台灣高等法院台中分院102年度醫上易字第3號民事判決案例事實（本案目前經最高法院104年度台上字第1095號判決廢棄發回，尚未確定）。

11 台灣台北地方法院99年度消字第39號民事判決、台灣桃園地方法院99年度重訴字第326號民事判決、台灣高雄地方法院101年度訴字第947號民事判決及台灣宜蘭地方法院103年度消字第1號民事判決，渠等判決均肯認養護機構乃消費者保護法第7條「企業經營者」。既為消保法規定之企業經營者，提供之商品或服務必須符合「當時科技或專業水準可合理期待之安全性」。而所謂「當時科技或專業水準可合理期待之安全性」標準為何？前開台灣高雄地方法院101年度訴字第947號民事判決於判決理由中援引老人福利機構設立標準床位裝置之要求及人員配置要求之規定，認該養護機構並無配置相關床位及人員，與上開規定不合，不符合「當時科技或專業水準可合理期待之安全性」，可供參考。

12 最高法院102年度台上字第4876號刑事判決案例事實、台灣高等法院台南高分院95年度上訴字第771號刑事判決案例事實。

13 最高法院100年度台上字第2677號刑事判決案例事實、台灣高等法院98年度上訴字第2947號刑事判決案例事實。

14 台灣高等法院103年度上訴字第1929號刑事判決案例事實。

15 台灣高等法院101年度上訴字第892號刑事判決案例事實、同院100年度上訴字第954號刑事判決案例事實、台灣高等法院台中高分院101年度上易字第962號刑事判決案例事實、台灣高等法院台南高分院101年度上訴字第34號刑事判決案例事實。

16 台灣台北地方法院102年度審簡上字第136號刑事判決案例事實。

17 台灣高等法院台中高分院101年度上易字第694號刑事判決案例事實。

18 台灣台東地方法院103年度原易字第23號刑事判決案例事實。

19 台灣高雄地方法院103年度簡字第1267號刑事判決案例事實。

20 台灣高等法院104年度上訴字第205號刑事判決案例事實。

21 台灣高等法院103年度上易字第494號刑事判決、士林地方法院101年度簡字第255號刑事判決案例事實。

22 雖長照法第20條明文長照人員有保密義務，但就該保密義務違反，該秘密如果並非個人資訊，是否有刑事責任，尚非無疑。按刑法第316條明文特定從業人員如醫師、助產士等有保密義務，不得任意揭露業務上秘密，立法意旨本係因渠等職業從業人員容易因執行業務而獲悉他人秘密，為使其善盡忠實義務而設置該規定。但「長照人員」是否受刑法第316條規定之拘束？不無疑問。本文認為「長照人員」並非刑法第316條明文規定之特定從業人員，理由為本於罪刑法定主義，不得任意擴張解釋該條立法所規範之對象，縱長照人員因與受照顧人員朝夕相處，容易獲悉其秘密，但既法尚無明文，自不可恣意課以刑責。但該部分恐係立法漏洞，有賴未來實務加以闡釋或修法。

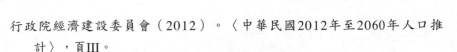

參考文獻

行政院經濟建設委員會（2012）。〈中華民國2012年至2060年人口推計〉，頁III。

吳庚（2003）。《憲法的解釋與適用》，頁66，自版。

吳淑瓊（1999）。〈我國老人長期照顧政策措施的檢討與建議〉。《長期照護雜誌》，3卷2期，頁10；周月清（2006）。〈我國長期照顧服務輸送困境與建言〉。《長期照護雜誌》，10卷2期，頁113。

吳淑瓊、陳亮汝、張文瓊（2013）。〈台灣居家服務人力：現況與未來發展〉。《社區發展季刊》，第141期，頁101。

呂寶靜、陳正芬（2009）。〈我國居家照顧服務員職業證照與培訓制度之探究：從英國和日本的作法反思我國〉。《社會政策與社會工作學刊》，13卷1期，頁204-205。

林萬億（1994）。《福利國家──歷史比較分析》，頁7-13。台北：巨流圖書公司。

孫迺翊（2015a）。〈社會法的憲法基礎〉。台灣社會法與社會政策學會主編，《社會法》（初版），頁69。台北：元照出版有限公司。

孫迺翊（2015b）。〈身心障礙者權益保障〉。台灣社會法與社會政策學會主編，《社會法》（初版），頁371-372。台北：元照出版有限公司；廖福特（2008）。〈從「醫療」、「福利」到「權利」──身心障礙者權利保障之心發展〉。《中研院法學期刊》，第2期，頁167以下。

陳愛娥（1997）。〈自由─平等─博愛─社會國原法治國原則的交互作用〉。《台大法學論叢》，26卷2期，頁125。

陳新民（2011）。《憲法學釋論》（修正七版），頁955、971-975。台北：元照出版有限公司。

蔡幸繹（2007）。《台灣外籍家庭看護工之現象與省思兼檢視長期照顧政策》。國立政治大學勞工研究所碩士論文，頁13-14。

蔡雅竹（2014）。《論我國長期照護雙法草案及其法律問題──兼論德國之長照保險制度》。國立台灣大學碩士論文，頁55-56。

簡玉聰（2015）。〈老年福利〉。台灣社會法與社會政策學會主編，《社會法》（初版），頁360。台北：元照出版有限公司。

簡志文、廖又生、黃敏亮〔2014〕。《老人政策與法規》，頁31。台北：全華圖書股份有限公司。

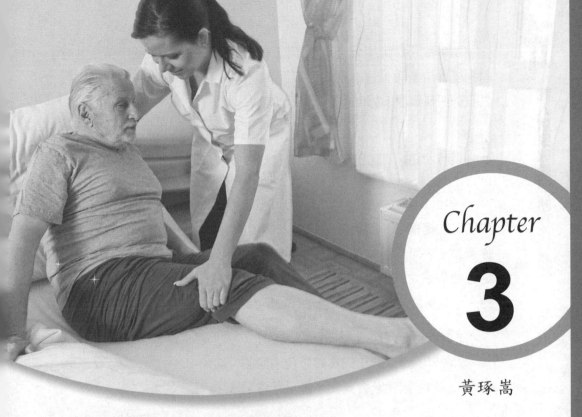

黃琢嵩

照顧服務資源簡介

1.認識社會資源與照顧服務資源之不同。

2.瞭解現行之照顧服務資源有哪些。

3.知道如何申請照顧服務資源。

照顧服務資源與社會資源不同，一般大眾在遇到資源申請及社會福利補助申請時，往往不知道資源申請的內容。如何瞭解有哪些現行之照顧服務資源，如何申請，以下依序說明。

第一節　社會資源與照顧服務資源

一般「資源」指的是「一切可被人類開發和利用的物質、能量和信息的總稱」，而對於弱勢之人需要的資源，一般直接會想到「社會資源」，而「社會資源」的定義是：「凡是為了因應社會需要，滿足社會需求之所有足以轉化成具體服務內涵的一切，都可稱之為資源。」其提供之對象、內容及目的如下：

1.對象：社會需要。
2.內容：足以轉化成具體服務內涵的一切。
3.目的：因應社會需要，滿足社會需求。

再具體一點說，社會資源可以分為有形的硬體資源與無形的軟體資源，茲依提供之資源內涵區分如下（蕭玉煌，2002）：

一、硬體資源

像是有形的、可以看得到、可取得、具體並能直接使用的物質，可分為財力及物力：

1.財力資源：像是募款所得、基金利息、財產收入或是政府的補助等，以爭取捐款贊助或補助作為推動社會工作的重要工具。
2.物力資源：運用各種場所及設備工具來解決社會問題，例如汽車、烘培烤箱、活動中心、公園、社教館、辦公用品、教堂、廟宇、電腦、學校、醫院等。

二、軟體資源

看不到的、無形的、精神的、抽象的，只能間接獲益的觀念，像是價值觀、思想、專業知識等。

1. 人文資源：是社會經濟演變中形成的，將團體文化、倫理道德觀、責任榮譽感、價值觀、歷史經驗等無形之形態以物質或精神表現出來，是社會福利工作的主要動力來源。
2. 人力資源：如學者、專家、領導者、執行人員、社工、民眾、志工等，是推動社會福利工作的必要元素。

而照顧服務資源則是將服務對象更加聚焦在失能者及高齡者上；依其定義「對於失能者或有需要者，提供人力、物力、財力、社會制度或福利設施，如各級政府的行政機關、公私立照顧服務機構、設施及人員等之照顧服務提供，使失能者過著有尊嚴、有品質的生活」（盧美秀、陳靜敏，2014；李淑婷，2016），可瞭解到提供之對象、內容及目的如下：

1. 對象：失能者及有需要的人，如亞健康長者。
2. 內容：提供之服務主要以「照顧」為主。
3. 目的：使失能者過著有尊嚴、有品質的 生活。

所以在「照顧」服務資源上，就可以知道其對象是鎖定在失能者及有需要的人，所提供之服務內容則是以「照顧」為主；目的則是使失能者過著有尊嚴、有品質的生活。因此可知「照顧服務資源」是包含在「社會資源」中。

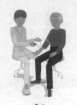

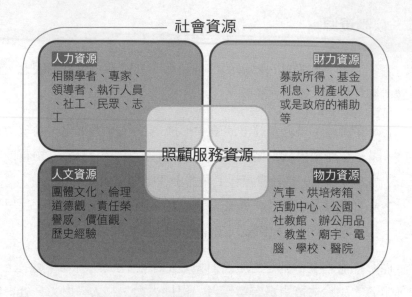

圖3-1 社會資源與照顧服務資源示意圖

第二節 現行之照顧服務資源

　　政府為因應高齡化社會之來臨，民國97年提出長期照顧十年計畫發展多元服務方案，再以長照服務網計畫擴展服務體系資源之量能，目前長期照顧十年計畫及長期照護服務網計畫已初步執行完成，現階段要加強長照服務之普及性及在地化，提高長照服務品質，故整合長期照顧十年計畫及長期照護服務網計畫為長期照顧服務量能提升計畫，再加上長期照顧服務法通過，將於民國106年正式實施，使長照服務制度能更明確且一致（**圖3-2**）；同時為使資金來源充足，行政院於民國104年6月4日通過「長期照顧保險法」草案，將使整個照顧服務系統更為完備（**圖3-3**）。

　　現有照顧服務資源依其不同體系延伸出各種照顧服務，「長期照顧十年計畫」以原體系發展的服務為基礎，再延伸發展更多元的服務方案，請參考**表3-1**。

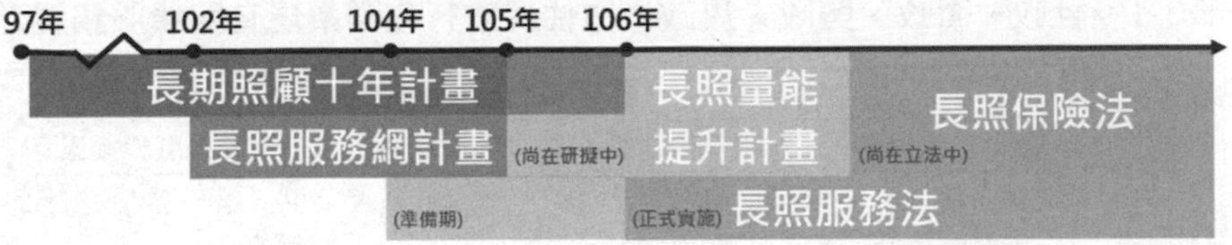

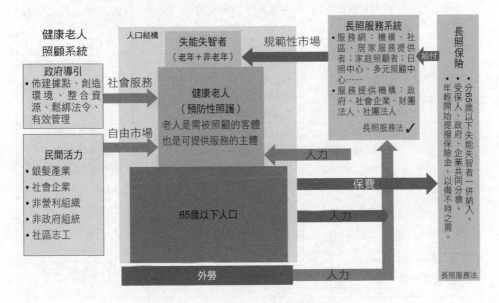

圖3-2　長期照顧的整體政策藍圖

資料來源：衛生福利部（2015）。〈長期照顧的整體政策藍圖〉，2016年5月23日取自http://www.mohw.gov.tw/cht/LTC/DM1_P.aspx?f_list_no=896&fod_list_no=0&doc_no=50956

圖3-3　高齡社會全照顧系統

資料來源：鄧素文（2015）。〈因應高齡社會，完備長照制度——提升服務量能，銜接長照保險〉。行政院第3475次會議簡報。台北市：衛生福利部。

表3-1　社政、衛政、勞政、農政、原住民族行政體系現有照顧服務資源

服務體系 ／ 服務類別	長期照顧十年計畫			
	衛生醫療體系	社會福利體系	榮民體系	其他服務體系
	衛生福利部—護理及健康照護司	內政部社會司，2013年併入衛生福利部社會及家庭署	行政院退輔會	勞委會、農委會、原委會
居家式	• 居家護理 • 居家復健 • 居家營養	• 居家服務 • 送餐服務		• 農村試辦居家照顧計畫
社區式	• 日間照護 • 社區復健 • 醫療復健輔具	• 日間托老 • 家庭托顧 • 團體家屋 • 小規模多機能 • 定點用餐	• 社區生活照顧	• 農村試辦日間照護或托老計畫 • 部落老人日間關懷站
機構式（24小時）	• 護理之家 • 慢性病床 • 安寧照護	• 安養機構 • 養護機構 • 長期照護機構 • 失智照顧型	• 榮民之家 • 榮民醫院	• 農村試辦安養護機構
支持式	• 機構喘息服務 • 照顧者訓練	• 喘息服務 • 緊急救援 • 老人保護專線 • 照顧津貼 • 交通接送 • 愛心手鍊 • 輔具與居家環境改善		• 外籍家庭看護工 • 照顧服務員訓練 • 敬老福利生活津貼
聯結式服務	• 出院準備服務 • 長照管理中心	• 居家支援中心 • 長照管理中心		• 農村生活支援中心

資料來源：修改自盧美秀、陳靜敏（2014）。《長期照護：跨專業綜論》。台北市：華杏。

因衛生醫療體系及社會福利體系為主要照顧服務資源提供者，故以下就這兩體系所提供之各照顧服務資源做概略介紹。

一、居家式服務

居家式服務是提供給在居家養護，因行動不便或無他人協助之長者，依其需求提供不同專業之居家服務。

(一)衛生醫療體系

◆居家護理

居家護理服務包含身體評估、注射、一般傷口護理、檢體之採取及檢查、更換或拔除鼻胃管及護理、鼻胃管灌食技術指導、更換留置導尿管和尿袋及護理、膀胱灌洗、膀胱訓練、大小量灌腸、簡易復健指導及其他相關之護理指導。依據衛生福利部中央健康保險署居家護理服務的收案對象需符合下列各項條件：

1. 病人只能維持有限之自我照顧能力，即清醒時，50%以上活動限制在床上或椅子上。
2. 有明確之醫療與護理服務項目需要服務者。
3. 罹患慢性病需長期護理之病人或出院後需繼續護理之病人。

以上相關補助請洽各縣市居家護理機構。

另依據長期照顧十年計畫，除了現行全民健保每月給付兩次居家護理外，經評定有需求者，每月最高再增加兩次。補助居家護理師訪視費用，每次以新台幣1,300元計。

各縣市實際補助內容請洽各縣市長期照顧管理中心（412-8080）。

◆居家復健

　　居家復健服務包含物理治療之評估與計畫擬定、治療性冷熱敷、被動關節運動指導、肌力及耐力訓練、運動訓練、平衡訓練、床上活動及轉位訓練、行走訓練、心肺功能訓練、相關輔具之使用訓練及照顧諮詢、職能治療評估與計畫擬定、無障礙環境改造評估、輔具與副木之製作、訓練（包含物理治療、職能治療及吞嚥治療師）、自我照顧訓練、手功能訓練、功能性轉位訓練、平衡訓練、上肢或下肢功能訓練、認知知覺功能訓練及其他相關照顧諮詢、吞嚥障礙之評估與訓練。

　　經各縣市照管中心評估有需求者，連結物理治療師、職能治療師及語言治療師到家中服務。

　　各縣市實際補助內容請洽各縣市長期照顧管理中心（412-8080）。

◆居家營養

　　居家營養師到家中確認個案營養狀況，針對個案身體狀況、飲食習慣等，為個案計畫一份合宜的飲食，執行相關營養教育及飲食指導，營養評估、飲食設計與製作指導，以及處理其他消化吸收等相關問題，如體重下降、慢性腹瀉及腹脹等。

　　各縣市政府依財政提供不同服務，實際補助內容請洽各縣市長期照顧管理中心（412-8080）。

◆居家藥師

　　居家藥師到家中服務包含用藥評估與諮詢、檢視藥物治療合理性，以及提供服藥安全指導。

(二)社會福利體系

◆居家服務

　　照顧服務員依長者日常生活失能程度之不同，依約定時間前往

個案居所提供家庭及日常生活照顧服務，例如：換洗衣物之洗濯與修補、案主生活起居空間之居家環境整理、家務及文書服務、陪同或代購生活必需用品、陪同就醫或聯絡醫療機關（構）等其他相關之居家服務及身體照顧服務。

◆ **失能老人到宅沐浴車服務**

近年來隨著平均壽命延長、身障者高齡化、家庭結構改變等因素的影響，照顧的人力薄弱不堪，失能者與照顧者「雙重老化」的現象也日益顯著。往往因照顧者體力有限、無障礙環境不合適等原因，長期僅能以「擦澡」清潔身體，「如何為重度失能者沐浴」會造成家庭的困擾和沉重壓力，因此，全台有部分縣市提供到宅沐浴車服務，由護理師、照顧服務員及技術員到家中提供服務。

各縣市政府依財政提供不同服務，實際補助內容請洽各縣市長期照顧管理中心（412-8080）。

◆ **老人營養餐飲服務**

協助經濟弱勢失能老人獲得日常營養之補充，由送餐志工親手送達予獨居失能長者餐盒，更送上貼心的問候，透過送餐服務確認獨居失能長者平安。以設籍該縣市年滿65歲以上之低收入戶、中低收入失能老人（含僅IADLs失能且獨居老人）為主要服務對象，由服務提供單位安排送餐到家，依各縣市補助規定不同，服務內容亦有所不同。各縣市實際補助內容請洽各縣市長期照顧管理中心（412-8080）。

◆ **輔具購買、租借及住宅無障礙環境改善服務**

為增進失能者在家中自主活動的能力，提供輔具購買、租借及住宅無障礙環境改善服務。

失能輔具之補助項目包含輪椅、輪椅附件、特製輪椅、拐杖、助行器、助步車、轉位板、移位機、手動或電動床、放大鏡、馬桶增高器（便盆椅）、沐浴椅凳、氣墊床、輪椅氣墊座（流體壓力輪椅座

墊）、飲食輔具、衣著輔具、居家輔具、輪椅防滑墊、爬梯機、移位轉盤、翻身帶、個人衛星定位器等。

居家無障礙環境改善補助包含電話閃光震動器、門鈴閃光器、無線震動警示器、電話擴音器、門、防滑措施、火警閃光警示器、扶手（單隻）、扶手（連續）、可攜帶斜坡板、斜坡道（限自有土地）、水龍頭（撥桿式或單閥式）、浴室改善工程、特殊簡易洗槽、特殊簡易浴槽及廚房改善工程等。

各縣市實際補助內容請洽各縣市長期照顧管理中心（412-8080）或各縣市輔具資源中心。

二、社區式服務

於社區設置一定場所及設施，提供日間照顧、家庭托顧、臨時住宿、團體家屋、小規模多機能及其他整合性等服務，但不包括住宿服務。

(一)日間照顧服務

針對年長需照顧者、慢性病患（無傳染疾病及精神疾病）、行動不便者，提供長者日間時間托顧、專業護理照顧、復健服務、醫師迴診、日常生活起居訓練、康樂活動等服務。

服務限制：已聘用外籍看護工照顧者、領有特照津貼者不適用。且申請補助長輩需先經身體健康檢查無傳染性疾病。

請洽各縣市長期照顧管理中心（412-8080）。

(二)社區復健

針對無法透過交通接送服務取得現有健保服務資源者，且地處山地離島的地區，提供日常生活功能、社交功能評估與訓練、物理治療、職能治療等復健服務。

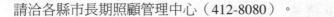

請洽各縣市長期照顧管理中心（412-8080）。

(三)定點供餐服務

　　為維護老人健康飲食、營養均衡及提升用餐品質，針對65歲以上之長者提供定點供餐服務。

(四)關懷據點

　　邀請當地民眾擔任志工，提供老人身體機能活化運動、定點供餐、志工關懷訪視與電話問安、銀髮旅遊、獨居長者支持社團等服務，透過在地化之社區照顧，使老人留在熟悉的環境中生活，同時亦提供家庭照顧者適當之喘息服務，以預防長期照顧問題惡化，發揮社區自助互助功能。

(五)家庭托顧服務

　　由合格照服員照顧3～4位失智、失能者，家托住所衛浴設備的防滑措施及扶手設備改善，政府補助5萬～7萬，收費每月6,000～16,200元不等，每位受託者樓地板面積約3坪，出入口至少80公分，足夠的輪椅進出。

　　請洽各縣市長期照顧管理中心（412-8080）。

(六)團體家屋

　　提供中度以上（CDR為2分以上）失智症老人如一般家庭一樣的生活空間，有共用的客廳、餐廳、廚房、廁所，以及屬於自己的臥室、廁所。受過失智症訓練的照服員及工作人員會像朋友家人一般與個案共同生活，依個案之生活經驗、獨特性、病程及喜好與興趣制訂個別生活照顧計畫（失智症社會支持中心，2016）。

(七)小規模多機能

服務以日間照顧為基礎，提供全人多元整合性服務，依個別家庭狀況，輔以提供臨時住宿或居家服務，建置社區整合性、支持性服務體制。

服務內容包含日間照顧服務、居家服務、臨時住宿服務（喘息服務）、沐浴服務、餐飲服務，可以擴充其他服務，送餐及臨時安置等社區照顧服務。

請洽各縣市長期照顧管理中心（412-8080）。

三、機構式服務

對於無法自我照顧或是慢性病長者提供24小時之全日照顧服務。

(一)護理之家

主要提供身體功能嚴重缺損、罹患長期慢性病、出院後需療養或傷口護理、三管照護（鼻胃管、氣管、導尿管）等需24小時照顧服務之個案；除了一般生活照顧服務外，還有專業護理師監控整體住民健康狀況、定期醫療診查、營養師評估及照護、藥師用藥諮詢、社工社會福利資源諮詢、復健治療師肢體功能評估與指導等專業照顧服務。

(二)長期照護型機構

與護理之家相似，主要提供身體功能嚴重缺損、罹患長期慢性病、出院後需療養或傷口護理、三管照護（鼻胃管、氣管、導尿管）等需醫護24小時照顧服務之個案；與護理之家不同之處，護理之家之法源是護理人員法，主責單位是照護司、衛生局；長期照護型機構法源是依據老人福利法，主責單位是社家署、社會局。

(三)養護型機構

以生活自理能力缺損需他人照顧之老人，例如：慢性病、出院後需療養或傷口護理、二管照護（鼻胃管、導尿管）等需24小時照顧服務之個案；與長期照護不同之處是不能收氣切之護理需求個案。

(四)安養護型機構

年滿六十歲，日常生活能自理，但仍需他人照顧或無扶養義務親屬，或扶養義務親屬無扶養能力之長者為照顧對象，著重在預防疾病及促進健康。

四、支持式服務

支持式服務是經評估個案之實際狀況需求後，依其需求提供之個別化服務。

(一)喘息服務

在照顧者呈現負荷過重前介入喘息服務；為避免受照顧者剛離開醫院即接受機構式喘息照顧，降低回到社區生活的可能性，因此需實際照顧長達一個月以上，因故暫時無法提供照顧，將失能者臨托至照顧機構，如護理之家，讓照顧者得以休息。喘息服務分為機構喘息及居家喘息兩種。

◆ 機構喘息

家庭照顧者評估有休息需求者，由機構工作人員提供24小時之照顧，入住條件為無傳染病、精神疾病、攻擊行為等，入住前先接受身體健康檢查，包括抽血（B型肝炎、梅毒、愛滋病毒）、胸部X光、糞便檢查（阿米巴痢疾、桿菌性痢疾）……。

限制：民眾於聘僱外籍看護工申請到職前、外勞逃跑或遞補銜接

期，檢附證明文件者，以及其他經照顧管理專員評定外籍看護工有臨時請假需求者。

◆居家喘息

由照顧服務員到家中，讓長輩在家中接受短暫照顧，提供照顧者短時間之照顧。

(二)緊急救援服務

因應老人身心機能退化經評估為有緊急救護需求的中低收入獨居老人，提升其自我照顧能力，保障老人生命安全，於老人家中裝設主機與隨身按鈕，透過連線與24小時服務中心聯繫，提供緊急事件之處理。

1.服務對象：設籍該縣市，經評估為有緊急救護需求的中低收入獨居老人。

2.服務項目：

(1)24小時緊救援通報。

(2)意外事件及緊急事件單位之聯繫。

(3)救護車緊急救護之聯繫派遣。

(4)緊急聯絡人通知。

3.補助標準：低收入戶及中低收入戶全額補助（每月月租費補助在1,500元左右）。

4.申請方式：以電話或親自至各縣市社會局（處）、鄉鎮市區公所提出申請。

(三)交通接送

為協助重度失能者滿足就醫及使用長期照顧服務時的交通服務需求，特補助中度、重度失能者使用類似復康巴士之交通接送服務，例如：就醫、社區復健、日間照顧、家庭托顧及其他社區式服務等。

　　交通接送的類型包含復康巴士、類復康巴士、無障礙計程車等服務，復康巴士僅可服務領有身心障礙手冊之身障者；無障礙計程車除了服務身障者外，老人、未領有身障手冊之行動不便者，乃至一般民眾均為服務對象。

(四)愛心手鍊

◆服務條件

　　年滿65歲有走失之虞（領有智能障礙、精神障礙、自閉症、失智症之身心障礙證明、手冊、醫師診斷證明書或曾失蹤有查尋人口登記聯單者），設籍並實際居住於本市之長者。

◆服務內容

1. 提供一條記載個案編號及24小時服務專線之防鏽金屬材質手鍊，並做檔案管理，以協助走失老人協尋事宜。
2. 費用：手鍊製作工本費200元及檔案管理費每年500元。

◆老人保護專線

　　年滿65歲以上長者，若發現有長者疏於照料、被虐待、遺棄、無法自我照顧且獨居，以及其他需要接受保護服務者，可撥各縣市老人保護免費通報專線舉發，社會局會依其狀況提供家庭訪視關懷、輔導家庭關係調適、免費專業法律諮詢、心理諮商服務、緊急安置或短期保護安置。

◆照顧津貼

　　為彌補中低收入家庭因照顧老人犧牲就業而喪失之經濟所得，對領有中低收入老人生活津貼且未接受機構收容安置、居家服務、未請看護（傭）者，其失能程度經評估為重度以上且實際由家人照顧之老人，發給照顧津貼（社會及家庭署，2016）。

五、聯結式服務

聯結式服務主要評估個案狀況，提供服務諮詢、轉介合適照顧服務資源，較像是仲介之角色。

(一)出院準備服務

出院準備服務是由醫療團隊在出院前共同協助患者提供合適的照護計畫及轉介服務，確保病患早日出院，並獲得持續性照顧。

(二)長照管理中心

為因應長壽社會的來臨，建構醫療衛生與社會福利體系之服務網絡，各縣市設立長期照顧服務資源之單一窗口，以提供個案連續性、完整性的照顧，進而建構全國長期照顧服務系統。

(三)居家支援服務

建立社區化照顧服務系統，對有服務需求的老人或身心障礙者提供居家照顧服務，增加社區老／障者之生活自主性、減輕家庭照顧者負擔。此外，聘用在地照顧服務員進行服務，促進就業機會，以達到服務提供之可近性。

第三節　申請照顧服務資源

有這麼多的照顧服務選項，若是自己或家人需要申請照顧服務時，需要哪種服務？是否有符合申請條件？要怎麼選擇服務單位？……，應該是多數人會遇到的問題。因此政府訂定「長期照顧服務法」即是整合各體系之照顧服務，由單一專線窗口服務管理，提供長照資源的專業諮詢，協助瞭解所在地有哪些長照資源、較合適您家人的又是哪些長照模式。以**圖3-4**簡略說明服務輸送流程（衛生福利部，2016）。

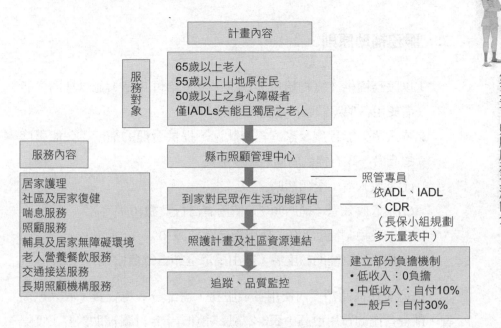

服務對象

65歲以上老人
55歲以上山地原住民
50歲以上之身心障礙者
僅IADLs失能且獨居之老人

服務內容

居家護理
社區及居家復健
喘息服務
照顧服務
輔具及居家無障礙環境
老人營養餐飲服務
交通接送服務
長期照顧機構服務

縣市照顧管理中心

到家對民眾作生活功能評估

照護計畫及社區資源連結

追蹤、品質監控

照管專員
依ADL、IADL
、CDR
（長保小組規劃
多元量表中）

建立部分負擔機制
• 低收入：0負擔
• 中低收入：自付10%
• 一般戶：自付30%

圖3-4　長期照顧十年計畫服務輸送體系

圖片來源：衛生福利部（2016）。長期照顧服務量能提升計畫。台北市：衛生福利部。

一、目前服務補助對象

1.以日常生活需他人協助者為主（經ADLs、IADLs評估），包含下列四類失能者：

(1)65歲以上老人。

(2)55歲以上山地原住民。

(3)身心障礙者（註：預定103年納入49歲以下身心障礙者）。

(4)僅IADLs失能且獨居之老人。

2.失能程度界定為三級：

(1)輕度失能（1～2項ADLs失能者，以及僅IADLs失能且獨居老人）。

(2)中度失能（3～4項ADLs失能者）。

(3)重度失能〔5項（含）以上ADLs失能者〕。

二、服務補助原則

1.以服務提供（實物給付）為主，現金給付為輔，並以補助失能者使用各項照顧服務措施為原則。

2.依民眾失能程度及家庭經濟狀況，提供合理的補助；失能程度愈高者，政府提供的補助額度愈高。

(1)低收入者：全額補助。

(2)中低收入者：補助90%，使用者自行負擔10%。

(3)一般戶：補助70%，使用者自行負擔30%。

(4)超過政府補助額度者，則由民眾全額自行負擔。

失能者在補助額度內使用各項服務，需部分負擔經費，收入愈高者，部分負擔的費用愈高，**表3-2**為長期照顧十年計畫補助內容（實際依各縣市補助內容為準）。

表3-2　服務項目與補助內容

項次	服務項目	目的	補助內容
1	照顧服務（居家服務、日間照顧、家庭托顧）	以日常生活活動服務為主	1.依個案失能程度補助服務時數： 輕度：每月補助上限最高25小時；僅IADLs失能且獨居之老人，比照此標準辦理。 中度：每月補助上限最高50小時。 重度：每月補助上限最高90小時。 2.補助經費：每小時以200元計（隨物價指數調整）。 3.超過政府補助時 數者，則由民眾全額自行負擔。
2	喘息服務	用以支持家庭照顧者	1.輕度及中度失能者：每年最高補助14天。 2.重度失能者：每年最高補助21天。 3.補助受照顧者每日照顧費以新台幣1,000元計。 4.可混合搭配使用機構及居家喘息服務。 5.機構喘息服務另補助交通費每趟新台幣1,000元，一年至多4趟。

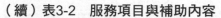

（續）表3-2　服務項目與補助內容

項次	服務項目	目的	補助內容
3	居家護理	維持或改善個案之身心功能	除現行全民健保每月給付2次居家護理外，經評定有需求者，每月最高再增加2次。補助居家護理師訪視費用，每次以新台幣1,300元計。
4	社區及居家復健	維持或改善個案之身心功能	針對無法透過交通接送使用健保復健資源者，提供本項服務。每次訪視費用以新台幣1,000元計，每人最多每星期1次。
5	輔具購買、租借及住宅無障礙環境改善服務	增進失能者在家中自主活動的能力	每十年內以補助新台幣10萬元為限，但經評估有特殊需要者，得專案酌增補助額度。
6	老人營養餐飲服務	協助經濟弱勢失能老人獲得日常營養之補充	服務對象為低收入戶、中低收入失能老人（含僅IADLs失能且獨居老人）；每人每日最高補助一餐，每餐以新台幣50元計。
7	交通接送服務	協助中重度失能者滿足以就醫及使用長期照顧服務為主要目的交通服務需求	補助中重度失能者使用類似復康巴士之交通接送服務，每月最高補助4次（來回8趟），每趟以新台幣190元計。
8	長期照顧機構服務		1.家庭總收入未達社會救助法規定最低生活費1.5倍之重度失能老人：由政府全額補助。 2.家庭總收入未達社會救助法規定最低生活費1.5倍之中度失能老人：經評估家庭支持情形如確有進住必要，亦得專案補助。 3.每人每月最高以新台幣18,600元計。

資料來源：衛生福利部社會及家庭署（2016）。「長期照顧十年計畫」，http://e-care.sfaa.gov.tw/MOI_HMP/HMPa001/begin.action

學習與討論

學習題一、請說明社會資源與照顧服務資源之不同。

學習題二、請說明現行之照顧服務資源。

學習題三、如何申請照顧服務資源。

案例分享（參考伊甸社工之案例）

居住在雲林的張小姐，因母親日前就醫述說自己常忘了關火、關瓦斯，差點造成不可抹滅的傷害，經醫師診斷為失智症初期，張小姐開始擔憂家中是否有足夠資源能支應日益惡化的症狀，以及家人因不瞭解而不以為意，始終對母親困擾的行為，用責罵的方式對應，讓母親的情緒愈來愈低落，使得張小姐更加擔憂病情是否會更加惡化。

問題思考

思考1：張小姐該如何跟家人溝通？

思考2：建議張小姐可使用的資源有哪些？

建議方案

一、召開家庭會議

家庭成員有人生病或發生意外災害時，可召集家人召開家庭會議，一同瞭解被照顧者之情形，讓家人一同參與分擔，以建立照顧共識。

二、資源調查

瞭解目前家人可動用之準備金狀況、可申請的經濟補助、福利身分，及調查當地照顧資源的提供有哪些、如何選擇、如何申請，什麼樣的情況適合入住機構等。

三、長期照顧

請教目前醫療團隊、醫院中的醫務社工或出院準備計畫小組人員，對於未來的照顧需要準備什麼？可運用的社會資源、機構為何？

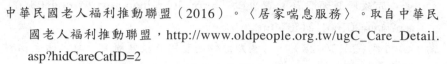

參考文獻

中華民國老人福利推動聯盟（2016）。〈居家喘息服務〉。取自中華民國老人福利推動聯盟，http://www.oldpeople.org.tw/ugC_Care_Detail.asp?hidCareCatID=2

台北市立聯合醫院附設仁愛護理之家（2016）。〈護理之家〉。取自http://www.tpech.gov.taipei/ct.asp?xItem=136340&CtNode=14555&mp=109151

失智症社會支持中心（2016）。〈團體家屋〉，http://www.tada2002.org.tw/Support.Tada2002.org.tw/support_resources11.html

何瓊芳（2014）。〈照顧服務緒論〉。《103年度照顧服務員訓練》，頁2-10。台北市：康寧醫護暨管理專科學校。

李淑婷（2016）。〈長期照護資源介紹及應用〉。取自高雄市家庭照顧者協會，file:///D:/%E2%97%8FEden/CEO's/%E5%85%B6%E5%AE%83%E4%BA%A4%E5%BE%85%E4%BA%8B%E5%B7%A5/1050430%E6%8F%9A%E6%99%BA%E8%80%81%E4%BA%BA%E5%B1%85%E5%AE%B6%E5%81%A5%E5%BA%B7%E7%85%A7%E9%A1%A7%E6%A6%82%E8%AB%96%E8%88%87%E5%AF%A6%E5%8B%99/%E9%95%B7%E6%9C%9F%E7%85%A7

社會及家庭署（2016）。〈中低收入老人特別照顧津貼發給〉。取自衛生福利部社會及家庭署，http://www.sfaa.gov.tw/SFAA/Pages/Detail.aspx?nodeid=149&pid=695

社會保險司（2015/8/31）。〈長照保險法懶人包〉。取自衛生福利部—長照政策專區，http://www.mohw.gov.tw/cht/LTC/DM1_P.aspx?f_list_no=898&fod_list_no=0&doc_no=50958

洪世民譯（2013）。KlinenbergEric著。《獨居時代：一個人住，因為我可以》。台北市：漫遊者。

苗栗縣政府長期照護管理中心（2016/3/2）。〈喘息服務〉。2016年12月22日擷取自：苗栗縣政府照護管理中心，http://longcare.miaoli.gov.tw/longcare/normalSingle.php?frontTitleMenuID=4208

耕莘醫院日間照護中心（2016）。〈耕莘醫院日間照護中心〉。取自天主教耕莘醫院，http://www.cth.org.tw/?aid=63&pid=63&iid=1

新北市銀髮服務網（無日期）。〈居家營養〉。2016年12月22日擷取自

　　http://lkk.ntpc.gov.tw/content/?parent_id=10106

臺南市政府照顧服務管理中心（2016/1/12）。〈小規模多機能〉。取自臺南市政府照顧服務管理中心，http://ltc.tainan.gov.tw/mode03_02.asp?num=20160112170746

衛生福利部（2015/8/28）。〈長期照顧的整體政策藍圖〉。取自衛生福利部，http://www.mohw.gov.tw/CHT/LTC/DM1_P.aspx?f_list_no=896&fod_list_no=0&doc_no=50956

衛生福利部（2016/6/7）。《長期照顧服務量能提升計畫》。台北市：衛生福利部。

鄭啟旭譯（2008）。草花里樹著。《看護工向前衝》。台北市：東立出版社。

蕭玉煌（2002）。〈內政部推展社區發展工作之成果與新方向〉。《社區發展季刊》，2002年12月，第100期，頁13。

盧美秀、陳靜敏（2014）。《長期照護：跨專業綜論》。台北市：華杏出版。

醫療復健輔具中心（2016/12/23）。取自醫療復健輔具中心，http://www.chimei.org.tw/main/cmh_department/5510A/index.html

洪櫻純

人際關係與溝通技巧

學習目標

1.認識溝通的影響方式。

2.如何增進與案主溝通的方法。

3.如何處理特殊的情境。

第一節　溝通的重要性及影響因素

一、以案主為中心提供專業服務

居家照顧服務是對人的服務，經常需要面對不同的案主、家屬及督導，因此在人際關係和溝通互動上顯得特別重要。每位案主的背景和需求不同，居服員如何觀察並適應不同的案家，需要多下一些功夫和累積實務經驗。進入每一個案主的家庭，要抱持謙卑而專業的態度，以案主為中心，多觀察和思考如何提供案主最好的服務。

溝通並不是僅限於講話互動，而是從照服員進入案主家門的那一刻起，開門、關門、寒暄、打招呼、眼神接觸、肢體接觸、工作服務、結束工作等都要做到細膩到位，每一個動作都有可能影響服務的品質。最大的挑戰是，每一個案主的個性和喜好不同，例如有些案主喜歡重口味的肉類飲食，又不喜歡喝水，飲食習慣不符合營養觀念，居服員如何運作專業能力和溝通技巧，慢慢引導案主營養健康的觀念，鼓勵案主多蔬菜水果及飲食，才能達到。溝通互動的過程中，並非一味聽從案主或案家的想法，而是以案主為中心提供專業服務，必要時與案主、家屬及督導討論最適合的服務方案。

照顧服務員在照顧案主的過程，藉由照服員與案主關係的建立，可促進案主與環境中人、事、物的互動。彼此產生信賴關係後，以同理心感受案主的感受和心境，並且重視案主的正確需求，再提供適切的專業服務。

二、溝通的影響因素

溝通是分享那些是共同的，或彼此參與之互動，當兩人或兩個以上的人互動就會產生溝通。溝通在拉丁文之原意為：和諧共同，或是

勿批判案主的想法和生活習慣

　　每一位案主都有自己固有的生活習慣和想法，照顧服務員進入案家後第一要務是與案主關係的建立並取得信任，以同理心感受案主的心境及回應照顧需求。例如案主的三餐內容單一化，如早餐只吃稀飯配醬菜、中餐和晚餐太多肉類，蔬菜水果攝取量不足，營養並不均衡。照服員可先跟案主聊聊其飲食習慣、偏好的類型，適當時機再引導健康的觀念和均衡飲食的組合建議，可先從案主可接受的方式慢慢調整，並且加以鼓勵和讚美，以提供更優質化的照顧模式。

建立和諧與分享，或是建立共同性，或是享有一則消息、一個觀念、一種態度或一種感受（李宗派，2005）。溝通最重要的目的即是要促進彼此的瞭解。以下針對溝通過程的影響因素加以討論。

(一)發訊者：原始發出訊息者

　　案主透過語言或肢體動作或表情傳達需求。有些案主無法表達，可能會透過身體動作或臉部表達傳達。照服員要用心觀察案主所要表達的想法及需求。

(二)訊息：準備傳送給接送者之消息

　　因語言的關係或表達的方式，需確認案主正確的需求。特別是有些案主講話不清楚或使用方言或口音重，訊息的解讀需要再次確認無誤後執行，才不會造成雞同鴨講的誤會。

(三)收訊者：收到訊息者

　　收訊者為照服員，收到案主的需求後給予回應。

(四)回饋：接收訊息後之行為反應

收到訊息後，可依案主需求進行服務，例如備餐、洗澡、外出散步等。若是需要案主等待，或者超出照服員的服務範圍，要再跟案主溝通及互動，否則會產生誤會。

(五)媒介：傳送訊息的方式或管道

案主可以透過語言、寫字或表情等傳達訊息。

(六)環境：指溝通時團體所處的時空環境

所處環境會影響溝通的品質，例如下午失智症長輩較會出現黃昏症候群，照服員可依當時情境回應。有些居家的環境較吵或聽不清楚，也會影響溝通的品質。

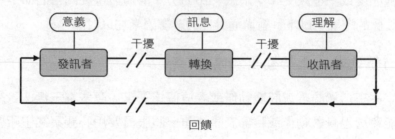

第二節　如何增進溝通的能力

照顧服務員是第一線服務案主的關鍵人物，除了照顧的技巧外，如何與案主、案家互動是最重要的關鍵。以下針對言語互動、肢體語言、身體距離做說明。

一、言語互動

(一)尊重、親切而溫暖的用詞用語

　　如何稱呼案主是關係建立的第一步，照服員可在第一次到案家服務時跟案主或案家確認。中高齡的照服員若服務較年長的案主，可稱呼○○先生、○○媽媽、○○爸爸、○○小姐、○○太太、○○老師、○○大哥、○○大姐等，若是較為年輕的照服員服務年長者，可稱呼○○阿公、○○爺爺、○○奶奶、○○阿嬤等。

　　在服務的過程中可多用「請、謝謝、對不起」，凡要進行服務前，要先跟案主簡要說明並取得同意。例如要進行餵食時，可先說「奶奶，我們等一下要吃飯喔，今天煮了那些菜，都很有營養價值，奶奶要多吃一點。」與案主溝通時，要多用鼓勵的語氣取代批評，多用叮嚀的口吻取代指責，多用幫忙、關懷的語氣取代抱怨。

(二)積極專注的傾聽

　　當照服員與長者溝通時，需要確實做到積極傾聽（active listening）。不只是人要在，心也要在當下的情境（王郁仁，2016）。例如，照服員不能一邊做菜，一邊敷衍案主的反應。若當下事務繁忙，可請案主等待，等忙完後再跟案主互動或協助完成工作。

二、肢體語言

　　與人溝通時，內容只占7%，語調占了38%，肢體語言占了55%。肢體語言包括臉部表情、眼神、手勢、觸摸、全身動作等，例如在工作時展現微笑或出現不屑或不尊重的言語時，都會影響互動的品質及信任感。

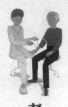
三、身體距離

身體之間的界線與舒服的距離也關係到溝通品質。這個「舒服的距離」因人而異，成長背景、社會文化、當下心情、性別、個性都關係到舒服的距離的遠近，以及當有人侵入他的安全距離之後，會衍生出什麼樣的反應。

一般而言，距離太遠（240～300公尺，即8～10呎），會使案主不願陳述其私事或感覺。距離太遠，又易使案主迴避及退縮。90～120公分（3～4呎）對大多數案主，是自在且能信任的距離。可依執行的照顧活動而定（胡月娟，2010）：

1. 親密距離：與案主距離約45公分，從事身體接觸的活動，如擦澡、口腔護理、翻身拍背、灌食、餵食、被動關節運動、陪同散步攙扶等。
2. 個人距離：與案主距離約45～120公分，如與案主會談、紀錄等，部分休閒活動需視活動內容靠近或保持適度距離，如陪同下棋、看電視等。

Sass（2009）提出健康照顧在臨床上有5C原則，包括：勝任力（competence）、同理心（compassion）、溝通（communication）、合作（cooperation）及培養（cultivation）。Sass表示，健康並非是固定的狀態，而是一種平衡的管理系統，特別是個人生理、情緒和社會健康識能及風險能力的平衡結果，以及健康照顧專業支援的舒適感。健康照顧的倫理特別重視案主和醫護人員之間的溝通和互動。

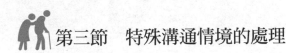 第三節　特殊溝通情境的處理

一、接待訪客

　　親人或朋友的探訪及慰問，對於案主是很大的鼓勵。一來可以轉移生病的焦點，二來可以增加對外的連結和互動，最重要的是人際關係和友誼的滋潤。照服員可視情況在旁安靜聆聽，訪客若有詢問案主的生活起居或病情，必要時可以適度回應。但若超出照顧的範圍，建議可向醫護人員詢問。

　　來訪的對象若與案主發生口角或爭論時，要視情況反應。若在機構中，亦可向主管報告。若是探視的時間不合適，如臨近用餐或睡覺時間，可向訪客說明較佳的會客時間。

二、回覆病人按鈴

　　接到案主的按鈴時，應在第一時間回應，迅速抵達案主的床旁或輪椅旁。以下是回覆案主按鈴的指引（胡月娟，2010）：

1. 立刻至案主床旁，注意態度的從容與和善。
2. 回應案主按鈴，並確認案主姓名、床號。
3. 告訴案主「我能為你做什麼嗎？」、「有什麼需要我幫助嗎？」
4. 回應案主的要求，若執行有問題或困難，應立刻通知主管，告知主管，案主的要求為何，再聽取主管的指示。
5. 必要時，請求他人的協助。
6. 按鈴裝置應放在案主雙手可及處。
7. 若案主無法按鈴，應定時探訪案主，以知有無需求。

三、電話溝通

使用電話時，說話要清楚並注意禮節。當接到電話時，可回應：「您好，這是○○機構，我是○○照顧服務員。」若要代為傳達訊息及紀錄時，務必將重要訊息再複述一次，特別是對方的電話號碼。記錄重要資訊，包括：來電者的姓名、電話、要留言的對象、留言內容及接聽電話的時間。

四、與溝通功能受損案主的溝通

因失能而溝通困難的案主，稱為溝通損傷者，如失明、失聰、失語或心智損傷者。對於失能的案主，照顧服務員在溝通時因考量其困難處，必要時借重輔助工具或家屬的協助，以完成案主的需求。

(一)失明案主的溝通

失明的案主因看不到，仰賴聽覺、嗅覺及觸覺協助溝通。第一次互動時，可能會觸摸照服員的臉，並聽聲音辨識，腳步聲也有所不同。與失明案主說話時，要正面相對，音量不需特別提高。溝通時，資訊要清楚，例如進入浴室後，牙刷和牙膏放在鏡子的最右邊，毛巾掛在入門處左邊。有時也會用3點、6點、9點和12點鐘的方位加以辨識。

(二)失聰案主的溝通

因聽力受損或耳聾，與案主說話時要正面相對，以利案主讀唇；用詞儘量簡短，並利用面部表情與手勢協助互動。必要時，可提醒案主戴上助聽器，並將環境的噪音降至最小，例如關掉電視機或收音機。

(三)失語案主的溝通

案主可能無法說、讀或寫，與言語損傷者溝通時，需站在案主前方。必要時利用圖畫板，讓案主以手指點出代表的意思。

(四)心智損傷案主的溝通

與心智發展低弱案主互動時，宜採成人態度且尊重的方式對待案主。若有意識混亂及昏迷者，說話可能語無倫次或不清不楚，可在比較清醒時再次確認需求。

第四節　與慢性病案主及照顧者的相處之道

因身體狀況不佳者，深受身心起伏的影響，照顧服務員在服務時需注意其身心特質，以調整因應方式。

一、認識慢性病人的身心特質

罹患某種疾病，病程超過三至六個月，就屬慢性病，其特徵為病理過程不可逆，衛福部核定的慢性病共計十六大類，包括癌症、內分泌及代謝疾病、精神疾病、神精系統疾病、循環系統疾病、呼吸系統疾病、消化系統疾病、泌尿系統疾病、骨骼肌肉系統及結締組織之疾病、眼及其附屬器官之疾病、傳染病、先天畸形、皮膚及皮下組織疾病、血液及造血器官疾病、耳及乳突之疾病、其他（http://www.nhi.gov.tw/webdata/webdata.aspx?menu=18&menu_id=683&webdata_id–444）。

慢性病者需面臨生理、心理、社會層面的衝擊，例如身體各系統器官功能的減退或長期疼痛的壓力。因生理的因素，造成心理壓力，如對身體的掌控度下降，因此自我控制感下降並需他人的協助，個人

自尊心和獨立性均受到嚴重影響，有時會出現無助和憂鬱的傾向。因生理受限，造成家庭生活、社交人際互動受到影響。若需負擔家計的案主，可能會影響工作及經濟收入。例如洗腎病人需定期做血液透析，體力不佳及疲勞，可能需要調整工作時間及工作內容，對家庭和工作均造成莫大的影響。

二、慢性病案主因應方式

因應技巧的短期效用為減輕特定情境的需求與情緒反應的調解。長期效用則包括個人健康狀況的改善和社會心理功能的提升。最重要的是與「疾病共存」，瞭解疾病的特性並調整生活型態，配合回診、檢查及治療等，慢性病者一樣能擁有自立的生活。

三、慢性病對家庭的影響及照顧技巧

慢性病人的日常生活包括進食、如廁、洗澡、穿衣等會受到影響，活動範圍也會受到限制，因此生活作息及家庭生活亦需調整，例如回診接送、家務分工重新分配、飲食調整、家庭出遊調整等。家人在照顧過程中，要瞭解疾病的特性及照顧的方法，並隨病情的發展調整照顧方式，一方面讓個案有其獨立性和保有自尊，一方面又能受到即時的協助和支援。

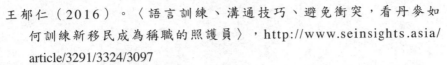

參考文獻

王郁仁（2016）。〈語言訓練、溝通技巧、避免衝突，看丹麥如何訓練新移民成為稱職的照護員〉，http://www.seinsights.asia/article/3291/3324/3097

李宗派（2005）。〈溝通技巧：如何與老人失智症者保持和諧之關係〉。《台灣老人保健學刊》，1(2)，1-14。

李宗派（2009）。〈探討溝通概念與技巧「如何與老人和失智症患者保持和諧之關係」〉。《台灣老人保健學刊》，5(1)，1-16。

胡月娟（2010）。〈人際關係與溝通技巧〉。《照顧服務員訓練指引》（四版）。台北市：華杏。

Sass, H-M. (2009). Interactive health care principles in the clinical setting: Competence, compassion, communication, cooperation, cultivation.《台灣醫學人文學刊》，10(1-2)，17-41。

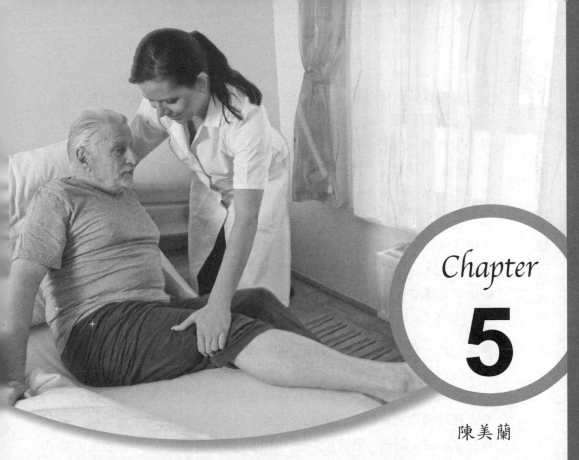

Chapter

5

陳美蘭

身體結構與功能

老人居家健康照顧理論與實務

身體就像房子，細小骨架支撐著身體的內部結構。我們因為市場行銷，廣告影響，往往只有注重皮外的美貌，卻不太注意皮內的器官是多麼重要。因著身體內部的運作，我們得以跑和跳，且用五官品味人生，而「身體」就是「生命」。瞭解你的身體運作，才能明白如何讓身體更健康。智商IQ測出你的聰明，情緒商數EQ測量個性特質，身體商數BQ（body quotient）讓你瞭解你的身體（賴俊達、錢莉華譯，2006）。瞭解人體細胞、組織和器官的相關性，以及人體各系統的構造與功能，同時認識身體系統的老化現象，作為預防保健之方，和照顧上之知識增長，達到健康老化的目標。

第一節　列舉人體細胞、組織和器官的相關性

老人居家照顧服務，除了要在專業照顧技能上不斷學習之外，認識人體的構造與組成，對照顧者來說十分重要。人體的構造與組成，包括了細胞、組織、器官和系統。由以下說明及**圖5-1**，可以看出人體細胞、組織、器官、系統和人體的相關性。

1.細胞：細胞是生存及生殖的最小單位。
2.組織：組織是細胞與其間之物質所構成。
3.器官：器官是兩種不同的組織結合而成。
4.系統：系統是功能相關的器官組成。

陳雪芬（2013）認為人體是由多種化學物質與複雜生理反應，所組合而成的生物體。人體的構造分成化學、細胞、組織、器官和系統五個階層。人體約有二十多種化學元素組成，這些元素在體內形成各

細胞　　組織　　器官　　系統　　個體（人體）

圖5-1　細胞、組織、器官、系統和個體（人體）的相關性

表5-1　人體內化學物質的重要功能

類別	重要功能
醣類	身體主要的能量來源
蛋白質	生命活動的基礎，參與人體生長增殖與生存
脂質	身體重要的能量來源，體內能量過多時，會轉變為脂肪儲存
核酸	主要功能是遺傳訊息的儲存、傳遞和表現
礦物質	構成人體組織、維持正常生理功能和生化代謝
水	細胞內含量最多的物質，占人體體重2/3

資料來源：陳雪芬（2013）。

種化學物質，主要有醣類、蛋白質、脂質、核酸、礦物質和水。其中人體內化學物質的重要功能，如**表5-1**所示。

　　如何介紹身體的結構，透過位置及方向來分類，可以來描述器官之間的關聯。而這些分類又與標準的解剖學的位置有關，包括手掌向前的方位，身體支持的方向和四肢的延伸。從**表5-2**及**圖5-2**可以看出

表5-2　身體位置與方向分類

字母代號	位置名稱	Terms of position & direction	身體位置方向
A	頭顱、較高、有嘴	Cranial, Superior, Rostral	與頭較接近，或高於身體構造
B	前面、腹部	Anterior, Ventral	身體前面部位
C	背部	Posterior, Dorsal	身體後面部位
D	中間	Medial	身體中間部位
E	側面	Lateral	身體中間下方部位
F	近身體中央	Proximal	接近身體中間部位或四肢根部
G	末端	Distal	接近身體中間下方部位或四肢根部
H	尾部	Caudal, Inferior	接近腳或身體較低的部位
I	低底	Superficial	接近胸腔且靠近皮膚的部位
J	深處	Deep	深入胸腔且遠離皮膚的部位
K	同一側	Ipsilateral	臉部相同的一面
L	不同側	Contralateral	臉部不同的一面

資料來源：Wynn K. & Lawrence M. E. (2002). *The Anatomy Coloring Book*.

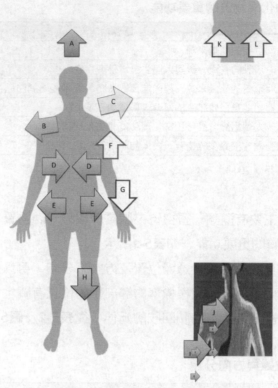

圖5-2　身體位置與方向分類

身體位置與方向分類。

第二節　認識人體各系統的構造

　　人體共有十一個系統，包括骨骼、肌肉、皮膚、呼吸、循環、淋巴、神經、泌尿、生殖、消化和內分泌系統。居家照顧中，除了實務工作中需學習基本生命徵象測量之外，瞭解身體結構與功能，也是將學理應用於實務上的方法。

一、骨骼系統

　　全身的骨頭形狀不同，共206塊。分別在頭部、軀幹、肩部、上肢、骨盆、下肢。主要都是骨質，表面包覆骨膜，內部有骨髓。骨骼是由骨細胞與骨基質組成。骨膜所形成的造骨細胞，會製造新骨質，使骨骼變粗。即使過了成長發育期，骨骼仍會因運動而變粗，除此之外，也會因鈣的攝取而有所影響。關節的構造，有凹凸兩面，內層血管網分泌關節液，具有潤滑功能，可減少摩擦。

二、肌肉系統

　　肌肉組織占人體總量的30～40%，又分成骨骼肌（隨意肌）、平滑肌（不隨意肌）和心肌（不隨意肌）。肌肉收縮的能量來源是肌肉粒線體所產生的ATP來供給。肌肉力量與肌肉的粗細有關，因運動所產生的變粗肌肉，使肌肉力量增強。而當運動量不足時，肌肉會變細而無力。

三、皮膚系統

　　皮膚覆蓋全身表面，是人體最大器官。包含皮膚、黏膜、毛髮、指甲。皮膚系統的構造，包括表皮（有色素和汗孔）、真皮（含汗腺、皮脂腺、毛細血管、神經、淋巴管等）和皮下組織（大量脂肪組織）。

四、呼吸系統

　　呼吸系統是上呼吸道和下呼吸道連接的通道，人體吸入氧氣，呼出二氧化碳。呼吸器的最大特徵，在於它是對外開放的器官，但這也

使得它很容易受到外敵的入侵。喉裡面有一個加了蓋子以防止食物進入氣管的「會厭軟骨」，當會厭軟骨退化或是閉合不全時，會使老人家容易嗆到。

五、循環系統

循環系統，又稱為心臟血管系統，包括血液、心臟、血管和淋巴系統。循環系統中之血液，由血球（紅血球、白血球、血小板）和血漿構成，心臟位於胸腔正中兩肺之間，偏左前側，重約300g，拳頭大小。心臟約一顆拳頭大小，分成心包膜、心肌壁、心內膜、心臟內部。心臟主要瓣膜有三尖瓣、僧帽瓣、肺動脈瓣、主動脈瓣。血管分成動脈、小動脈、微血管、靜脈。血液循環途徑，又分成體循環（大循環）和肺循環（小循環）。血液循環包括上腔靜脈和下腔靜脈。體循環又稱為大循環，由左心室到右心房。肺循環又稱為小循環，由右心室到左心房。

六、淋巴系統

大部分的淋巴含有白血球，淋巴系統包括淋巴管、淋巴結、淋巴液、扁桃腺、胸腺、脾臟。為人體防禦的結構，對病原菌有各種防禦機構。一旦我們罹患感染病時，頸部和手腳根部的淋巴結之所以會膨脹（淋巴結炎），就是因為淋巴球與細菌、病毒展開激戰所呈現的結果。

七、神經系統

神經系統可以分為中樞神經系統、周圍神經系統和自主神經系統。中樞神經系統由腦和脊椎所組成；周圍神經系統是指腦與神經以外的組織；自主神經系統包括交感神經和副交感神經。

八、泌尿系統

泌尿系統由腎臟、輸尿管、膀胱、尿道所構成。輸尿管，約20～30公分。女性尿道長4公分，男性長約20公分。泌尿系統是身體淨化最重要的系統，會將新陳代謝所產生的廢物、服用的藥物等，從組織送往血液，經由各器官來排泄，而腎臟是最重要的角色。

九、生殖系統

生殖系統是男女完全不同，除了男女都有內生殖器和外生殖器之外，女性還多了乳腺。男性內生殖器有睪丸、副睪、輸精管、射精管、尿道、前列腺、副屬腺體，外生殖器有陰莖、陰囊。女性有卵巢、輸卵管、子宮、子宮頸、外生殖器、乳腺。

十、消化系統

消化系統是自口腔通到肛門的消化道所構成，長9公分。整個消化道包括口腔、咽喉、食道、胃、小腸、大腸、直腸及肛門。口腔中的舌具有吞嚥功能，咽中是喉嚨，食道約25公分長，胃的上面接食道，下面接十二指腸。小腸長600公分，大腸約150公分。另有胰臟連接十二指腸，而肝臟是人體最大的器官，分左右兩葉。

十一、內分泌系統

內分泌系統是由許多腺體所組成，又稱為無管腺體，是腺體分泌激素。有腦下腺、下視丘、甲狀腺、副甲狀腺、腎上腺、松果腺及胸腺。此系統受自律神經及賀爾蒙所影響，製造賀爾蒙的器官為內分泌腺。賀爾蒙送至血液，影響全身內臟，一旦異常，身體便出現疾病徵兆。

表5-3　人體十大系統之主要器官及功能

系統	主要器官	主要功能
感覺系統	皮膚、眼睛、耳朵、鼻子、舌頭等	接受刺激
運動系統	肌肉、骨骼、關節	運動支撐
神經系統	中樞神經、周邊神經、自主神經	調節控制
呼吸系統	鼻子、咽喉、氣管、肺	交換氣體
消化系統	口腔、咽喉、食道、胃、小腸、大腸、肛門等	分解吸收
循環系統	心臟、血管、血液	運送物質
泌尿系統	腎臟輸尿管膀胱尿道	排泄廢物
生殖系統	男性：睪丸、輸精管、前列腺、陰莖等 女性：卵巢、輸卵管、子宮、陰道等	繁衍後代
內分泌系統	腦下垂體、甲狀腺、腎上腺、胰臟、性腺等	調節生理
免疫系統	骨髓、淋巴器官等	身體防禦

資料來源：陳雪芬（2013）。

　　陳雪芬（2013）依照人體結構與器官位置之由內而外、由上而下的原則，將人體分成十大系統，而其組織器官**表5-3**所示。感覺系統可以用觸覺（皮膚）、視覺（眼睛）、聽覺（耳朵）、嗅覺（鼻子）和味覺（味蕾）來區分。運動系統包括肌肉骨骼和關節。免疫系統包括非專一性防禦，有皮膚等生理屏障、吞噬作用和發炎反應，還有專一性防禦細胞免疫T細胞及體液免疫B細胞。

　　美國學者Wynn Kapit與Lawrence M. Elson（2002）將身體系統分成十三類，分別為骨骼、肌肉、心血管、淋巴、神經、內分泌、皮膚、呼吸、消化、泌尿、免疫、女性生殖、男性生殖。**表5-4**說明身體系統及其構造。從**圖5-3**看到，A是骨骼系統，包括骨頭、關節等。B是肌肉系統，掌管骨骼肌肉協助移動。C是心血管系統，包括心房、心室讓血液送到組織。D是淋巴系統，主要是血管輸送。E是神經系統，包括腦、中樞、神經和自律神經。F是內分泌系統，讓內分泌賀爾蒙幫助維持平衡。G是皮膚系統，用以保護環境破壞因子入侵。H是呼吸系統，經由鼻子的上呼吸道和經由肺的下呼吸道，來交換氣體。I是消化系統，從口進到肛門排出的系統。J是泌尿系統，從最重要的腎到排尿

表5-4　身體系統與說明

字母代號	系統名稱	System of the body	身體系統說明
A	骨骼	Skeletal, Articular	包括骨頭、關節等
B	肌肉	Muscular	骨骼肌肉協助移動
C	心血管	Cardiovascular	包括心房心室讓血液送到組織
D	淋巴	Lymphatic	血管，身體60%是水
E	神經	Nervous	包括腦、中樞、神經和自律神經
F	內分泌	Endocrine	內分泌賀爾蒙幫助維持平衡
G	皮膚	Integumentary	皮膚用以保護環境破壞因子入侵
H	呼吸	Respiratory	經由鼻子的上呼吸道和經由肺的下呼吸道，來交換氣體
I	消化	Digestive	從口進到肛門排出的系統
J	泌尿	Urinary	最重要的腎到排尿
K	免疫	Immune/Lymphoid	免疫細胞排除對身體有害的細胞
L	女性生殖	Female reproductive	性（sex）賀爾蒙製造到生育
M	男性生殖	Male reproductive	男性賀爾蒙製造生殖細胞

資料來源：Wynnk & Lawrence（2002）

都是。K是免疫系統，免疫細胞排除對身體有害的細胞。L是女性生殖系統，從性賀爾蒙製造到生育的範圍。M是男性生殖，有男性賀爾蒙製造生殖細胞。

　　日本醫學博士堺章（2004）將主要器官系統和其功能歸納後，分成十類，包括骨骼系統、肌肉系統、循環系統（脈管系統）、消化系統、呼吸系統、泌尿系統、生殖器系、內分泌系、神經系統、感覺系統。他認為細胞是一個生命體，人體有60兆個，200～300種不同的細胞，具有相同功能時，就構成組織。各種組織合力擁有一定機能時，就構成器官。當器官彼此合作發揮功能，就稱為器官系統。然後形成一個整體統一協調的個體。從**表5-5**可以看出，各系統的構造與功能及相關之器官系統。亦可參考衛生福利部國民健康署（2016）之「人體器官位置圖」、「人體器官構造圖」及「男女身體構造圖」，來瞭解各器官間的關聯及位置。

表5-5　器官系統與功能

系統	構造與功能	器官
骨骼系統	除了構成身體的支柱外，還會保護器官，與肌肉一起參與運動。能由骨髓製造血球。	頭顱骨、脊椎、胸廓、臂骨、腿骨。
肌肉系統	附著在骨骼上，藉由收縮來活動骨骼。也有人將骨骼系統和肌肉系統合併，稱之為運動系統。	頭部、頸部、背部、胸部、腹部、手臂、腿的各部肌肉。
循環系統（脈管系統）	連接身體各部，運送營養和廢棄物的通路，可區分為血管系統和淋巴系統。血液循環的原動力是心臟。	心臟、動脈、靜脈、淋巴管、淋巴結、脾臟等等。
消化系統	從體外攝取養分，進行消化、吸收以及代謝，然後將殘渣排出體外。	口腔、咽、食道、胃、小腸、大腸、肝臟、胰臟等。
呼吸系統	將空氣中的氧送入血液中，在進行過生命活動後，會將血液所送來的碳酸氣（二氧化碳）排出體外。（外呼吸）	鼻腔、咽、喉、氣管、支氣管、肺。
泌尿系統	具有將血液中的廢棄物，以尿液的形式排出體外的功能。	腎臟、輸尿管、膀胱、尿道。
生殖器系	製造精子或卵子，負責繁殖生育的器官。	男性的睪丸、輸精管、陰莖、前列腺等。女性的卵巢、輸卵管、子宮、陰道等。
內分泌系	產生賀爾蒙，透過血液送往全身，維持人體的發育和恆定性。	腦下垂體、甲狀腺、副甲狀腺、胰臟、副腎、睪丸、卵巢等。
神經系統	收集身體內外的情報，將因應的指令下達身體各部位，對全身進行控制、調整。在腦部負責精神活動。	中樞神經系統（腦和脊髓）、末梢神經系統（體神經和自律神經）。
感覺系統	這是接收來自身體內外刺激的器官，刺激是由位在各器官（感覺器）上的感受器細胞來接收，然後再由感覺神經傳遞給中樞神經系統。	皮膚、味覺器、嗅覺器、視覺器、平衡聽覺器。

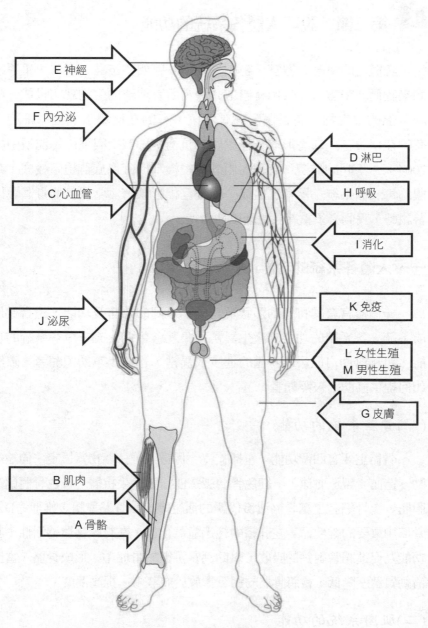

E 神經

F 內分泌

D 淋巴

H 呼吸

C 心血管

I 消化

K 免疫

J 泌尿

L 女性生殖
M 男性生殖

G 皮膚

B 肌肉

A 骨骼

圖5-3　身體系統

第三節　說明人體各系統的功能

身體內的系統、器官、組織、細胞，就如宇宙島、銀河、星系，如果我們把宇宙當作一個有機生命體，所有地球的生物就如星球（細胞）上的微生物，有益菌，也有壞菌。有的在破壞這個星球細胞，有的在保護它。二者形成一種微妙的抗衡——抗拒與平衡（沈振中，2004）。不同的群體，有著他們的內控機制以確保族群穩定發展，身體的每一個系統、器官、組織、細胞互相影響著，當我們的身體發出警訊時，我們必須重新且更謹慎地看待。

一、人體各系統的功能

一個器官有其特定的形狀及功能，不同的器官及功能，組合並形成系統。各系統的功能若產生異常現象就會生病。充分瞭解系統的功能，可以幫助自己發現身體的進步或異常，也可以幫助照顧者，瞭解如何提供協助給被照顧者。

(一)骨骼系統的功能

骨骼主要有四個功能，包括支持、保護、維持礦物質恆定、伸縮運動、造血（製造血球）。紅色骨髓製造血球並產生抗體，黃色骨髓儲存脂肪。造骨細胞是讓骨骼活潑代謝的活組織，讓骨骼變粗。維他命D是骨骼中重要的維他命，在肝臟中經過氫氧化後，在腎臟轉變為活性，其功能為促進腸管對鈣的吸收，幫助鈣質沉澱於骨骼中，形成骨骼。當血清鈣質濃度降低，會將骨骼的鈣質釋放於血液中，提高濃度。

(二)肌肉系統的功能

肌肉系統的功能，在執行動作、輸送血液、執行器官功能、維持體溫、維持關節穩定。來自腦和脊椎的肌肉收縮指令，會透過運動神

經纖維，傳至肌肉，再經由神經突觸，將指令傳給肌肉纖維。肌肉分解肝醣來補充能量，肌肉中的肝醣分解成乳酸時所產生的能量，會幫助肌酸和磷酸合成磷酸肌酸，乳酸則在肝臟的酵素作用之下，合成肝醣。

(三)皮膚系統的功能

皮膚系統的功能，包括保護、調節電解質、體溫、感覺、排泄、製造等功能。皮膚是人體最大的器官，其重量占體重的16%，厚度於眼瞼處最薄，只有0.5毫米，而腳底最厚，有5毫米。皮膚的構造分為表皮、真皮、皮下組織。皮膚具有保護、知覺等作用。皮膚具有吸收、分泌與排泄的功能，還可以幫助製造維生素D。

(四)呼吸系統之功能

呼吸系統之主要功能為吸入氧及呼出二氧化碳。而呼吸系統中之鼻、鼻咽、口咽、咽喉、喉咽、氣管和支氣管、肺都各有其功能。

1.鼻：過濾空氣、嗅覺。

2.鼻咽：平衡骨膜兩邊氣壓。

3.口咽：吞嚥功能，含扁桃腺。

4.咽喉：吞嚥時，會厭軟骨會幫助蓋住呼吸道，防止食物跑到氣管。

5.喉咽：具發聲功能。

6.氣管和支氣管：引導空氣進入肺泡與肺臟。內層之絨毛與黏液，具有靜化異物的功能。

7.肺：執行血液內氧與二氧化碳輸送，由呼吸調節血液酸鹼平衡。

(五)心臟血管系統的功能

1.其功能為紅血球內含有血紅素可與氧氣結合，輸送氧氣到身體

居家照顧小學堂

很多人知道，一天要喝2公升的水，卻很少去瞭解，一天需要360～576公升的氧（廖俊凱，2012）。內呼吸又稱為組織呼吸，將血液與細胞中氧與二氧化碳之氣體交換。外呼吸或肺呼吸，血液與肺泡中氧與二氧化碳之氣體交換。細胞呼吸，是食物代謝時在細胞內進行的生化反應。

組織細胞，結合二氧化碳運送至肺部。白血球在當體內受到感染時，會增加來吞噬細菌，保護身體。淋巴具免疫作用。血小板是在血管受傷時，形成血栓防止血液流失。血漿含有養分和廢物，會隨著循環運送到全身，而廢物則運送到腎臟，過濾後排出體外。體內血液因此循環而流動。

2.心臟主要功能在防止血液逆流。心臟腔室的功能包括：

　(1)右心房：其功能為接受缺氧血，流入右心室。

　(2)右心室：其功能為經肺動脈送到肺部做氧氣交換。

　(3)左心房：其功能為接受肺臟含氧血，流入左心室。

　(4)左心室：其功能為將血液送到全身。

3.血管的功能：

　(1)動脈：是測量脈搏的地方。

　(2)小動脈：為調整血流，影響血壓。

　(3)靜脈：可將缺氧血帶回心臟，也有脈動。

　(4)微血管：可將靜脈彙集的廢物和二氧化碳送回心臟。

(六)淋巴系統的功能

淋巴系統的構造大多含白血球，功能為防禦功能細胞的腺體，能把組織間液運回血液。小腸淋巴運送消化後的脂肪，淋巴結能過濾細

菌，胸腺的功能是免疫系統中，把淋巴球變成T細胞和B細胞的腺體。

(七)神經系統的功能

◆ 中樞神經系統

　　1.大腦：接受訊息，控制肌肉骨骼活動。

　　2.小腦：維持身體肌肉張力平衡。

　　3.間腦：調節自主神經功能，控制體溫等。

　　4.腦幹：延腦有調節呼吸等功能，為生命中心。

　　5.脊髓：負責聯絡腦部與周邊神經。是訊息到腦與離開腦的通
　　　路。

◆ 周圍神經系統：具運動感覺功能

　　1.12對腦神經主司五官表情等。

　　2.31對脊椎神經，具感覺與運動功能。

◆ 自主神經系統

　　1.交感神經：興奮時加速活動。

　　2.副交感神經：儲存能量，與交感神經抗衡。

(八)泌尿系統的功能

　　1.腎：將血液廢物排出體外，製造紅血球。

　　2.輸尿管：運輸尿液的通道。

　　3.膀胱：收集尿液，其形狀因尿量而改變。

　　4.尿道：女性用於排尿，男性用於排尿及精液的排出。

(九)生殖系統的功能

　　1.男性：有傳宗接代的功能。

　　2.女性：有分泌女性賀爾蒙、輸送卵子、胎兒發育成長、月經排
　　　出等功能。

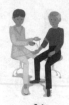

(十)消化系統的功能

1. 口腔：有咀嚼、吞嚥、說話等功能。
2. 咽：吞嚥功能。
3. 食道：將食物送進胃。
4. 胃：磨碎食物，初步分解蛋白質。
5. 小腸：含酵素及消化液，完成養分消化與吸收。
6. 大腸：吸收物質，將糞便排出體外。
7. 膽和胰：前者幫助脂肪乳化及吸收，後者將食物消化分解後，經腸絨毛吸收進入血液，供身體使用。
8. 肝臟：是身體的化學工廠，具有膽汁的製造、營養的儲存加工、解毒、製造免疫球蛋白來身體防禦、凝固血液、造血的功能。

(十一)內分泌系統的功能

內分泌系統的功能包括刺激身體組織生長、調節新陳代謝、控制第二性徵、調節血糖濃度、促進卵子發育、刺激子宮內膜修復、分泌膽汁消化脂肪。分泌的物質包括生長激素、甲狀腺素、少量雄性素、分泌胰島素、動情素、黃體素、膽汁收縮素等。

身體是無價的私人財產，控制身體老化的過程，就像保養房子一樣，儲備一些維修器材，必要時找專業人士，避開有害物質，做對身體有益的事情。不要忽略身體的任何警訊，因為成功的財富就是健康的身體，而你的生活方式左右你的老化過程。如果你在生活中做五項調整：控制血壓、禁菸、每天運動30分鐘、控制壓力、按照計畫吃健康餐食，就可以提升壽命，提高生活品質（賴俊達、錢莉華譯，2006）。

居家照顧小學堂

　　不是每個細胞都在大氣中，故需要呼吸系統，人體的循環系統和血液是來輸送氧氣和二氧化碳。肺臟會自體老化，但是最常見的傷害，來自吸菸。一個老人一秒量還有2～3公升時，吸菸者只有剩下不到1公升。特別是在爬山的時候，很容易產生呼吸困難和慢性咳嗽（國立陽明大學，台北榮總醫生群，2008）。

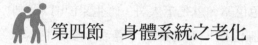 **第四節　身體系統之老化**

　　人體隨著年紀的增長會出現生理上的器官老化現象，老化是中年人必經的生理結構改變之路，如何在老化前做好各種準備，用正向的態度來管理健康，以下就身體各系統之老化做一探討。老人在生理上因退化所產生的現象，也可以運用量表來評估。例如SF-36健康狀態調查量表，生活滿意度指標等來評量。以下就感覺系統、運動系統、神經系統、呼吸系統、消化系統、循環系統、泌尿系統、生殖系統、內分泌系統、免疫系統，來探討身體系統的老化現象。

一、感覺系統

　　老人在生理方面，特別是在感覺系統的視覺上，老人的視覺因為老化而逐漸對光線感到敏感，需要比較長的時間適應，因此在與老人互動時，應用鮮明色彩的設計，且將文字及圖片放大。而聽覺方面，也會隨著老化伴隨而來的聽力退化，高齡者對高頻率的聲音敏感度降低，聽力較差，造成社會參與及人際互動減少，因此在溝通互動時，聲音宜大且慢，加上肢體動作及減少噪音來協助老人提高專注力（林如萍等，2005）。

表5-6　感覺系統的老化現象

感覺系統	老化現象
觸覺	產生自由基，加速老化
視覺	水晶體變硬，近的物體看不清楚 其他疾病如糖尿病導致視力受損
聽覺	處理高音頻的聽毛細胞退化，產生老年耳聾 耳道變薄而影響聲音集中，溝通與認知困難 因汗腺活動減少而耳垢增加，影響聽力及專注力
嗅覺	敏感度降低
味覺	味蕾萎縮，傳導能力降低

　　皮膚會隨著老化而堆積黃色色素，就是老人斑，維生素E可以抑制斑的形成，老人因汗水堆積汗腺出口，不易排出，導致汗疹，不小心抓破皮，易產生皮膚炎或感染。老人跟嬰孩一樣，也需要痱子粉，讓身體清爽不長汗疹。還有灰指甲或香港腳，是黴菌引起，容易發癢，嚴重時指甲變灰，甚至產生潰爛傷口。皮膚因老化對冷熱的感受程度降低，容易造成身體溫度過高或過低而不自知。

二、運動系統

　　運動系統不外乎是跟動作有關，老人因身體器官系統功能的衰退，學習上反應及行動較為緩慢，互動時需要多一點時間，雖然運動可以維持身體功能及健康，但過度運動對老人，甚至有慢性病的患者，並不適宜，且在運動處方設計上，需要更小心謹慎評估與設計。

　　完全無法自主運動者，需要照顧者的協助，引導或支援案主做被動運動，但需要在復健師的指導後，在居家執行。臥床者更需要照顧者的運動協助，且每一個關節與關節間，都需要用手支撐，萎縮的部分，可以用輕且慢的方式，舒緩筋骨，切勿過度用力，且需在案主可以接受的疼痛範圍內執行。更年期前後，女性賀爾蒙減少，易形成骨質疏鬆症，因此25歲前就要開始存骨本。老年人的無機質（石灰

質）多，膠質少，容易骨折，恢復較慢。隨著老化的進行，腎臟機能衰退，鈣排往尿液的量增加，維他命D產量減少，腸管下的鈣吸收變差，血液中鈣濃度減少，骨骼中產生空洞現象，就是骨質疏鬆症（堺章，2004）。

　　髖關節是可動性最高的關節，老人經常有髖關節的問題，必須開刀換置人工髖關節，才會減輕摩擦產生的疼痛。骨折也是老人跌倒後常發生的問題，骨折通常因為跌倒、外傷、運動傷害等所導致。骨質流失造成的骨質疏鬆症，也是導致骨折的原因之一，美國65歲以上的婦女，97%有髖關節骨折的狀況（方雅莉、許靖蘭、周麗婷，2003）。關節軟骨因老化而變黃變薄且失去彈性，中年以後的關節疾病多發生在承受身體重量的膝關節，產生疼痛甚至僵硬的現象。

　　老人容易覺得寒冷，寒冷時身體會發抖，這是藉由肌肉活動來產生熱量所做的身體防禦機制。適度運動下，可提供肌肉氧氣，產生ATP，若沒有氧氣，乳酸會大量囤積在肌肉中，產生肌肉疲勞現象。可以藉由按摩和入浴促進肌肉的血液循環，幫助氧氣供給和廢物代謝，消除疲勞。

表5-7　運動系統的老化現象

運動系統	老化現象
肌肉	身體不運動，肌肉變細，加速肌肉能力降低，衍生無力感
骨骼	鈣質不足，骨質流失，骨質疏鬆，容易骨折及變形
關節	軟骨強度變差，水分含量減少

三、神經系統

　　老年人因腦部功能退化，記憶力較差，專注力也不長。睡眠是保護腦細胞的安全裝置，老人的睡眠時間較短，且因為活動較年輕時少，常有入睡困難的問題，久而久之，反而需要藉助藥物來助眠，這對老人來說，更容易造成退化加速。

失智症和腦中風皆與血管及血液循環退化有關，頭蓋保護著腦細胞，腦細胞會因為受傷或退化等因素，造成失智症與腦中風的提早發生。神經細胞從葡萄糖、蛋白質和維生素B群中，獲得營養，減少神經痛、麻痺等神經系統失調所產生的症狀。

表5-8　神經系統的老化現象

感覺系統	老化現象
大腦	部分細胞因年紀增長而死亡，或因疾病、藥物影響而退化
神經傳導	感覺能力降低，容易跌倒

四、呼吸系統

若出現肺梗塞或肺泡壁肥厚，會引起肺泡的氣體交換障礙，造成呼吸困難。老化因肺纖維化使肺泡變硬，肺活量減少後，氣喘或呼吸道變窄，在吐氣時較不容易做到。平時就有睡眠呼吸中止症的老人，要注意異常呼吸現象的紀錄（陳韻如譯，2015）。老人每日的生命徵象測量，其中包括測量呼吸，就是在平日照顧上，監護自己的呼吸系統的健康狀態。

表5-9　呼吸系統的老化現象

呼吸系統	老化現象
肺	呼吸效能降低而容易感染
會厭軟骨	當會厭軟骨退化或是閉合不全時，會使老人家容易嗆到

五、消化系統

在消化道中，胃部的食物消化時間因食材的不同，而有極大的差異。一般為2～4小時，若含有脂質則需10小時以上，小腸約6小時，大腸約12～24小時，從食物攝取到排便約需20～40小時（陳韻如譯，

2015）。食物在體內滯留的時間，約為48小時。老人因腸蠕動較慢，有時因情緒、壓力產生胃腸不適，應慎選食材，並於製作過程中，選擇細碎處理方式，減輕消化系統負擔。

幽門螺旋桿菌為經口傳染，50歲以上的日本人中，有八成感染（陳韻如譯，2015）。對於老人來說，牙齒和口腔的保健，是避免病從口入的管道。漱口水的使用，在老人居家口腔保健中，尚未普及，而實務工作中發現，臥床者若每日使用漱口水清潔口腔，可以降低因細菌導致的口腔或肺部，因痰過多產生感染或發燒症狀。

表5-10　消化系統的老化現象

消化系統	老化現象
口腔	咀嚼能力變差
咽	吞嚥困難
食道	易因消化不良產生胃酸侵蝕食道
胃腸	消化吸收能力降低

六、循環系統

老化後會有貧血的現象，多為血紅素不足或紅血球太少。帶氧的血液顏色鮮紅，氧氣不足的血液則偏藍。血液中的白血球，可以幫助身體防止細菌侵害。另外還有抗凝血治療，預防栓塞症，阻止血小板的凝集（劉滌昭譯，2013）。在老人身上常出現的循環系統疾病，多為心肌梗塞導致，其他包括心室肥大、心律不整等。定時的血壓測量是循環系統的保健之道。

表5-11　循環系統的老化現象

循環系統	老化現象
心臟	心室壁的厚度增加，逐漸纖維化與鈣化
血管	厚度增加，動脈硬化現象使老人易發生高血壓、腦中風
血液	維持不變或些微改變

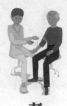

七、泌尿系統

泌尿系統是身體的濾水器，一天的尿量約1～1.5公升，低於1公升或大於3公升，都是異常現象。左右兩邊的腎臟各由一百萬個腎元構成，尿在這裡產生，也分泌腎激素賀爾蒙，調節血壓，活化維生素D，幫助鈣吸收，排出血液中的廢物。當泌尿系統老化時，會出現尿失禁或無尿等症狀。排尿次數過多稱為頻尿，無尿意卻排尿稱為尿失禁，無尿是腎臟停止產生尿意的狀態（劉滌昭譯，2013）。

表5-12　泌尿系統的老化現象

泌尿系統	老化現象
腎元	數量減少，尿液過濾率下降，代謝廢物易存體內，尿酸濃度增加
膀胱	彈性降低，可容納的尿量減少，有頻尿、餘尿量增加、漏尿狀況，男性攝護腺增生，阻塞而肥大

八、生殖系統

男性生殖器的功能，在產生精子和製造男性賀爾蒙睪丸酮，創造出男性雄風。女性出生時就擁有一生中所擁有的原始卵泡（劉滌昭譯，2013）。女性的卵巢、輸卵管、子宮等，在更年期前後，易發現腫瘤，隨時要注意腫瘤是否變大，應盡早發現，盡早治療，避免良性轉成惡性。男性老化後，生殖器的附屬腺體攝護腺，會產生攝護腺肥大，導致排尿不順等問題，而需要定期服藥，同時要定期回泌尿科診間檢查，預防攝護腺癌發生。

表5-13　生殖系統的老化現象

生殖系統	老化現象
男性	精子變少，海綿體和血管老化，性功能下降
女性	卵巢變小，陰道黏膜乾燥，病菌容易增生

九、內分泌系統

大部分的賀爾蒙由神經系統中的腦下垂體分泌，另外還有松果體會分泌退黑激素，胰臟的胰島素可以降低血糖值，卵巢的雌激素可以製造女性魅力，精巢的激素可以製造男性魅力（劉滌昭譯，2013）。

表5-14　內分泌系統的老化現象

內分泌系統	老化現象
松果腺	退黑激素降低，使老人對日夜分辨不明
胰島素	胰島素分泌降低，腹部脂肪增加
甲狀腺素	會有輕微不足，怕冷、反應遲鈍
性腺	賀爾蒙分泌下降

十、免疫系統

花粉症、氣喘、過敏性皮膚炎、食物過敏等令現代人困擾的過敏疾病，對老人來說，更是容易罹患的免疫系統較弱所產生的。有過敏症狀的人通常淋巴球反而較多，即使是微小的刺激，也會引起過度反應而引發炎症。全身性紅斑狼瘡、I型糖尿病及類風濕性關節炎等，也是自身免疫疾病（劉滌昭譯，2013）。

近年來在免疫系統疾病上，通常以討論癌症議題為主，坊間因癌症的治療，讓自然療法、免疫療法與飲食療法興起。癌症還是以醫療上之手術、化療等為主，即使配合免疫療法，仍是以調整飲食、改變生活方式、提高正向精神支持力量來增強免疫力。

淋巴布滿全身，血漿從毛細管滲出變成組織間液，進入淋巴管，淋巴液堆積過多會浮腫。淋巴管各處的免疫細胞稱為淋巴結（劉滌昭譯，2013）。免疫系統的維護，對身體健康的維持十分重要。

表5-15　免疫系統的老化現象

免疫系統	老化現象
胸腺	退化最明顯。質量減少
淋巴	數量減少，使抗原反應差，容易罹患疾病及惡性腫瘤

　　人老後，身體的許多器官會老化，為了避免不適症狀，因此老年人要學會自我調養，如何改善睡眠質量、改善老花、防治耳鳴、預防老年性耳聾、延緩嗅覺減退、防治牙齒過敏、預防骨質疏鬆、預防足癬及皮膚乾癢等，還有預防感冒、和緩解頸椎病、預防腰痛及頭痛，定期檢查來遠離疾病及保健康，正確看待老年期身體的老化現象（向紅丁，2013）。

　　身體可以藉由物質、美學和哲學三個層次，來做舒適的管理。在物質層面方面，學習用慢去處理生活事物，在美學層面用身體的自覺與信心，建立正向的身體概念，哲學層面則是把身體因年齡、成就與信念，產生的銳變與重塑，自信展現美感的綜合體（彭田，2009）。

　　人體的器官如此精密，從細胞的構造與功能到細胞的分化與分裂，從組織到血液，進而到各系統的構造與功能，維持著一個生命體的運作。藉由認識身體結構與功能，從人體型態、構造、機能，才能加以理解，並應用在生活保健醫學常識之中。每一個人都是自己身體的主人，健康是個人重要的資產，學習如何讓各器官系統相互協調運作，讓每一個人在面臨問題及疾病徵兆時，都有一定程度的瞭解，相信是追求健康生活的現代人應投入更多時間學習的領域。

學習與討論

學習題一、請說明人體的構造與組成。

學習題二、請說明人體各系統的功能。

學習題三、請說明身體系統之老化現象。

參考文獻

Wynn Kapit & Lawrence M. Elson (2002). *The Anatomy Coloring Book*. USA: Benjamin Cummings.

方雅莉、許靖蘭、周麗婷（2003）。《老人護理——理論與實務》。台北市：五南。

向紅丁（2013）。《悠老化：30歲以上必知的保養祕訣，讓您優雅走入熟年》。台北市：上奇時代。

沈振中（2004）。《尋找失落的老鷹》。台中市：晨星。

林王美園（2005）。《照顧服務員實用工作指南》。台北市：華杏。

林如萍等（2005）。《樂齡，向前行：老人家庭生活教育手冊》。台北市：台灣家庭生活教育專業人員協會。

國立陽明大學，台北榮總醫生群合著（2008）。《帶醫生回家》。台北市：文經社。

陳雪芬（2013）。〈人體結構與功能〉。《老人照顧概論》。台中市：華格那。

陳韻如譯（2015）。後藤昇、楊箸隆哉著。《Your Body完全透視人體圖鑑》。新北市：楓書坊。

堺章（2004）。《透視人體醫學地圖》。新北市：瑞昇文化。

彭田（2009）。〈身體層面之照顧——舒適〉。《全人照顧理論與輔助療法之應用》。台北市：匯華。

廖俊凱（2012）。《90%的人生病都掛錯科》。新北市：台灣廈廣。

劉滌昭譯（2013）。植田美津惠著。《我的身體就是醫學：圖解！女醫大生教你輕鬆了解人體構造》。台北市：如何。

衛生福利部國民健康署（2016）。〈人體器官圖〉。資料取自http://www.hpa.gov.tw/BHPNet/Web/Easy/FormCenterShow.aspx?No=201110110001

賴俊達、錢莉華譯（2006）。Michael F. Roizen & Mehmet C. Oz著。《YOU：你的身體導覽手冊》。台北市：天下遠見。

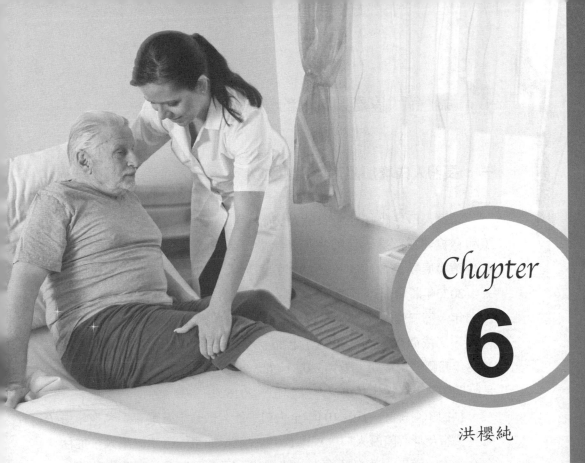

洪櫻純

家庭照顧需求與協助

學習目標

1.認識家庭照顧者的壓力。

2.將照顧壓力化為助力的調適方法。

3.家庭照顧者的迷思。

4 認識可運用的社會及長照資源。

第一節　家庭照顧者的樣貌及壓力

一、長照人口增加隱形照顧壓力大

　　面臨人口老化加速，失能及失智者的照顧需求大量增加，家庭照顧負擔非常沉重。目前我國老年人口高達二百八十一萬人，依國家政策發展委員會估計，2020年我國老人人口將達三百八十萬四千人，2025年將會逼近五百萬，屆時我國的老人人口將超過20%，到了2045年，每三個人就有一個老人，從「高齡化社會」進入「超高齡社會」。另依衛生福利部推估，若將身心障礙者照顧人數一併計入，2018年我國需求長期人數為580,814人，2028年則高達811,971人。解決長照問題刻不容緩（蔡英文、陳建仁，2016）。

　　根據調查統計，民國104年全人口失能人數七十五萬五千名老年失能、失智及身心障礙人口，民國120年快速增加至一百二十萬人，推估全台約有一百五十萬名照顧者。據推估，國人一生中長照需求時間約7.3年（男性：6.4年；女性：8.2年），失能照顧的年限和壓力造成許多家庭的負荷（李世代，2010），失能老人照護七年約需要二百萬元（林佳弘，2015）。

　　台灣失能老人及身心障礙者需要由家庭照顧者協助其生活的，至少有五十萬人之多。中華民國家庭照顧者關懷總會指出，以照顧一名失能者可能影響到兩名工作人口推估，全台至少有一百五十萬名工作人口因照顧責任，被迫離職或換工作，造成職場損失（郭逸君、陳秋雲，2016）。「隱形照顧」是日本出現多年的名詞，指的就是「白天上班，晚上看護配偶或長輩」的人，估計全日本約有一千三百萬人，是總人口的1/10。一旦這些人不敵蠟燭兩頭燒，只能離職回家，衍生出「照顧離職」的經濟安全問題。

二、照顧工作女性多於男性24小時身心疲憊

家庭照顧者的壓力來自於多重角色的要求，以及平衡工作、家庭與個人生活之需要。一般來說，為失能的人準備三餐、協助吃飯、穿脫衣服、洗臉、洗澡、上廁所及一般的外出活動、打掃家務、洗衣、採買、吃藥、打電話、處理財務等，都算是照顧的內容（**圖6-1**）。照顧幾乎是日復一日、一天二十四小時的工作，因此並非一件輕鬆簡單的事務，更是需要愛心、耐心、體力、技巧以及充足協助資源的工作。

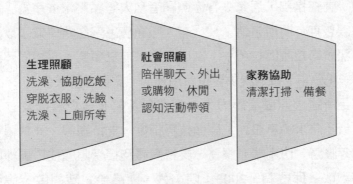

生理照顧
洗澡、協助吃飯、穿脫衣服、洗臉、洗澡、上廁所等

社會照顧
陪伴聊天、外出或購物、休閒、認知活動帶領

家務協助
清潔打掃、備餐

圖6-1　照顧工作內容

「好好睡一覺」，這是多數家庭照顧者最卑微的願望。家庭照顧者關懷總會調查發現，照顧身心障礙及老人的家屬，平均照顧年數達到十年，每天照顧十四個小時，其中八成無法連續睡眠超過四小時，推估全國約有五十七萬名家庭照顧者，隨時處於身心緊張的狀態（諶淑婷，2016）。根據調查，平均投入照顧時間約達七至十年，在全國的家庭照顧者中，女性照顧者就占了60～80%，反應「照顧者女性化」的現象，以女性配偶、媳婦、女兒為多數（王秀紅，1994；李逸、周汎澔、陳彰惠，2011；邱啟潤、陳武宗，1997；陳美妙、陳品玲、陳靜敏、徐亞瑛，2005；韓佩軒、黃璉華，2002）。

照顧的女性通常為中高齡者，通常有慢性病，隨著年紀增加身體毛病也愈多，因此健康照顧頗為重要。家總指出，其中六成照顧者有憂鬱傾向，以性別來看，女性照顧者若壓力過大，會適時對外求援。男性照顧者的比例也升至三至四成，往往較壓抑情緒，一旦撐不下去時，反應更為激烈，例如走上絕路、自殺。研究發現，男性由於傳統陽剛式的養成，「照顧期待」比女性更顯著，也較缺乏耐性與容忍力，挫折更大、情緒反應也會更大，更需要協助與引導（台灣新生報，2016）。

失智症患者家屬及照顧者所承受的壓力大，根據鄭秀容、曾月霞（2008）調查指出，居家失智症照顧者私人照顧需求依序為「有人照顧病患讓您有時間辦事情」、「有人照顧病患讓您喘口氣」以及「有人提供照顧的知識與技巧」。制度化需求前三項為：有相同照顧經驗的人在一起分享、政府提供醫療費用補助、支持團體聚會。

綜上所述，照顧者壓力大，家屬最希望有休息時間及有人分擔勞務。最多需求喘息服務、照顧技巧指導、支持團體、社會福利及衛教資訊等服務。使用喘息服務、支持團體及接受照顧技巧訓練的成效佳（許淑敏、邱啟潤，2003；陳美妙、陳品玲、陳靜敏、徐亞瑛，2005；黃惠玲、徐亞瑛、陳明岐、陳獻宗、林麗嬋，2003；簡乃卉、徐亞瑛，2000），照顧者家屬可依需求向相關單位申請或尋找協助。

表6-1　老人主要照顧者分類

序	分類	照顧者	備註
1	家庭成員	配偶、子女、媳婦、孫子女等	女性照顧者約占六成以上
2	外來協助者	外籍看護、居家照顧服務員	看護或居服員可向長期照顧管理中心申請

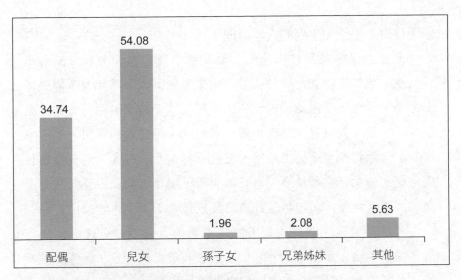

圖6-2　逾五成長照之照顧家屬，以兒女為主

資料來源：衛福部署照顧服務管理資訊平台。整理：王怡棻。

家庭照顧者的現身說法

◎吳若權：適時請求支援並找到平衡之道

　　知名作家吳若權照顧母親逾十四年，當時姊姊均已出嫁成家，因此他獨自擔負家庭照顧的重任。母親中風時，因家中聘僱外勞返鄉一個月，他獨自扛起照護與家務的工作，不堪負荷。三個星期後他主動向兩位姊姊求助，開列具體清單，希望她們可以提供哪些協助。他說：「適時對兄弟姊妹舉手求援，並非懦弱的行為，而是開放機會，讓他們可以一起共盡孝道。」在照顧母親十四年中，吳若權走過艱辛的歷程，前面七年跌跌撞撞，後面七年才摸索出一條照顧的快樂之道。主要要瞭解家人的需求，要顧及長輩的需求和尊嚴，而非一味給予自認為的愛和孝順（李翠卿，2012；吳若權，2016）。一如邱啟潤、金繼春（2006）指出，家庭照顧者在愛的勞務中自處：面對它、接受它、處理它、放下它。

◎伊佳奇：不能和生病的人講道理

　　元智大學福祉科技研究中心顧問伊佳奇，為了失智日漸嚴重的父親，他結束創立的顧問公司，回家照顧老父。早年父子的關係十分惡劣，但為了照顧父親，伊佳奇開始試著去瞭解剛強背後父親溫柔的一面。他陪著父親玩拼圖、寫書法、帶父親回福州老家、半夜2點、4點起來扶老父上廁所。父親重度失智入院後，還是每日到病房抱起老父坐在輪椅上，出去曬太陽、玩球，無微不至地貼心照顧，直到八年後（2012年）91歲的父親過世（伊佳奇，2015）。

　　「他是病人，和病人是不能講道理的，只能自己慢慢調整心態、摸索。很困難、很挫折，但走過會有很高成就感，當時如果不把這件事做好，日後想起來一定會懊悔。」伊佳奇說，先要瞭解失智症這個病，才會懂得如何照顧（滕淑芬，2015）。

第二節　家庭照顧者的調適：化壓力為助力

　　家庭照顧是一項甜蜜的負荷，一來是子女對父母的孝順，二來是家人的照顧比外人更為細膩。然而，因為具血緣關係，彼此的關係比照顧服務員或外籍看護更為親密，有時互動會因為個性和期待落差，造成彼此更大的磨擦，需要雙方磨合後找到彼此調適的平衡點。過去，我們往往認為「照顧」等同「壓力」，然而，若能將「照顧」視為「學習及自我成長」，壓力就能轉化為成長的動力，照顧者在照顧技巧、時間管理、抒解壓力等將能有所跨越，如圖6-3所示。

一、家庭照顧者的壓力來源

　　壓力的定義為：人經歷生活變化時，所產生的感受，輕則產生緊張或焦慮，重則易罹患精神方面的疾病。人遭逢壓力時，身體會分

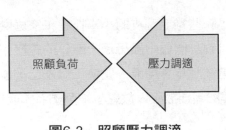

圖6-3　照顧壓力調適

泌特殊的賀爾蒙，包括腎上腺皮質素和皮質醇（cortisol），警示我們要回應壓力來源，若是處理不良，長期下來可能造成心臟血管疾病、免疫力降低和記憶力下降。此外，感冒的機率亦高出一般人的3～4倍。壓力超過一定的容忍限度後，身心會出現各種不適症狀形成「身心症」，包括頭痛、失眠、高血壓、胃潰瘍、胃食道逆流、憂鬱、焦慮、胸悶、精神無法集中等（李玉琴編譯，2000）。家庭照顧者的壓力來自於多重角色的要求，以及平衡工作、家庭與個人生活之需要。其主要的壓力包括生理、心理、社會、經濟四項，分述如下：

(一)生理健康：腰痠背痛、受傷、失眠、身體緊繃等

　　照顧嚴重失能的老人，因付出的體力較大，需注意照顧技巧，特別是移位、搬運、洗澡等技術，若照顧的對象體重過重，要注意借力使力，或搭配二人一起移位，適時穿戴護具，以免受傷。有些被照顧者或失智症長輩白天睡覺，晚上經常起床、走動或頻尿等問題，造成照顧者晚上無法好好睡覺，白天體力不足，長期下來造成失眠、身心壓力大。

(二)心理壓力：情緒崩潰、家人關係緊張、挫折、憂鬱、焦慮等

　　心理的壓力主要是與失能者的互動和溝通不順暢、觀念不同所產生的壓力。許多被照顧者無法面臨自己失能，凡事都要依靠別人的事實。長輩因為生病及不願意放下的高自尊心態，脾氣比以前更挑剔、

暴躁，有時會為了一些雞毛蒜皮的小事抓狂，家庭關係更顯得劍拔弩張。作家吳若權以親身照顧中風母親十四年的經歷指出，前七年，充滿撕裂的傷痕，但後七年，則漸入佳境。母子已經摸索出一套相處、相愛之道，他說照顧者要放下、放鬆，被照顧者才能自在。

(三)社會壓力：無法外出疏離、外人質疑眼光等

雖然政府提供家庭照顧者一年14～21天的喘息服務，但多數的照顧者通常是非不得以才會使用。一來是覺得外出喘息，內心愧疚，久而久之就與朋友越來越疏離，減少外出與社會脫節。此外，家人在照顧方法若呈現不同意見時，會造成主要照顧者極大的壓力。例如，主要照顧者若是媳婦，需要察顏觀色瞭解其他家人的看法，例如考量先生、妯娌、小姑、小叔等人的意見，若出現意見不同時還得居中調節。

(四)經濟壓力：兼職或離職、家庭經濟負擔大

主要照顧者因照顧採取離職或從事兼職工作，在經濟上頓失依靠或減少收入。家人之間必須充分討論如何分工及分擔照顧費用，包括三餐費用、家庭日用品費用、醫療器材、照顧耗材、輔具等，若還有聘用外勞看護每月約增加兩萬元支出，這些均會造成家庭的總體開銷增加。

二、降低照顧期待並向外界求助

綜上所述，照顧者的壓力極大。潛在有害的壓力源出現後，個人會進行評價確認是否具有威脅性（初級評價）。如果被評價為威脅且缺乏相關因應資源，則適應不良的可能性便會增加（如負面心理效應或身體健康不佳），壓力會擴散至生活其他層面。換言之，壓力若無法適時得到緩和或釋放，就會累積身心疲勞，甚或造成健康極大的威脅。

從文獻可見，照顧者以女性居多，特別是配偶、媳婦和女兒。女性照顧者和男性面對照顧壓力的因應方式不同。家中負責照顧的兒子或女兒往往是最孝順的，但即便是孝子也有情緒失控的時候。根據報導，嘉義市兒子照顧者當街掌摑中風父親。暴力事件就像一個求救信號，顯示照顧者壓力已瀕臨臨界點。從新聞來看，兒子嘗試幫助父親訓練如廁、恢復自主能力，是一名「盡責的照顧者」，但失能者病況和進步情況非常複雜，並不一定盡如人意，照顧者必須學習「降低照顧期待」，以免更挫折（台灣新生報，2016）。

三、照顧者角色的調整及準備度評估

許多爸媽在新生兒報到後，因照顧小孩的辛苦，才瞭解自己父母親走過的歷程。家庭照顧者亦同，多數民眾在沒有準備下接下照顧的重責大任。Shyu（2000）指出，照顧者角色的調整（role turning）可分為三期：角色的投入、角色的磋商、角色的確定。

1. 角色的投入（role engaging）：家人疾病發作或功能下降時，照顧者面對承擔照顧的角色。
2. 角色的磋商（role negotiating）：照顧的角色會受到許多因素的影響，執行的角色行為包括改變原來在家中的角色、改變生活方式或調整期望與現實間的差距等。
3. 角色的確定（role settling）：照顧的過程中會有哪些活動？碰到緊急狀況要如何處理？如何與疾病共處？照顧者在病人的照顧工作中角色逐漸定位。

家庭照顧是一個動態的過程，家庭照顧者在照顧過程中會感受到正向及負向的經驗，其中正向經驗包括振奮、滿意度、發現意義、益處、照顧酬賞、獲得、愉悅及分享（馬先芝，2003；張珍珍、徐亞瑛、邱逸榛、陳明岐，2009；Hunt, 2003；Kramer, 1997），正向的經

驗可以使照顧者自我價值感增加、肯定自我並提升解決問題的能力，負向經驗則會影響家庭的照顧品質。

照顧準備度（caregiving preparedness）定義為「照顧者認為對照顧任務及照顧的壓力，其有多少的準備程度」（Archbold, Stewart, Greenlick, & Harvath, 1990），範圍是照顧角色的種類，如情緒支持的提供、設立居家服務等。亦即，照顧者在承擔角色之前，能事先評估照顧工作的準備程度（黃惠玲、徐亞瑛、陳明岐、陳獻宗、林麗嬋，2003）。失智症者家屬較沒有準備的項目為：照顧資源的尋求、對失智症疾病的認識、對家人疾病狀況變化的瞭解。黃惠玲等（2003）研究指出，接受照顧者訓練方案後，如提供衛教、電話諮詢服務等，在照顧準備度有較好的表現，特別是問題行為的處理有所助益。

四、家庭主要照顧者常見的調適機轉

面對居家臥床的病人，主要照顧者有四種因應行為，個人因應的分類為理性面對、逃避退縮、憤怒轉移、被動接受等型態（潘依琳、田聖芳、張媚，1998），主要以情緒為主的反應，對事情解決較無助益，若能以「問題為導向」的照顧者壓力負荷較小。說明如下：

1. 理性面對型：能認清事實，主動收集資料、評估狀況，並發展出實際可行的方法處理壓力。
2. 逃避退縮型：以逃避退縮處理壓力。
3. 憤怒轉移型：以負向的情緒或內射、外射的方式處理壓力。
4. 被動接受型：對事實採被動接受，逆來順受，認命的消極心態。

不管是認命、逃避或憤怒型，並非正向積極的回應照顧壓力的好方法。在照顧的過程中，初期需要調適與被照顧者的關係、責任和時間的分配。適時地與被照顧者及家人討論，一如吳若權說的，「照顧

者要放下、放鬆，被照顧者才能自在」。在照顧的過程中經常出現的心理防衛機轉，這些心態只能短暫性的逃避問題或困難，照顧者仍需要找到解決問題的方法，才能勝任照顧者的角色。

1. 潛抑作用：壓抑情緒或悶不吭聲。
2. 投射作用：把自己該做的事，認為別人該做。
3. 發洩作用：怒氣發洩在他人身上。
4. 轉移作用：藉逛街、吃美食、上網等方式抒解移轉壓力。
5. 合理化作用：給自己合理的藉口，減低焦慮感。

面對壓力的因應方式，主要包括問題為主或情緒為主因應方式，以問題解決模式較佳（邱啟潤、金繼春，2006；許淑敏、邱啟潤，2003），若以情緒為導向之方式，負荷較大，採取逃避或自責、默認等方式因應，無法有效面對壓力（**圖**6-4）。

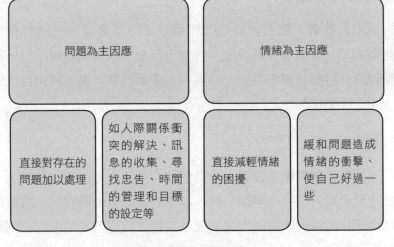

問題為主因應		情緒為主因應	
直接對存在的問題加以處理	如人際關係衝突的解決、訊息的收集、尋找忠告、時間的管理和目標的設定等	直接減輕情緒的困擾	緩和問題造成情緒的衝擊、使自己好過一些

圖6-4　壓力因應方式

五、減輕照顧壓力的方法

(一)增加專業知識技能的訓練

可至醫院、長照中心等單位學習相關的照顧技巧,包括移位、上下床、失智照顧等,例如接受90小時照顧服員訓練、失智照顧訓練等。

(二)時間管理及身心靈健康

照顧重度的失能者或失智病人,可搭配外籍看護或居家服務員的時間,讓自己有喘息的時間。適度的放手或讓其他家人分擔照顧工作,才不會過勞。除了時間的管理外,也要找到自己身心靈平衡的方法,有些照顧者因為有教友或道友的支持,抽空至教堂或寺院讓心靈沉澱下來。

(三)增強抗壓能力

與壓力共處,壓力並非只有害處,亦可以將這一份壓力化為成長的動力。一旦發現容易發怒、焦慮等現象,或長期睡眠不足,都可至醫院身心科尋求專業諮詢。或與家人或朋友聊一聊,轉化自己的想法,才有前進的動力。

(四)認知重整

不要當一個完美主義者,愈是求好心切的人反而適得其反。「只有我才能給家人最好的照顧」或「這樣的照顧對他最好」,這些可能都是自己一廂情願的照顧方式,要學習轉化自己的想法,用心傾聽被照顧者的聲音。

(五)尋求支持系統

照顧是一條辛苦且漫長的路程,千萬不要單打獨鬥,否則長期下

來會容易身心俱疲。尋求家人的協助或分工，若經濟許可亦可找尋照顧服務員的協助。曾經訪問一個獨居老人，每一位子女均分擔一部分的照顧工作，兒子負責送醫看病、媳婦負責打點餐食、女兒負責週末帶孫子陪伴母親，家人輪流到家探訪母親，也跟鄰居及鄰里長保持良好關係，形成良好的支持網絡。

六、家庭照顧者的迷思和調適

照顧家人是項甜蜜的負荷。每一個家庭都有其獨特的相處模式，家人之間的關心和關係也較外人緊密，因此經常造成家庭主要照顧者全時間、全心投入下產生的磨擦。**表6-2**是家庭照顧者經常出現的照顧迷思，例如：「除了我，沒有人能搞定他！」、「我應該把自己所有事放下，等到以後再說。」、「我沒錢又沒社會地位，變成一個沒用的人！」、「我一個人承擔就好，我還撐得下去！」等，這些為了家屬好又強迫自己硬撐的方式，會讓照顧壓力更加沉重，也會造成與家人之間的緊張關係。

表6-2　家庭照顧者十大迷思與心理調適

序	理想的情境	迷思	合理的想法
1	我健康，患者才健康！	只要患者好就好，我沒關係！	唯有我健康快樂，才會有健康快樂的患者。
2	在不影響照護工作下，應有正常的社交活動。	在家人患病期間，我應該把自己所有事放下，等到以後再說。	即使須照顧患者，我也會在條件許可下，盡量維持我原有的社交圈及活動。
3	一定有人可以協助我！	除了我，沒有人能搞定他！	一定有更專業、更有經驗的人，可以協助我照顧失能、失智親人！
4	情緒應疏通，不應阻塞！	為了照顧好患者，我不該抱怨、生氣，也沒有時間沮喪！	我該誠實面對自己的情緒，並給情緒一個出口！
5	我做的是很有價值的事！	我每天照顧沒錢又沒社會地位，變成一個沒用的人！	照顧生病的家人對整個家庭、對社會都有重要的貢獻。我是一個有價值、值得尊敬的人！

（續）表6-2　家庭照顧者十大迷思與心理調適

序	理想的情境	迷思	合理的想法
6	有足夠休息，才能照顧好患者！	我要用生命中的每一分、每一秒來照顧患者，直到他痊癒為止！	唯有適當地讓自己喘息，才能有更好的照護品質！
7	肯定並獎賞自己！	照顧家人是天經地義的，沒什麼好鼓勵的。	我做的事情很重要，值得鼓勵與肯定！
8	應多與他人交流與學習照護技巧	家人失能、失智已夠讓人操煩的了，我只要盡力照顧他就好，不用跟別人說，而且跟別人說也沒有用。	我應該多多和有相同經驗的人交流，學習更多寶貴經驗。
9	寫下照顧日誌，方便他人接手	太累了，沒時間記照顧的細節，就算寫了，也沒人會看！	分享自己的照顧方法，可增加他人照顧的成功經驗，對失能、失智親人更好。
10	支援愈多，愈能事半功倍！	我一個人承擔就好，我還撐得下去！	如果有更多人的協助，照護工作可以做得更好！

資料來源：林春玲，〈家庭照顧者的需求與協助〉。

第三節　家庭照顧者的資源與支援

　　家庭照顧者需善用公部門、私部門及非營利組織的相關資源。若有至醫院就診時亦可請教相關醫生、護理師及社工師。其他像老人服務中心、日間照顧中心等亦提供相關的連結，個人可依照顧的需求向外尋找相關資源（**表6-3**、**表6-4**）。

表6-3　照顧資源分類

資源類別	單位或人員	提供內容
正式資源	長期照顧管理中心、老人服務中心、日間照顧中心、托老中心、婦幼館、社福機構、居家服務單位、鄰里長、村里幹事、警政單位、衛政單位等	長照服務、補助
非正式資源	家人、親戚、鄰居、朋友、志工	實際照顧、慰問、關懷

表6-4 主要照顧者需要的支持

支持分類	說明	舉例
社會情感支持	人際及同理	提供心理支持、諮商
工具性支持	經濟工作及喘息服務	提供補助、喘息服務等
資訊性支持	社會資源	提供民間團體等社會服務或志工服務等，或相關的講座、研習等

一、長期照顧資源

　　家庭照顧者可善用政府提供的長期照顧服務方案或民間組織的活動，減少照顧的壓力。各縣市長期照顧管理中心的服務包括：喘息服務、日間照顧或托老服務、家庭托顧、輔具及居家無障礙空間等服務。

(一)喘息服務

　　喘息服務係指提供照顧者之休息機會，以減輕照顧者壓力為目的，有需求的民眾可向長期照顧管理中心申請。

◆喘息服務方式

　　喘息服務主要包括兩種：

1.機構喘息：安排短期住進合適的照顧機構。
2.居家喘息：由照顧服務員到家中協助照顧。照顧方式包括煮飯、餵食、服藥、陪同就醫、復健活動、文康休閒活動、協助沐浴等。

◆喘息服務補助方式

　　補助方式為：

1.輕度及中度失能者：每年最高補助14天。

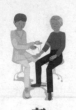

2.重度失能者：每年最高補助21天。

3.補助金額：機構式及居家式喘息皆補助受照顧者，依個案失能程度及經濟狀況評定補助時數和金額。經照顧專員評定後符合補助者，每次使用前10～14天提出申請。已僱用外籍看護工代為照顧失能者之家庭，使用喘息服務需全額自費。使用外籍看護工空窗期，可申請本補助，惟需自行照顧一個月才能使用。

(二)日間照顧或托老服務

日間照顧中心或托老中心就像托老所，白天提供老人生活的照顧，長輩在晚上時再回到家中，其服務對象為日常生活能力尚可的老人，主要包括輕、中度失能和失智長輩。活動設計多元，例如健康操、健口操、讀報時間、美勞、音樂、園藝、復健等，也會配合節慶邀請家屬及志工一起同樂。在日照中心就像在學校上課，部分中心的服務人員會稱校長、教務主任、老師等，讓長輩就像回到兒時的幼兒園一樣快樂學習。

(三)家庭托顧

家庭托顧服務是一種類似家庭保母的服務模式，也就是家庭照顧者除了照顧自己家的身心障礙者之外，也幫忙照顧附近需要照顧的身障者；目前每一托顧家庭收托不得超過4人，每日收托時間12小時為主，其服務內容包括身體照顧、日常生活照顧服務與安全性照顧。以台北市為例，主要承接單位為財團法人伊甸社會福利基金會，案家先參訪托顧家庭及確定托顧需求後，再向照顧管理中心申請失能評估。托顧家庭需有完善的無障礙空間，因此在都會地區發展受到一些限制。

(四)輔具及居家無障礙空間

提供家中失能者輔具及居家無障礙評估及專業諮詢服務。每十年

內以補助新台幣十萬元為限，但經評估有特殊需求者，得專案酌增補助額度。

二、民間單位資源

　　國內的支持及成長團體多元化，民眾可依自己的需求及可近性向相關單位詢問。以家庭照顧者關懷為宗旨的中華民國家庭照顧者關懷總會，其家庭照顧者支持服務包括：諮詢服務、個案服務、到府照顧技術指導、心理衛生服務、關懷活動、衛教講座、支持團體。康泰醫療教育基金會也提供許多抒壓下午茶講座及身心靈照顧技巧的講座。失智照顧的相關單位可洽台灣失智症協會、天主教老人基金會等。

家庭照顧者相關資源

1. 社團法人中華民國家庭照顧者關懷總會，http://www.familycare.org.tw/
   諮詢專線：0800-507-272
   聯絡電話：02-25855171
   傳真：02-25855737
   電子信箱：takecare@ms17.hinet.net
   地址：台北市中山區撫順街8號4樓之A
2. 社團法人台灣失智症協會，http://www.tada2002.org.tw/
   電話：02-25988580
   傳真：02-25986580
   電子信箱：tada.tada@msa.hinet.net
   地址：台北市中山區中山北路三段29號3樓之2
3. 財團法人天主教康泰醫療教育基金會，http://www.kungtai.org.tw/
   電話：02-23657780
   傳真：02-23657770

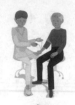

電子信箱：health@kungtai.org.tw

地址：台北市大安區羅斯福路三段245號8樓

4.財團法人天主教失智老人基金會

電話：02-23320992

傳真：02-23320877

電子信箱：s8910009@ms61.hinet.net

地址：台北市萬華區德昌街125巷11號

三、居服員協助主要照顧者的注意事項

1.當案主家庭成員間出現不同的照顧意見時，不主動介入調停。

2.提供居家服務時，以協助案主為主，同時兼顧抒解照顧者的壓力。

3.瞭解照顧者的缺漏處時，勿傷及照顧者的心。

4.協助以理性面對壓力。

5.不強迫主要照顧者或家人接納你的建議。

6.尊重案主與家屬的抉擇，不給予批判（案主自決）。

照顧者的十大權利

1.我有權利照顧自己。

2.我有權利尋求別人的幫助。

3.我有權利維持我的個人生活。

4.我有權利在合理的範圍內做一些「只為我自己」的事。

5.我有權利偶爾表達情緒。

6.我有權利拒絕其他親人有意無意經由罪惡感、生氣、憂鬱來操縱我。

7.我有權利接受他人的體恤、情感、諒解以及接納我對被照顧的親人所做的事。

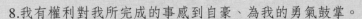

8.我有權利對我所完成的事感到自豪、為我的勇氣鼓掌。

9.我有權利保護我的獨立個體性，保護追求個人生活的權利。

10.我有權利期待並要求國家對「被照顧者」及「照顧者」有
　　進一步的協助。

資料來源：http://dementia.health.gov.tw/App_Prog/3-3.aspx
　　　　　http://www.familycare.org.tw/
　　　　　http://www.tada2002.org.tw/

四、相互支援系統

　　面對老化或疾病，多數的社會大眾是感到害怕和焦慮的。被照顧
的個案從獨立自主的個案變成受人照顧的對象，初期時，個人的自信
和自尊會到挑戰，例如接受兒女或配偶餵飯或洗澡等。家庭照顧者亦
需要在角色上做調整，接受相關照顧的訓練以及適度的喘息。家庭可
共同討論照顧的模式，必要時尋找及申請長期照顧的服務方案，才能
把照顧的壓力化為成長的動力（**圖6-5**）。

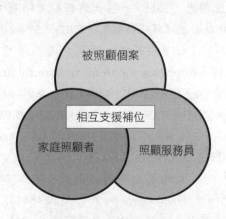

圖6-5　相互支援補位

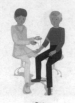

參考文獻

835小編（2015）。〈台灣人到死之前，平均臥床7年、花費近300萬〉。《商業周刊》，http://www.businessweekly.com.tw/KBlogArticle.aspx?id=12023。

王秀紅（1994）。〈照顧者角色對婦女衝擊：護理的涵義〉。《護理雜誌》，41(3)，18-23。

台灣新生報（2016）。〈照顧者壓力大當街掌摑中風父〉，http://times.hinet.net/news/18448261

伊佳奇（2015）。《趁你還記得》。台北市：時報。

吳若權（2016）。〈吳若權：長期照護的風險〉。105年4月13日取自http://www.appledaily.com.tw/realtimenews/article/new/20160413/834341/

吳若權（2016）。《換我照顧您——陪伴爸媽老後的21堂課》。台北市：遠流。

李世代（2010）。〈『長期照護』的發展與推動〉。《台灣醫界》，53(1)，44-50。

李玉琴編譯（2000）。《聽，能量音會微笑，神奇的醫學共振音樂》。台北市：自然風文化事業。

李宗派（2006）。〈探討長期照顧人才之培育與需求〉。《社區發展季刊》，115，220-237。

李逸、周汎澔、陳彰惠（2011）。〈家庭照顧者議題：從性別、私領域到公共政策的觀點〉。《護理雜誌》，58(2)，57-62。

李翠卿（2012）。〈作家吳若權：媽媽，是我最重要的行程〉。《親子天下》，34，http://www.parenting.com.tw/article/5032528-%E4%BD%9C%E5%AE%B6%E5%90%B3%E8%8B%A5%E6%AC%8A+%E5%AA%BD%E5%AA%BD%EF%BC%8C%E6%98%AF%E6%88%91%E6%9C%80%E9%87%8D%E8%A6%81%E7%9A%84%E8%A1%8C%E7%A8%8B/?page=1

林佳弘（2015）。〈失能老人照護支出七年破二百萬元〉。《理財周刊》，http://www.ettoday.net/news/20150329/484347.htm

邱啟潤、金繼春（2006）。〈一位家庭照顧者在愛的勞務中之自處：面對它、接受它、處理它、放下它〉。《護理雜誌》，53(4)，49-57。

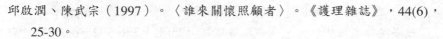

邱啟潤、陳武宗（1997）。〈誰來關懷照顧者〉。《護理雜誌》，44(6)，25-30。

施秋蘭（2013）。〈我國長期照顧專業人力培育現況與困境〉。《銀髮世紀》，56，0-6，http://www.elderly-welfare.org.tw/content/publication/publication2.aspx?Qsn=57

馬先芝（2003）。〈照顧者負荷之概念分析〉。《護理雜誌》，50(2)，82-86。

國家發展委員會（2014）。〈中華民國103至149年人口推計〉。《行政院衛生署國民長期照護需要調查，99-100年》。

張珍珍、徐亞瑛、邱逸榛、陳明岐（2009）。〈影響失智症家庭照顧者其照顧酬賞與照顧品質的相關因素之探討〉。《長庚護理》，20(2)，155-166。

許淑敏、邱啟潤（2003）。〈家庭照顧者的壓力源與因應行為——以一個支持團體為例〉。《護理雜誌》，50(5)，47-55。

郭逸君、陳秋雲（2016）。〈放「顧老假」家總籲比照育嬰假〉。105年5月23日取自http://udn.com/news/story/7314/1712725-放「顧老假」家總籲比照育嬰假。

陳美妙、陳品玲、陳靜敏、徐亞瑛（2005）。〈機構式喘息服務對失能老人主要照顧者負荷之影響〉。《長庚護理》，16(2)，152-166。

黃惠玲、徐亞瑛、陳明岐、陳獻宗、林麗嬋（2003）。〈照顧者訓練方案對改善失智症照顧者照顧準備度成效之探討〉。《長庚護理》，14(1)，1-10。

滕淑芬（2015）。〈六年後失能人口將達87萬人〉。104年11月26日取自http://udn.com/news/story/6842/1339639-%E5%85%AD%E5%B9%B4%E5%BE%8C-%E5%A4%B1%E8%83%BD%E4%BA%BA%E5%8F%A3%E5%B0%87%E9%81%9487%E8%90%AC%E4%BA%BA

潘依琳、田聖芳、張媚（1998）。〈居家臥床病人其主要照顧者之壓力源、因應行為與身心健康之探討〉。《公共衛生》，24(4)，219-233。

蔡英文、陳建仁（2016）。〈十年長照2.0計畫／有一天我們都會變老，誰會照顧我們？〉，105年5月30日取自http://iing.tw/policies/long-term_care

鄭秀容、曾月霞（2008）。〈居家失智老人家屬照顧者照顧需求及需求被滿足情形之研究〉。《榮總護理》，25(4)，386-392。doi:10.6142/VGHN.25.4.386

諶淑婷（2016）。〈家庭照顧者壓力大盼喘息〉，105年5月30日取自http://www.mdnkids.com/nie/nie_indicate/Unit7/W-1001205-15/W-1001205-15.htm國語日報編輯臺。

韓佩軒、黃璉華（2002）。〈台灣中部地區居家失能老人家庭照顧品質之探討〉。《榮總護理》，19(2)，205-212。

簡乃卉、徐亞瑛（2000）。〈住院失能老人之家庭照顧者出院需求的探討〉。《護理雜誌》，8(4)，412-422。

Archbold, P. G., Stewart, B. J., Greenlick, M. R., & Harvath, T. (1990). Mutuality and preparedness as predicators of caregiver role strain. *Research in Nursing & Health, 13*, 375-384.

Hunt, C. K. (2003). Concepts in caregiver research. *Journal of Nursing Scholarship, 35*(1), 27-32.

Kramer, B. J. (1997). Gain in the caregiving experience: Where are we? What next? *The Gerontologist, 37*(2), 219-232.

Shyu. Y. I. (2000). Role turning between caregiver and care receiver during discharge transition：An illustration of role function mode in Roy's adaptation theory. *Nursing Science Quarterly, 13*(4), 323-331.

老人居家健康照顧理論與實務

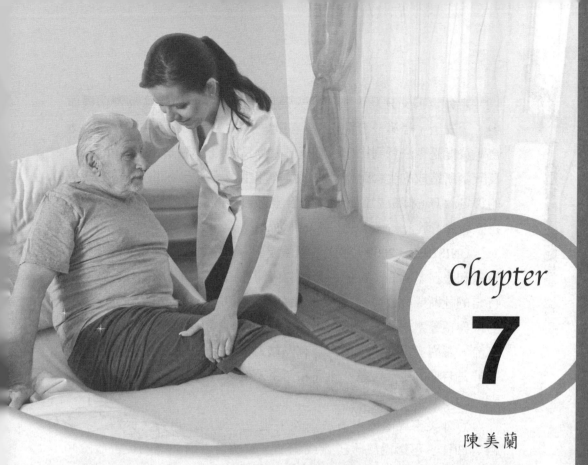

陳美蘭

意外災害的緊急處理

學 習 目 標

1.說明意外災害的定義。

2.列舉火災的危害與預防方法。

3.認識燃燒必備的三個要素、滅火原理與滅火器的使用。

4.說明火場緊急逃生要領。

5.說明意外災害時個案的情緒反應。

6.學習如何預防與處理日常生活中常見的意外事件。

意外災害又分為人為與非人為所產生，在各種活動及實務操作中，「安全」是第一考量要件。安全的考量，小到生活中鞋子是否適合，染髮是否注意到操作的流程，大到長期照顧機構住民逃生演練，及天災所造成的生命財產損失。意外產生後，衍生的問題還包括術後的復健、身心障礙者的職業重建及無障礙空間的規劃及社會福利的支持系統建置等。

UNISDER（2009）將災害風險定義為潛在的生命健康狀況、生計資產和服務系統的災害損失，他們可能在未來某個時間段裡，在某個特定的社區或社會發生。透過瞭解災害的特點，可以提高對於災害的防備與預警系統（郭士鋒，2015）。豪雨、颱風、龍捲風、打雷、土石流、雪崩發生時，也都應該有停電對策、保命對策、預防災害、熬過非常時期的生活智慧、料理和衛生及健康管理與心理照護（陳瀅如譯，2015）。

意外災害風險處理方法不外乎避免、減除、自留（保留）、移轉等四種，再透過風險辨識或認知，瞭解自身所面臨的災害危險類別後，採取適當處理方法，將災害可能造成的影響降低（李秉乾，2015）。意外災害的發生，無法預期，一旦意外產生，除了會造成個人或群體身心靈上的傷害，對個人財務及生活環境，亦造成傷害。如何做到事先預防及降低意外發生後之傷害程度，以下各單元的說明，提供居家及機構在意外災害防範工作上之參考。

第一節　說明意外災害的定義

意外災害包括地震、火災、跌倒、受到攻擊、燒燙傷、刀傷、中毒、自殺等。對於意外災害的產生，特別是天災的發生，雖然不可避免，但是對於照顧服務產業從業人員而言，防範措施之準備及相關常識，卻是極需具備的。國外學者將土石流災害分為災害發生前、災害發生、災害傳播和災害衝擊，並提出減緩、危害、暴露、抵抗的架構

評估指標（Chiou, Chen, Liu, Huang & Chang, 2014）。

一、意外災害的定義

災害的定意，在狹義上，指某個人事物造成的災害，災害一旦擴大，會造成大量人員受傷死亡及財產損失。廣義上，災害與災難定義相同，可以是自然災害與人為災害的並稱。天災，是因自然因素導致的災禍，稱為自然災害，而因為人為因素所導致的災禍，稱為人為災害，如戰爭、恐怖事件、核事故、工業災難等（林志豪，2010）。

二、居家意外災害的預防方法

居家意外災害的預防方法，依照災害發生之不同，而有不同的防範措施。居家照顧時，常見的意外災害為地震、火災及中毒。以下就地震災害的預防、火災的預防和中毒的預防做說明。

(一)地震災害的預防

台灣地處地震常發生之處，對於地震產生後的防災措施，應經常去注意及檢視。居家照顧及社區式機構照顧中，地震災害預防前，需注意及準備的事項包括：

1. 備有「緊急避難包」設備：緊急避難包內容物包括小急救箱、水、手套、面紙、暖暖包、雨衣、紙筆等，如圖7-1。
2. 家具擺設的重要：將易碎物品放置低處或放置抽屜中，避免物品掉落時對人體產生傷害。
3. 棉被及桌子是災害發生第一時間可以用來保護頭部的物品。

(二)火災的預防

1. 廚房用瓦斯或電器，可使用自動斷電使用裝置。

緊急避難包應放置在明顯且
容易取得的地方

緊急避難包可放置一些乾糧
和手電筒

圖7-1　緊急避難包內容物及放置處

2.電器的使用，需注意單一插座勿超量使用。

3.消防灑水安全設備的規劃與定期檢測，並做好防災演練。

4.平時安全門需關上。

(三)中毒的預防

中毒通常經由食物、皮膚、經鼻吸入之化學藥物所導致。預防方法包括：

1.不吃過期食物，注意飲食安全及衛生守則。

2.飯前洗手並注意餐具之清潔與消毒。

3.服用藥物可以用藥盒按三餐及睡前分裝，並注意藥物是否過期。

4.當家中有失智長輩時，藥品及清潔用品等須放置在不易取得之處。

5.家中注意通風，有乾洗衣物拿回家中時，盡量放置在通風處。

6.家中有裝修工程時，建材及用料可選擇安全、環保且無毒的材料。

表7-1中將社區天然災害主要危險因子，以人員、機械、環境和管理四項導因歸類，來區分二十四項危險因子（唐雲明、林政穎、李振綸、汪政緯、黃俊翰、王慶華、曾智良，2014）。從人員的部分可以看出，社區中應加強防災演練，從機械的部分來看防災設備之數量是否充足，從環境的部分，來檢視社區居住環境的建築、道路及地形對災害形成時的影響，管理方面則是政府及社區方面是否有災害應變規劃及預備能力。

表7-1　社區天然災害主要危險因子表

導因歸類	危險因子（hazards）
人員	1.社區居民的災害意識不足且對於防災資訊漠不關心
	2.社區居民對於防災演練、演習配合度不高
	3.社區救災（自衛消防編組）人員數量不足
	4.社區救災（自衛消防編組）人員訓練不足
	5.社區管理組織（例如管委會、鄰里長等）災前通知不夠迅速或沒有通知
機械	6.防災設備老舊（例如警報器、消防栓、防水閘門、防災指示地圖等）
	7.防災設備未按時做檢查、維修及更新
	8.防災設備數量不足
	9.逃生通道阻塞（例如防火巷違建或堆積物品等）
	10.社區防災物資不足（例如救援物資、器具等）
環境	11.社區建築沒有防救災及逃生的設計（例如防火巷、避難動線、通路）
	12.道路設計不良（例如路面不平、狹窄、彎曲）
	13.社區地形陡峭或低窪
	14.排水系統未定期清理淤積
	15.公共設施（防災公園、直升機起降點等）不足
	16.當地天氣不良（例如常起大霧、焚風、暴雨等）
	17.衛生環境不良（例如空氣品質、灰塵、汙染等）
	18.作業環境不良（例如噪音、地形）
	10.組織環境不良（例如文化差異、普遍對防災知識不足）
管理	20.政府政策不符合社區要求
	21.社區對於防災的計畫及執行力不足
	22.關於災時規定不明確（例如颱風來的規定）
	23.社區防災訓練不足（例如防災演練）
	24.你們社區防災工作不符合需求

三、長期照顧機構意外災害之防範措施

近年來，居家照顧服務已走向社區式多元照顧服務模式，因此，在長期照顧領域中，居家老人托顧、日間照顧中心、小規模多機能模式的社區化照顧，逐漸蓬勃發展。居家照顧服務的評鑑指標，雖相較於機構要簡化許多，然若能取其優點執行居家照顧中之應注意防範事項，相對亦可以提升服務品質及專業能力。長期照顧機構因需符合評鑑指標的要求，在評鑑中所需準備與防災相關的文件，至少有九種，說明如下。

(一)疏散路線圖（逃生避難平面圖）

在機構平面圖上，分別用指示線及標示圖做標示，貼在出入明顯易見之處。另有「社區逃生避難路線圖」，標示逃生避難場所在哪個捷運站附近的「防災公園」。此外，若附近防災公園或防災設施已經無法收容逃生者時，「跨區域逃生避難路線圖」中，可提醒逃生到另一個逃生避難場所，需註明地址及聯絡方式。

(二)防火管理人員

防火管理人員訓練，在強化火災預防與緊急應變能力，使能與消防安全硬體設備相配合，達到「保障人命，防護財產」之目的。經主

	寢室房號	床數
逃生避難平面圖	寢室1	床
	寢室2	床
	寢室3	床
避難逃生路徑（虛線）----▶ 消防人員救災動線（實線）——	合計床位數	床

♿ 代表行動不便者；🏃 代表行動自如者；Ⓒ 代表滅火器；🔺 代表室內消防栓箱

圖7-2　逃生避難平面圖

管機關指定之供公眾使用之場所，應由管理權人遴用防火管理人，制定防護計畫書，請消防機關核備，並依該計畫執行有關防火管理上必要之業務。依消防法規定，防火管理人每三年至少應接受講習訓練一次，無正當理由不接受講習訓練者，直轄市、縣（市）消防機關得通知管理權人限期改善（社團法人中華消防協會，2016）。

(三)消防安檢

可參考「員工人數5人以下小規模場所消防防護計畫範例」（台北市政府消防局，2016）（附錄一）。

(四)消防防護計畫書

可參考機構評鑑之相關規定或大型機構以收容人數50人以上之老人及身心障礙福利機構之「大型社會福利機構消防防護計畫範例」（附錄二）（內政部消防署，2016）。

(五)防災計畫書

「防災計畫書」（附錄三）包括災害潛勢分析、各種災害歷史紀錄等。災害潛勢分析，包括評估機構附近無發生之災害，例如評估所在位置，有無歷年水災（淹水）、坡地災害（土石流）、火災災害發生。而地震災害潛勢分析中，台灣因全台皆處地震帶，故全年皆有零星地震產生，評估有無在本所在地及鄰近區域造成災害。除參考歷年災害紀錄表值等，有無災害紀錄外，所在區域淹水潛勢地圖（模擬24小時累積雨量預估多少mm）、區域坡地災害潛勢地圖、區域歷年災害警戒值查詢（淹水、坡地、土石流）、災害歷史資料查詢、地震防護資訊、雨量站雨量警戒值、淹水警戒發布資訊、公路防救災資訊等（行政院國家科學委員會，2012）。

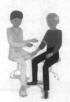

災害潛勢

　　是指在氣象、水文等的外在條件下，分析模擬區域內各處發生災害的機率或規模，劃分成不同等級，如高、中、低潛勢等，再利用地理空間方式呈現模擬地區的潛勢分布。淹水潛勢資料、土石流潛勢資料、人為災害潛勢資料（毒化災害）等。幫助地方政府及民眾瞭解災害潛勢與提高防救災意識。對於淹水潛勢資料，民眾可上網連結至國家災害防救科技中心網站（http://www.ncdr.nat.gov.tw/）查詢，或是連結至各地方政府的防災網站查詢（行政院國家科學委員會，2012）。

(六)自衛消防編組

　　消防演練仍依自衛消防編組訓練計畫每年辦理兩次，自衛消防編組名單如**表7-2**所示。名單中包括機構主任、護理人員及台籍或外籍照顧服務員。社區式照顧體系之工作人員編組，可參考「社會福利機構危機預防及緊急應變注意事項」（附錄四），作為危機預防指標及緊急應變處理。

(七)夜間或假日消防自衛訓練演習

　　由於夜間人力比例較日間少，其演練目的在協助照顧服務員，熟

表7-2　自衛消防編組名單

人員名單	工作人員姓名
機構主任	
護理人員	
台籍照服員	
台籍照服員	
台籍照服員	
外籍照服員	

悉夜間或假日消防自衛處理流程，所以夜間演練與防災演練為同時進行之演練。演練前，首先確認人員名單，演練時加以拍照記錄。演練後檢討並報告說明演練狀況及填寫需改進項目。

(八)災害緊急應變小組聯繫會議

災害緊急應變小組聯繫會議由平日有聯繫的機構組成，具合作模式並選出召集人，用於災害發生時，人力調度、避難所提供、災害最新資訊交流之平台。在社區式照顧發展裡，小型照顧單位，應合力籌組緊急應變小組，定期開辦聯繫會議，直向聯繫為與向上與消防單位連結資源及資訊的收集，橫向聯繫為與社區內之組織互助及互援。

每組選一位小組長，每年定期召開兩次組員互助會議，協助小組成員辦理每年一次災害疏散演練，並配合社會局輔導轄區內災害應變之弱勢機構，分享轄區資源及經驗，協助建立小組內防災資源網絡（台北市政府社會局，2016）。

(九)防災演練

機構年度防災演練，是長期照顧機構意外災害之防範措施中，很重要的一環，在評鑑項目中也很重要。演練項目包括警鈴位置及廣播話筒使用方法、滅火器的位置及正確使用方法、室內消防栓的位置及正確使用方法、避難逃生疏散演練、機構至防災公園的時間預估等。除此之外，還要對機構地點及住民作分析，例如住民共幾人，機構有幾個出口及幾部電梯，住民是否一人有一台輪椅，等待樓梯的時間約幾分鐘，若機構在二樓，則電梯從二樓到一樓的時間約幾分鐘，從大樓一樓推輪椅到防災公園的時間約幾分鐘。總共有八個需演練的部分。

　　演練一：請安全人員來解說滅火器使用方法，解說過程詳細記錄
　　　　　　並拍照及錄影。
　　演練二：護理人員練習使用滅火器。

演練三：每位外籍照顧服務員練習使用滅火器。

演練四：護理人員練習使用滅火器。

演練五：每位工作人員（包括行政人員、照顧服務員及各級主管）瞭解室內消防栓的位置及正確使用方法。

演練六：護理人員練習使用室內消防栓。

演練七：住民逃生疏散演練（工作人員一人帶一個住民疏散，一次排四個住民）。

演練八：逃生至最近且可收容之防災公園避難。

表7-3　年度防災演練

年度防災演練	
一、主要內容	1.針對不同災害類型之防災演練。 2.區分為五大災害演練，分別為火災、水災、地震、防颱和土石流。 3.請工作人員確實演練滅火器使用、室內消防栓使用、緊急事故處理流程表（位於護理站前）。
二、演練說明	
1.火災	(1)火災前：上課 (2)火災中：先通報、依照自衛消防編組訓練計畫執行（參考防災計畫書）
2.水災	(1)水災前：上課 (2)水災中：打電話報警、家具移高一點
3.地震	(1)地震前：上課 (2)地震中：事先準備緊急避難包，躲在桌下、抱頭保護頭 (3)地震後：避難疏散
4.防颱	(1)防颱前：上課 (2)防颱中：關門窗、窗戶貼膠帶，準備乾糧、手電筒
5.土石流	土石流前：上課
滅火器使用	參考圖7-4
室內消防栓使用	參考圖7-4
緊急事故處理流程表	參考附錄五
檢討及改善方案	
備註：機構位處非土石流區域範圍，各項演練可參考防災計畫書之災害潛勢分析及歷史紀錄	
*通報相關單位及主管時，依照「緊急意外事故處理流程」步驟做通知及處理或參考「社會福利機構危機事件處理流程」（附錄六）（台北市政府社會局，2016）。	

長期照顧機構中除了防災演練之外，還要訓練工作人員在緊急意外災害事故發生時，會使用甦醒帶及氧氣設備，如**圖7-3**所示。

準備甦醒帶　　　　　　準備氧氣　　　　　　　套上甦醒帶

圖7-3　甦醒帶使用方法

 ## 第二節　列舉火災的危害與預防方法

　　火災總是在不預期的情況下發生，近年來從工作職業傷害、粉塵爆炸事件、老人安養機構的電線走火、大眾交通運輸工具上的爆炸案等，火災事件發生時，第一時間的逃生、燒燙傷處理、送醫、情緒安撫，都是平常應注意及瞭解的知識，以防在事件發上時，做最緊急及適當的處理。

一、火災的危害

　　火災的危害，從對人體、財物到國家安全，影響甚鉅。火災發生時，常伴隨大量濃煙產生嗆傷，即使吸入微量的煙，也有產生頭昏或嘔吐感的狀況，此時需要避免煙嗆，例如用濕毛巾或防火頭套，讓自己及他人能順利逃生。平時安全門要關上，避免火災發生時，濃煙及火勢蔓延至其他樓層。

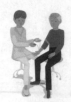

　　若火災發生在黑夜或斷電狀態時，平時用不到的手電筒等緊急照明設備和緊急避難包，就需要放置在容易取得之處。切斷電源及滅除火源相當重要之外，於高樓逃生時，切勿搭乘電梯，若發現高溫及火勢擋住逃生路線時，應盡量靠近窗戶或頂樓，尋找逃生及被救援時機。平時具備逃生知識，以降低自身受到火災危害的風險至最低程度。

二、火災的預防

　　平時在居家時，火災的預防需先從電源、電器及電路等跟火災發生有關的家用物品定期檢查有關。老舊的房子需重新配置電線，更換總開關箱。也要避免不用的電源插座關閉，除達到節能省電功能外，也可以預防火災的發生。

　　至於在機構內，由於需要使用的電器或用電器材較多，每一插座不可乘載過多的電負荷量。定期做防災演練，熟悉防災計畫及增進應變能力，在其他災害同時發生時，可以在最短時間內，做通報處理及協助老人逃生。這些都與火災預防、火災發生及災後處置的能力養成有關。

　　而非在居家及機構處，例如帶長者到餐廳用餐、聽演講或參加活動時，請先確認安全門位置及逃生方向、滅火器的放置位置及注意餐桌上火源的處理與使用方式等，為火災的預防及自身的安全，做第一道安全防護。

第三節　認識燃燒必備的三個要素、滅火原理與滅火器的使用

　　燃燒必備的三個要素、滅火原理與滅火器的使用，是防災三大常識，也是避免火災發生所應具備的基本能力。去除可燃因素，瞭解滅

火原理和火災發生後確實使用滅火設備，是本章節的學習重點。

一、燃燒必備的三個要素

　　火形成的要素，包括可燃物、助燃物及熱源。火災發生時，第一要務是正確使用滅火設備滅除可燃物燃燒。一般住家大樓裡，都有滅火器及室內消防栓可使用，平時應注意滅火器位置及確認是否過期未檢驗。在燃燒必備的要素，有關助燃物的部分，主要是避免氧氣助燃，也要注意關閉瓦斯，可以使用自動關閉裝置，避免堆放易燃物品於逃生路徑上。老人家獨自在家，容易因為忘記關火而導致火災的發生。此外，熱度為燃燒之必備要素，因此，降低溫度及避免熱度升高，才能避免燃燒後的人身財產傷害程度降至最小。

二、滅火原理

　　滅火原理不外乎是減低燃燒必備的三個要素，可燃物、助燃物及熱源，燃燒後產生的連鎖反應。火災發生時，要採取的步驟，包括滅火、報警和逃生。不論在居家或是公共場所遇到火災時，滅絕火源是第一要務。滅火第一步驟是冷靜用滅火器消滅燃火，但若是火勢太大，應先往安全處逃生，特別是人多時，避免推擠，要主動並遵循引導者的帶領，順利逃生。第二步驟是按下緊急通知鈴或打電話求救，讓傷者在最快的時間內，到最近的醫院處理燒傷傷口。

三、滅火器的使用

　　滅火器的使用，還包括須學習室內消防栓的操作方式。滅火器有小型滅火器及室內消防栓，以下分述其使用方法。

(一)室內消防栓的使用方法

室內消防栓的使用方法包括按警鈴、開箱門、拿瞄子、拉水帶、轉水閥。水柱可用來撲滅火源,而水霧可以用來冷卻室溫並阻絕濃煙。其使用口訣為「按、開、拿、拉、轉」。

(二)滅火器的使用方法

滅火器的使用方法包括拉插梢、拉皮管、壓把柄。熄滅火後,需用水澆熄餘火灰燼,並確認火已經完全熄滅。其口訣為「拉、拉、壓」。

火災所產生的燒燙傷危害及後續的照顧和就業,是火災產生後須思考的嚴肅議題。英國在國家燒燙傷回顧報告中,燒燙傷照護的標準和策略,在英國每年有二十五萬人經歷燒燙傷,不論是因為熱液體、熱物體表面、化學物品和電器等所導致。英國在過去二十五年來,每年仍有三百人死於燒燙傷(陳美蘭,2015)。如何預防火災的產生,各單位防災措施、緊急事件處理標準作業流程的預演與落實、機構處於逃生狀況時的人員配置及支援系統的確實建置,都是居家、機構、相關單位要落實探討及執行的工作。

 第四節 說明火場緊急逃生要領

火場緊急逃生要領,包括需瞭解火場緊急逃生措施,並注意居家逃生時之注意事項。同時,社區中之各服務組織,也應瞭解逃生時之注意事項,讓社區中之各項營利及非營利工作團體,都具備防災應變知識及能力。

一、火場緊急逃生措施

平時要多注意居家及周遭環境的逃生安全門位置、消防設施的放置位置、逃生路線指示圖等，可以協助自己及他人，在火災意外發生的第一時間，順利逃生。萬一火災發生時，第一時間先找到防煙袋（緊急時可以用大型透明塑膠袋替代）及濕毛巾搗住口鼻。避免手直接觸碰鐵器或門把造成燙傷。平時安全門需關上，一旦逃生時需開門前，稍微開小縫確認是否有濃煙或大火，若有以上情形，需立刻關上安全門，另尋一逃生路徑。二樓以上的場所，都設有避難梯、緩降機、救助袋及避難繩索等。緩降機的使用方法，包括掛勾掛，將繩子丟在輪盤上、拋向地面後，逃生者套上安全套帶，束綁上環帶後，推向牆壁逃生，其口訣為「掛、丟、套、束、推」。

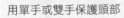
用單手或雙手保護頭部

無法逃生時先躲在桌底下

逃生時靠近窗邊並打開窗戶

圖7-4　工作中遇到地震時的緊急處理方法

二、居家逃生時之注意事項

火災會因電器走火、油料或化學品等燃燒而產生。火災對身體的危害，第一是煙，一氧化碳會讓體內血紅素失去運送氧氣的功能，導致腦神經中樞遭到破壞，失去行動能力。火所產生的燒傷，更是致命的危害。火所產生的高溫，會讓肺中的氧氣蒸發，體內蛋白質凝固，甚至死亡。因此，逃生方法、方向及時機，都是逃生要領。

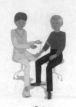

若遇有火災，且在等待救援中時，先用水沾濕抹布，塞住門縫，膠布黏貼亦可。設法靠近窗戶，並揮動鮮明顏色衣物，或在夜間使用手電筒照明設備，讓救援者可以在第一時間看到等待者的位置。

此外，火場逃生應採低姿勢，沿牆壁找到安全逃生口，萬一衣物或頭髮著火時，若可以取得水，先用水將火澆熄，若無法取得水，則先脫下著火衣物，利用地板或牆來滾動身體，熄滅著火處。

老人防災是近年來受重視的一環，特別是內政部消防署（2016）發展「老人防火宣導」及「老人居家消防安全診斷表」，讓老人學習事前應變整備，進行家庭逃生演練或辦理自衛消防編組演練，瞭解兩個方向以上的逃生出口及門窗的開啟方式。

三、機構住民逃生時之注意事項

機構住民逃生時之注意事項，包括不推擠、不急跑、互相協助、注意保護頭部等。若需逃生時，可以一位服務員推一位輪椅住民，旁邊帶一位可自行行走之住民。災害發生時，可依照RACEE五個步驟執行（林秀惠，2013）。

1.R（Rescue）：救人。

2.A（Alarm）：警示求援。

3.C（Confine）：限制區域待援。

4.E（Extinguish）：滅火。

5.E（Evacuate）：逃生疏散。

第五節　說明意外災害時的情緒反應

James（1988）提出五階段理論，可以套用在意外災害發生之復原歷程中，自覺、負起責任、確認做的溝通、採取行動、超越失落。

Masten（2001）指出復原力與個人機會與選擇有關。個人轉折點影響復原路徑的發展。減低負面因子的影響，增加自我效能，是復原機制的關鍵運作（陳愷詳，2013）。意外災害時，每個人的情緒反應不一，切勿驚慌導致互相推擠，應先冷靜下來，通知可以緊急救援的相關單位，尋求協助。

一、居家陪伴時照顧者遇到災害發生時之情緒反應

居家陪伴時，碰到災害發生時，個案會產生焦慮狀態，特別是失智症或身心科患者，遇到地震等災害發生時，會產生恐懼、適圖保護自己的行為。若有此情形發生，照顧者可以用聊天等方式，讓被照顧者忘記恐懼的感覺及情境，安撫其情緒，並將尖銳利器收放置個案無法拿到之處。將被照顧者引導到健康正向的思緒，並告知家屬，一起鼓勵被照顧者走出陰霾。

二、焦點心理諮商的簡易方法

焦點解決短期心理諮商（Solution Focus Brief Therapy, SFBT）可以應用在居家照顧服務中，面對問題的發生且用正面、解決問題的目標，來促成改變的發生及正向思考。當一個長期處於生病狀態下的案主，若產生憂鬱的症狀、攻擊行為或輕生的念頭，往往也是造成意外事件產生的原因。當案主憂鬱或沒有意願表達時，可以用0～10的表達方式，例如「您對這個的感受，從0～10來表達，0代表不好，10代表非常好」。當數字落在6以上10以下，就可以再繼續觀察。或介入藝術輔療、音樂輔療、園藝輔療、體驗遊戲等方式，引導出案主對話的管道。

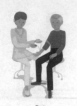

　　站在諮商輔導的角色，除了要同理當事人的行為與言語之外，信任關係的建立、互動與關心、尊重表達與支持尋求，都是引導案主在面對意外災害發生後，建構正向眼光，以排序與量尺化的技巧，來建構解決方案、採取行動並展望未來。不要太過急切引導正向，這樣反而無法與案主同步。引導的用意在教導正面思考的習慣，幫助他從問題中跳脫，用新眼光看事情，輔助的過程中，可以用口頭、文字、肢體語言和實質獎勵的讚美方式，用外化技巧將問題與人分開，與當事人一起把注意力放在問題上，找出解決方案與資源（洪莉竹，2007）。

第六節　學習如何預防與處理日常生活中常見的意外事件

　　如何預防與處理日常生活中常見的意外事件，例如跌倒的預防，以及面對緊急傷病時，所應做的必要緊急措施，也是意外災害處理的內容。

一、預防跌倒

　　預防跌倒所產生的骨折，甚至臥病在床的惡性循環，要注意以下幾項注意事項：

1.下床前：案主下床前，照顧者應先詢問其是否有頭暈現象，先讓案主坐在床緣，待頭暈現象排除後，再協助其下床。
2.生活環境中：室內光線需充足，避免走道上放置障礙物，夜間下床時，走道可加裝夜光條或夜燈，增加動線亮度。
3.防跌之道：必要時，購置可移動床頭高低的電動床，夜間若有需要，可將床欄拉起。

二、面對緊急傷病

　　經歷過災難者，有些人心理仍常想到災難現場，甚至發展成急性壓力性疾病、創傷後壓力症候群、焦慮等。災難復原力是健康導向的彈回能力，使個體在面對困境時，發展出健康的因應策略。許素玉於2006年也提到，復原力是經由個人長時間持續的努力，及他人的幫助之下，運用外在資源，開展健康正向的策略以回復健康（王子葳，2013）。面對緊急傷病及其他意外，所應做的必要緊急措施，可以協助傷者在意外發生第一時間，獲得自發及外來的身心災難復原力。

(一)必要緊急措施

　　面對緊急傷病時，所應做的必要緊急措施如下：

1.啟動緊急救護系統：撥打119。
2.進行心肺復甦術：在心跳停止四分鐘內進行CPR，可提高存活率。
3.緊急處理方式：評估生命徵象及意識。
4.平時就要做好準備：平時基本包紮等基本處理。

(二)其他意外處理方式

1.燒燙傷口要做到沖、脫、泡、蓋、送。沖及泡要持續15～30分鐘。
2.割傷時，可以按壓止血點止血，不可以用繃帶綁住手腕。
3.觸電的處理，施救者需切斷電源，用木棒將觸電者與電源分開，然後急救及送醫。
4.頭部外傷，三天內為觀察期，一週內避免劇烈運動，並禁止咖啡、酒、菸。維持平日八成水分攝取。不服用安眠藥避免誤判病情。

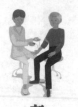

5.熱到中暑，躺下、冰敷、吹風扇、喝水、補充鹽分、腳抬高。

6.流鼻血時，坐著頭往前傾，手指按壓鼻翼兩側5分鐘，可止血。

7.腦中風，又稱中風，若有抽搐情形，將毛巾捲起放入口中，防止咬傷舌頭（行政院衛生署，2006）。

政府推動建置防救災雲端資訊交流與服務網，用雲端科技技術及應用媒體資源，即時傳遞有效訊息，提升政府服務訊息之效率與速度（中央災害防救委員會，2013）。**圖7-5**的五理觀點，說明災後重建在生理、物理、心理、倫理及管理，在控管及整合對應上，如何協調處理。意外災害緊急處理的議題包含防災基本計畫的構成，災害對策的順序，國家政府與居民對防災的具體對策。而事前的防災努力、強化普及防災意識的四大面向，包括：

1.減輕災害後的全民運動：強調每個國民與企業的自覺「自助」、地方團體的「共助」，以及中央與地方政府的「公助」之聯繫與協動。

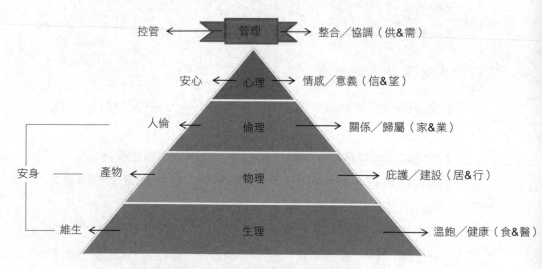

圖7-5　災後重建：五理觀點

資料來源：黃龍杰（2010）。

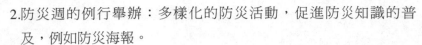

2.防災週的例行舉辦：多樣化的防災活動，促進防災知識的普及，例如防災海報。

3.防災教育：除學校倡導防災教育，地方團體也可舉行防災教育。

4.提升企業的防災能力：確保顧客及員工在災害發生時的安全（行政院研究勞工重發展考核委員會，2011）。

　　透過防救災知識的學習，提高社會大眾的災害認知與危機意識。並定期進行社區內危險點的調查，檢視社區的災害風險。藉由各項減災措施的執行，消除或改善社區的易致災害因子，降低災害發生的機會。

學習與討論

學習題一、面對緊急傷病的處理方式為何？

學習題二、如何預防與處理日常生活中常見的意外事件。

學習題三、預防跌倒要注意哪些事項？

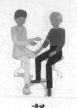

參考文獻

中央災害防救委員會（2013）。「災害防救基本計畫」。資料取自台北市
　　行政院中央災害防救會報，http://www.cdprc.ey.gov.tw/News.aspx?n=69E
　　9CBA4662D1267&sms=949874E4899E18ED

內政部消防署（2016）。〈老人防火宣導——老人居家消防安全診斷
　　表〉。資料取自中華民國內政部消防署全球資訊網，http://www.nfa.
　　gov.tw/main/Unit.aspx?ID=&MenuID=378&ListID=3309

內政部消防署（2016）。「大型社會福利機構消防防護計畫範例」。資料
　　取自www.nfa.gov.tw

王子葳（2013）。《性別家務分工、家庭決策與災難適應與復原之關
　　係》。國立台灣大學社會科學院社會工作學系碩士論文。

台北市政府社會局（2016）。〈台北市老人安養暨長期照顧機構災害緊急
　　應變互助小組任務說明〉。資料取自http://www.dosw2.taipei.gov.tw/i/
　　i0300.asp?fix_code=0408096&group_type=1&l1_code=04&l2_code=08

台北市政府社會局（2016）。「內政部社會福利機構危機事件處理
　　流程」。資料取自http://www.dosw2.taipei.gov.tw/i/i0300.asp?fix_
　　code=0408096&group_type=1&l1_code=04&l2_code=08

台北市政府消防局（2016）。「員工人數5人以下小規模場所消
　　防防護計畫範例」。資料取自http://www.119.gov.taipei/detail.
　　php?type=article&id=15730

行政院研究勞工重發展考核委員會（2011）。〈因應天然災害協助災區返
　　勞動市場之政策研究〉。台北市：行政院研究發展考會。

行政院國家科學委員會（2012）。〈災害潛勢分析〉。行政院國家科學
　　委員會網站，http://web1.nsc.gov.tw/ct.aspx?xItem=8447&ctNode=40&
　　mp=1

行政院衛生署（2006）。《健康達人125：民眾自我照護手冊》。台北市：
　　衛生署。

李秉乾（2015）。《災害管理實務》。新北市：高立。

林志豪（2010）。《災難最前線：緊急醫療系統的運作》。台北市：貓頭
　　鷹。

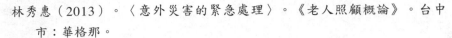
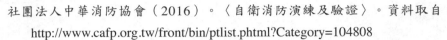

林秀惠（2013）。〈意外災害的緊急處理〉。《老人照顧概論》。台中市：華格那。

社團法人中華消防協會（2016）。〈自衛消防演練及驗證〉。資料取自 http://www.cafp.org.tw/front/bin/ptlist.phtml?Category=104808

洪莉竹（2007）。《稻草變黃金：焦點解決諮商訓練手冊》。台北市：張老師。

唐雲明、林政穎、李振綸、汪政緯、黃俊翰、王慶華、曾智良（2014）。〈社區天然災害預防之風險整合研究〉。

郭士鋒（2015）。《土石流災害風險管理策略規劃之研究》。國立台北教育大學教育學院社會與區域發展學系碩士論文。

陳美蘭（2015）。《老人居家健康照顧手冊》。新北市：揚智。

陳愷詳（2013）。《失智症主要照顧者在照顧過程中的逆境經驗與復原歷程》。國立台灣師範大學社會工作學研究所碩士論文。

陳瀅如譯（2015）。草野薰、渡邊實著。《大家的防災安心手冊》。台北市：時報文化。

黃龍杰（2010）。《災難後安心服務》（圖解版）。台北市：張老師。

Chiou Ing-Jia, Ching-Ho Chen, Wei-Lin Liu, Shiao-Mei Huang, Yu-Min Chang (2014). *Methodology of Disaster Risk Assessment for Debris Flows in a River Basin*. Stochastic Environmental Research and Risk Assessment.

James, J. W. (1988). *The Grief Recovery Handbook*. New York: Harper Perennial.

Masten, A. S. (2001). Ordinary magic: Resilience processes in development. *American Psychologist, 56*, 227-238.

UNISDER (2009). *Disaster Risk Reduction*. International Strategy for Disaster Reduction.

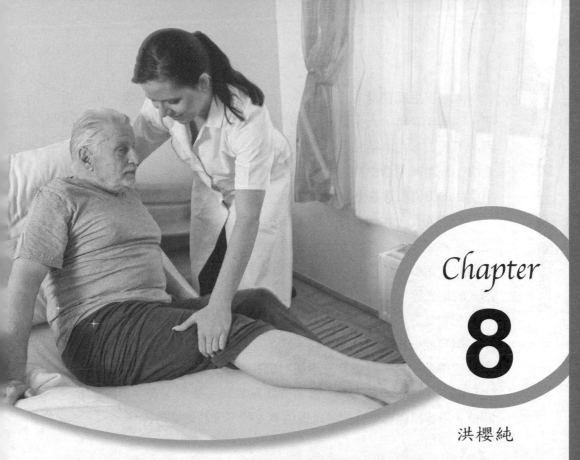

洪櫻純

臨終關懷及認識安寧照顧

學習目標

1. 認識瀕死的徵兆及照顧方式。
2. 瞭解安寧療護的起源與發展。
3. 善終的安排。
4. 如何辦理殯葬事宜。

人一出生就在邁向死亡之路，從嬰幼兒、兒童、青少年、成人前期、中年至老年，人生就像四季的春夏秋冬，從成長茁壯、成熟豐收到凋零死亡。生命結束是必然的結果，人生短短數十載，不管是回到天國、天堂或極樂世界，「死亡」警惕我們生命有限，活在當下、活出生命的價值和意義更為重要。

　　面對死亡，我們有許多的未知。因為不瞭解死亡，因此害怕談論死亡。然而，若我們願意更坦然的面對死亡，並在生前多一些準備，例如訂定遺囑、生前契約、醫療急救措施的選擇、照顧計畫安排、告別式的形式等，可讓自己走得更加安心及放心。

　　死亡是必然，但需有面對無常的準備。有些長輩平日身體還算健康，但可能一夜之間猝死回歸天國。有些長輩罹患癌症，家人多少會有心理準備，需要醫療及安寧療護的相關資訊。本章就照顧服務人員在照顧瀕死或末期老人時，最需要認識的瀕死徵兆、安寧療護、臨終關懷、殯葬禮儀等做介紹，以提供案主或案家最適切的服務。

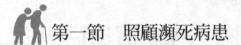 第一節　照顧瀕死病患

一、瀕死病人的徵兆

　　當死亡逼近時，案主身體會出現明顯的變化，照服員若發現這些徵象，應立即通知家屬或醫院的護理人員。瀕死病人的身體變化包括：反應遲鈍、昏睡、對食物和飲水的需求降低、吞嚥困難、口腔乾燥、全身自主性與非自主性的肌肉控制喪失、大小便失禁、下巴脫垂、呼吸變得淺而不規則、循環變慢、體溫升高但四肢冰冷（指甲或嘴唇呈現青紫色）、脈搏快而弱、皮膚蒼白、眼睛凝視並對光無反應（胡月娟，2010）。

　　瀕死病人有時會在呼吸時發出很大的聲音，因為病人口腔的分

泌物聚集在喉嚨的後部無力吞嚥，或氣管的黏液無力咳出滯留於咽喉內，形成所謂的「瀕死嘎嘎音」（秦燕，2015）。有時只要把病人的頭抬高及側睡，就可以使呼吸聲音變小，亦可以用棉棒將口腔黏液、痰清出來，或使用藥物來抑制分泌物的產生。病人臨終前呼吸形態會改變，可能會張口呼吸，呼吸較慢，呼吸出現十秒到三十秒的暫停，再呼吸幾次又暫停一下，這徵象是病人臨終前一個重要的指標。當死亡臨近時，視力會漸漸模糊，疼痛和不舒服的一些感覺通常會減弱些，此時可與醫護人員討論調整止痛藥的劑量，不可因病人不會表達就完全停止止痛藥物。聽覺是最後消失的，家人可以在病人身旁坐下握著病人的手，說些對病人感謝和安慰的話語，讓病人能安心離去（天主教聖馬爾定醫院，http://www.stm.org.tw/es/pg13-p03.htm）。

有些病人也會意識自己的死亡時間，例如告訴家人說要下來走走，或說天使、佛祖要來接他。在臨終過程中，常常會有「迴光返照」的現象，在昏迷一段時間後突然好轉、意識清楚，並且交代後事或要回家，之後就出現大小便失禁、血壓下降、排尿困難、譫妄（delirium）等情況，暗示大限的時間即將來臨（秦燕，2015）。

二、瀕死病人的照顧

(一)身體的清潔、舒適與疼痛控制

臨終及瀕死病人身體虛弱，容易感到疲倦、體力不支，或臥床睡覺的時間變長，有時意識不清楚或有譫妄的現象。照顧服務員除了生命徵象的量測外，在口腔清潔、大小便、飲水控制等要特別注意，病人可能出現大便失禁或便秘的情形。若病人出現下腹痛、膀胱脹、解不出小便時，可能有尿滯留情形，可通知醫護人員，考慮使用尿管。若有疼痛的問題，亦要向醫護人員反應。適度的止痛控制，對於病人有緩和效果。也有文獻證實，芳香精油按摩可緩解病人的疼痛（王生

浩、劉文華、蔡佳祝，2012；林錚苑，2012；萬玉鳳、湯淑華、王英偉，2006）。

癌症末期病人返家的醫療問題及症狀為六種，症狀照顧需求前五項為疼痛、軟弱疲倦、便秘／腹瀉、失眠、食欲不振（趙可式，2003）。臨終階段的病人通常會產生大小便失禁、吸呼困難、飲水及進食變少，若遇到案主拒食，照顧服務員可遵從案主的意願，勿強迫進食或灌食。

(二)心理支持和社會的陪伴

臨終病人的身體狀況日益虛弱，嗜睡長及意識清醒的時間越來越少，若病人精神狀況不錯，可用輪椅或推床，將案主推至戶外晒晒太陽、聊聊天。陪伴他們說說話，病人可能還有尚未交代的話，若有機會可引導他們走向三善、四道。三善是善終、善別、善生。四道是道謝、道歉、道愛、道別。在生命走向盡頭前，鼓勵長者趁意識清楚、回顧一生時，學會化解恩怨情仇，唯有放下遺憾，才能充滿感恩地離開。

第二節　安寧療護的起源及發展

一、安寧療護的起源

安寧療護的起源可追溯到中世紀的歐洲，很多信徒前往基督教聖地──耶路撒冷朝聖，途中難免有人會累倒，或因水土不服而生病，於是朝聖途中的修道院熱心給予幫助，Hospice在拉丁語為「招待所」之意，讓旅行者或朝聖者能休息、補充體力的驛站，成為安寧療護的開端。

安寧療護（Hospice）始於十二世紀，原指朝聖中途休息驛站，是

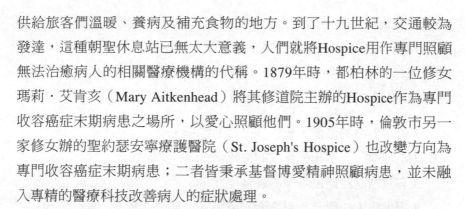

供給旅客們溫暖、養病及補充食物的地方。到了十九世紀，交通較為發達，這種朝聖休息站已無太大意義，人們就將Hospice用作專門照顧無法治癒病人的相關醫療機構的代稱。1879年時，都柏林的一位修女瑪莉‧艾肯亥（Mary Aitkenhead）將其修道院主辦的Hospice作為專門收容癌症末期病患之場所，以愛心照顧他們。1905年時，倫敦市另一家修女辦的聖約瑟安寧療護醫院（St. Joseph's Hospice）也改變方向為專門收容癌症末期病患；二者皆秉承基督博愛精神照顧病患，並未融入專精的醫療科技改善病人的症狀處理。

1905年，天主教的修女在倫敦附近開設St. Joseph's Hospice，照顧臨終的貧民。1967年，英國倫敦的護士出身的醫生，桑德絲女士（Dame Cicely Saunders），創辦了全世界第一家對癌症末期病人有特殊服務方案的聖克里斯多福安寧醫院（St. Christopher's Hospice），以醫療團隊合作方式照顧癌症末期病人，陪他們走完生命全程，並輔導家屬度過哀慟時期。之後，由於得到英國女王的大力資助，Saint Christopher's Hospice成為教育示範中心，接著擴散到全英國。八年以後，Saint Christopher's Hospice的一組人員到美國，幫美國建立了第一個Hospice。1990年淡水馬偕醫院建立了全台灣第一家的安寧病房。Hospice的名稱引用於現代的醫療機構，作為照顧癌症末期病人設施的通稱，在世界各地如雨後春筍般地發展（李閏華，2010）。

二、安寧療護的目的與精神

安寧療護的目的是讓生命得到最大的尊重和善終，我國在2000年5月立法通過，6月由總統公布「安寧緩和醫療條例」，讓國內重症末期的病患，可選擇安寧療護，以及選擇不接受積極治療的權利。「經醫師判定，罹患之疾病無法治癒，且病程近期內進展至死亡已屬不可避免之末期病人，在臨終時得以選擇不接受心肺復甦術（CPR）」，這個選擇，即所謂的臨終不急救（Do Not Resuscitation, DNR）。安寧療

護的重要倫理即為尊重病人，並滿足病人需求為原則，因此「病人自決」為最高原則。此外，在醫療及照護上不使病人的身體、心理及精神受到傷害是「不傷害」原則。根據世界衛生組織（WHO）將安寧療護的理念分為六點（李閏華，2010）：

1. 肯定生命的價值，死亡是自然的過程。
2. 不加速，也不延緩死亡的來臨。
3. 有效控制疼痛及身體的各種症狀。
4. 提供病人心理及心靈方面的療護。
5. 提供支持系統，陪伴病人積極活到辭世。
6. 在親人患病時及喪親後提供支持系統，協助家屬調適各種心理反應。

三、五全的全人照顧

「安寧療護」（Hospice Care）之照顧癌症末期病人的方案，有「五全照顧」特色，除了身心靈的照顧外，結合醫院跨團隊、跨專業的合作，提供臨終病人最好的照顧。

1. 全人照顧：除了病人的身體之外，還顧及到心理、靈性方面的整體照顧。
2. 全家照顧：面對一個即將死亡的親人，痛苦的絕不會只有病人本身，病人的家屬也正在受苦。因此，家屬的情緒也是需要顧及的，特別是在親人死後這段情緒低峰期，更需要有人在旁幫助疏導這些情緒，這就是全家照顧。
3. 全程照顧：從病人接受安寧療護開始，到病人死亡後對家屬的悲傷輔導，使創傷減至最輕，而不至於產生後遺症的，就是全程照顧。
4. 全隊照顧：安寧療護團隊包括醫師、護理師、社工師、志工、

營養師、心理師、宗教人員等，共同照顧臨終者及家屬。

5.全社區照顧：結合社區及居家照顧，可讓病人回到熟悉的社區或居家，接受臨終治療。

四、安寧療護良好的症狀處理

安寧療護系統包括：住院安寧療護、安寧居家療護、共同照護、社區安寧療護。安寧療護良好的症狀處理應包括：評估、個別性處理、注意細節、過程症狀處理原則（王英偉，2010b）：

1.必須先做整體評估。

2.考慮生理、心理、社會、靈性等層面。

3.以改善病人之生活品質為最高指引，而不是延長死亡。

4.對某些可能出現之狀況或副作用能預先準備。

5.讓家屬及病人參與治療計畫。

6.處理各種新出現症狀的原則，應考慮病人的存活期及生活品質，依不同的存活期選擇不同的處理。

第三節　臨終與其家屬之心理調適

根據文獻指出（陳雅琪、楊立華、張理君、廖珍娟，2011），能幫助癌末病患及家庭療癒情緒與減輕痛苦的措施包括：陪伴、增進與病人及家屬的溝通、增進家人與臨終病人道別、滿足臨終家庭的文化需求。臨終病人需確信的事情包括：(1)末了的責任能有人承接照顧；(2)沒有他的日子，家人仍能持續的生活；(3)所有的事已被原諒；(4)他們的生命是有意義的；(5)他們將永遠被家人及其他人記得（Norlander, 2008）。

善終（good death）意謂讓病人從束縛中脫困，減輕痛苦，且滿足

地活到最後一刻，死於平安尊嚴。包括：瞭解自己死之將近、心平氣和接受、後事交代安排時間恰當、與過去親友的溝通聯絡、對過去生活的肯定等。許多臨終病人的心理錯綜複雜，甚至怨天尤人，直到放下、認命、道別，才能走上善終之路。

一、預立照護計畫以病人為中心

近年安寧療護以「病人為中心」（client centered）以及「分享治療決策」（shared treatment decision-making），以尊重病人的自主權。末期病人在醫療及照顧的過程中，病情告知（truth telling）、預立照護計畫（Advance Care Planning, ACP）是極為重要的事務，避免在危急前不清楚病人的意願或產生急救的糾紛（胡文郁、楊嘉玲，2009）。緩和療護的目標不在治療和延長生命，而重在維護患者和家屬的生活品質，使用副作用少的維生設備，且臨終照護則完全不使用維持生命的系統，以及不主張再使用點滴或靜脈營養（秦燕，2015）。

「安寧緩和醫療條例」指出，「醫生為末期病人實施安寧緩和醫療時，應將治療方針告知病人或家屬，但當病人有明確意思表示欲知病情時，應告知主治醫師有告知末期病情的責任與義務」。20歲以上具完全行為能力者，得「預立安寧緩和醫療暨維生醫療抉擇意願書」，包括接受安寧緩和醫療、不施行心肺復甦術（DNR）、不施行維生醫療以及同意加註在全民健保憑證內。

安寧緩和醫療為減輕或免除末期病人之生理、心理及靈性病苦，施予緩解性、支持性之醫療照護，以增進其生活品質。簽署意願書應有兩位以上在場見證，但醫療機構所屬人員不得為見證人，若意願改變時可撤銷註記。意願人得預立醫療委任代理人，並以書面載明委任意旨。不施行心肺復甦術（DNR）意指對臨終、瀕死或無生命徵象之病人，不施予氣管內插管、體外心臟按壓、急救藥物注射、心臟電擊、心臟人工調頻、人工呼吸等標準急救程序或其他緊急救治行為。

不施行維生醫療指末期病人不施行用以維持生命徵象及延長其瀕死過程的醫療措施。

二、病情告知的時機和溝通互動

病情告知是醫療中常見的倫理困境，部分病人或家屬認為告知病人末期，等同宣判死期。因此，家屬有時會要求醫護人員隱瞞病情。然而，若延誤告知時間或治療的方式，有時會讓病人及家屬來不及安排後事。至於該不該如實告知病情，如何說明或分次告知等，都要覺察病人的特質、家屬反應，才能做出適合的病情告知，並且回歸病人自主的原則（胡文郁、楊嘉玲，2009；秦燕，2015）。根據邱泰源（1995）的研究指出，有超過八成的民眾想要知道自己是否罹患癌症，然而未能確定病人是否能夠承受罹病的壓力。因此，醫療團隊在告知前需視病人及家屬的情況適時告知，依據安寧照護基金會的安寧衛教手冊中有以下六項（秦燕，2015）：

1.確信病人在被告知前已找到活下去的理由。

2.告知者與病人有某種程度信任的關係。

3.告知者的說詞要委婉。

4.掌握告知的時間。

5.知道如何處理病人因被告知而產生的情緒。

6.對病人保證不會遺棄他。

三、臨終病患及家屬的心理調適

因為不瞭解死後的世界或害怕與親人分離，因此多數的人是害怕死亡或選擇逃避。一如生死學大師Küber-Ross（1969）觀察的臨終五階段論，從震驚和否認、憤怒、討價還價、憂鬱、接受，一步一步接受死亡的到來。Worden（1991）提出的哀悼任務，是高低起伏的歷

程，其間有四個哀悼任務，包括：接受失落的事實、經歷悲傷痛苦、重新適應一個逝者不在的新環境、情感從逝者身上退出，並重新投注在新的關係。悲傷的反應，並非每個人都相同，影響因素包括：

1. 個人因素：例如與逝者的關係遠近、情感的依附強度、當事者的性格、宗教信仰等。

2. 逝者的死亡方式：久病去世或者是意外喪生，以及自殺等。

3. 文化與環境因素：例如社會對談論死亡的態度、逝者在家庭中的影響與重要性等。

哀悼的時間長短不一，從六個月至兩年不等，出現吃不下、失眠、哭泣、無助、思念、社會關係退縮、愧疚等，若是長期壓抑並造成身心失衡，必要時需尋求專業醫生或心理師的協助。當身邊的人陷入悲傷之中時，我們應該仔細觀察他們周圍相關線索，適時地給予他們所需的幫助。

悲傷（grief）指的是我們面對失落時，所產生的一種持續性、自然性、個人化的反應。例如當親密的人過世或離開，或有其他重大的失落，造成個人心理和身體的綜合症狀，嚴重影響個人的行為及社會關係（秦燕，2015）。生理上可能會喪失食慾、體重減輕、心悸、胸悶、呼吸困難、精神無法集中、暈眩或者頭痛、身體顫抖。心理上可能會出現麻木、反應遲緩、驚嚇、恐懼、痛苦、焦慮、孤獨感、疲倦感、絕望感、自責、幻聽或幻覺等。

悲傷伴隨失落感的痛苦情緒，需要時間的調適，家人的陪伴及社會支持系統等，共同走過生命幽谷。早期西方悲傷輔導理論提出，情感分離為主要的哀傷工作，到了1990年代之後，哀傷者和逝者維繫正向的聯繫關係開始被認可，喪親的哀傷經驗，被視為一個成長的契機（石世明，2008）。

悲傷並不會自動隨著時間的消失而痊癒，必須要能「情緒宣洩」，特別是負面的情感，否則將造成精神上的潛在病因。因此悲傷

輔導的主要目的，便著重在以下三個主要的面向，使悲傷者在經歷悲傷之後，可以重新接續接下來的人生：(1)幫助失落者能夠適當的宣洩情緒；(2)幫助失落者找到意義，例如理解與正視親人死亡的事實；(3)幫助失落者發展新的生活。

　　翁瑞萱、徐愫萱、施至遠、黃勝堅（2015）研究針對臺大金山分院在推動社區安寧居家療護的業務指出，悲傷輔導不是從病患死亡才開始，應及早評估及介入，從收案時病人、家屬達成照顧共識，乃至瀕死時提供高品質的照護，都能讓活著的人得到撫慰，有助於消弭悲傷。

　　悲傷輔導是一種以口語及非口語溝通為主的助人歷程，目的在幫助喪親者學習如何調適及通過悲傷的任務，並能在思想、情感與行動上做積極改變，以便能自我成長、適應與發展。有時親友會使用像是「我能瞭解你的感受」、「你一定會站起來的」等話語回應個案，或是滔滔不絕講述自己以為相似的遭遇經驗，有可能幫不上個案，建議多陪伴、多支持、不批判並傾聽個案的心聲，共同走過悲傷的歷程。

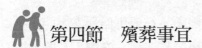

第四節　殯葬事宜

一、死亡證明及通報

　　死亡通報系統意指「死亡除戶」，相關人員可上衛生福利部系統登入（https://das.mohw.gov.tw/das/）。行政手續上第一件事務就是辦理「死亡證明書」，證明該當事人確已死亡，以便於辦理後續的殯葬事項。不同的死亡情形（死亡方式、原因或處所），包括：(1)因病在醫院或診所死亡；(2)在家裡死亡；(3)意外死亡；(4)失蹤死亡宣告，開死亡證明書也有不同的規定。因意外而死亡（非自然死亡，因意外、自殺或凶殺而死亡），無論死亡處所是在家裡、意外現場、送醫

途中或醫院裡，都要由當地警方報請地檢署檢察官會同法醫驗屍。在查明死亡原因後，由地檢署察官開立「相驗屍體證明書」（其意義等同於死亡證明書）（臺灣殯葬資訊網，http://taiwanfuneral.com/Detail.php?LevelNo=124）。

　　根據戶籍法第36條，配偶、親屬、戶長、同居人、經理殯葬之人、死亡者死亡時之房屋或土地管理人為「死亡登記」申請人。死亡日或死亡宣告日起三十日內辦理。以上順位需依順位申請，無戶籍法第36條申請人時，得以利害關係人為申請人，榮家榮民死亡，准由榮家具函檢附死亡證明文件，由戶政事務所逕予登記。

　　死亡後得請醫師開列死亡證明書，一般約需十份，喪家在案主死亡後十五天內，得攜帶死亡證明書至戶政事務所辦理除戶手續。其他如遺體轉至殯儀館、火葬等均需取得死亡證明書方能辦理。若案主在生前有購買生前契約，可依契約內容委請禮儀公司辦理。

二、遺體護理

　　遺體護理是指人往生後對其身體的照顧，首要工作是盡可能保持遺體的清潔與整齊、容顏良好等，使病患乾乾淨淨、安安心心的離開（胡月娟，2010）。

(一)死亡後遺體的變化

　　人死亡後會有以下生理變化，包括屍冷、屍斑、屍僵，茲分述如下：

◆屍冷

　　最初每小時下降0.6～0.8℃，十個小時後每小時下降1℃。遺體在24小時後體溫完全消失，身體皮膚無彈性，做遺體護理時動作宜輕柔。

◆屍斑

因微血管擴張，在20～30分鐘內開始出現紅至紫色的斑點。6～8小時後，組織會因溶血而有永久性的變色。血液尚未凝固時，有助於防腐劑的運行，因此遺體防腐應在死後遺體永久性變色前為之。若臨終者是側臥，應迅速將身體轉成仰臥，以防臉部的下半側發生墜積性充血。頭下可置枕頭，以利血液引流。

◆屍僵

因肌肉內的蛋白質發生化學變化而致遺體變僵硬。從小塊肌肉至軀幹，如頜、手臂、小腿、大腿。死後僵硬在死亡後2～3小時發生，6～8小時內完成。

(二)遺體護理的注意事項

個案往生後，需移除病床的設備和用物，執行時動作宜輕柔、謹慎，並將遺體覆蓋，露出臉部。往生八小時內仍有聽覺，因此執行時要輕聲告知案主。若案家囑咐八小時內不能移動遺體，可送至往生室或殯儀館助念。若案主在生前遺囑願意捐贈器官或大體捐贈，則通知相關單位安排。照顧服務員進行清潔時需戴上手套，做好安全防護。遺體的清潔、更衣、闔眼闔嘴等事項說明如下（李淑珥，2008）：

◆清潔

1. 使用溫熱毛巾擦拭遺體，人在往生後八小時內仍有聽覺，所以一邊擦拭身體一邊告訴案主正在為他做什麼，愈詳細愈好，把他當成活著時一樣，或可向其訴說「您的病已經好了，沒有病痛了，安心的去吧！」。

2. 為了預防大小便失禁而汙染遺體，所以在清潔後可以為案主穿上紙尿褲，並告訴他現在為他穿上褲子，入殮時可將紙尿褲移除。

3. 為避免因擦拭遺體時的翻動，而造成口、鼻穢物的流出，清潔

時可在頭、頸、肩下，墊上大毛巾以利擦拭及避免穢物弄髒衣物。

◆更衣

1.因人體死亡後肌肉會鬆弛，造成大小便的滲出或胃內穢物流出，且於6～8小時後遺體會漸漸產生僵硬的情形，而導致穿衣不便，如果可以，請在案主死亡後立即執行遺體的護理工作。

2.遺體若要移入冰櫃，請準備兩套衣物，做遺體護理時穿著生前常（或喜歡）穿著的衣物即可。大斂時再換正式衣物，以避免遺體移入冰櫃而損壞衣物。

◆闔眼及闔嘴

1.若案主眼睛未全閉，可於其耳朵旁訴說一些使其安心的話，用指尖在眼皮上向下輕壓一下，即可使雙眼自然閉合，或使用紙膠將眼皮稍微往下黏貼，約6～8小時再移除即可。

2.如案主有使用假牙，在往生後可將其置回口中，使其相貌完整。

3.如案主有張口情形可置枕頭於頭下，然後將毛巾捲成軸狀或使用棉捲置於下巴處，將下巴頂上使嘴合攏。或使用毛巾、布條托綁下巴，再於6～8小時後移除毛巾或棉條即可。

◆其他

1.若案主有水腫破皮現象，可使用尿布墊或毛巾，將水腫部位包起來，預防滲出液滲濕乾淨衣物。

2.必要時可幫案主著上淡妝，使其相貌看起來較為柔和紅潤，宛如在世時一般。

參考文獻

王生浩、劉文華、蔡佳祝（2012）。〈芳香療法在乳癌患者應用之研究〉。《黎明報》，23(2)，145-154。

王英偉（2010a）。〈新安寧運動下的倫理思維〉。《澄清醫護管理雜誌》，6(1)，4-11。

王英偉（2010b）。《安寧緩和醫療臨床工作指引》。台北市：財團法人中華民國安寧照顧基金會。

天主教聖馬爾定醫院，〈瀕死徵象與照護方式〉，http://www.stm.org.tw/es/pg13-p03.htm

石世明（2008）。〈悲傷輔導新觀念：從心靈成長到悲傷轉化〉。《腫瘤護理雜誌》，8(1)，27-33。

李宗派（2015）。〈安寧緩和與臨終關懷：美國經驗（2015）〉。《台灣老人保健學刊》，11(2)，57-79。

李淑珍（2008）。〈臨終病人的護理〉。載於蘇麗智等著，《實用基本護理學》（下冊）。台北市：華杏。

李閏華（1997）。〈瀕死病人的社會心理照顧〉。《安寧療護雜誌》，3，8-12。

李閏華（2010）。《安寧療護社會工作》。台北市：洪葉。

卓芷聿（2003）。《芳香療法全書》。台北市：商周出版。

林錚苑（2012）。《使用芳香療法緩解社區老人膝關節疼痛之成效探討——隨機對照實驗研究》。亞洲大學健康產業管理學系長期照護組碩士論文。

邱泰源（1995）。〈終末期照顧的醫病關係——倫理觀〉。《醫學繼續教育》，5(3)，294-299。

胡文郁、楊嘉玲（2009）。〈生命末期之病情告知與預立照護計畫〉。《護理雜誌》，56(1)，23-28。

胡月娟（2010）。《照顧服務員指引》（四版）。台北市：華杏。

秦燕（2015）。《安寧療護與悲傷輔導》。台北市：高雄。

翁瑞萱、徐愫萱、施至遠、黃勝堅（2015）。〈台灣社區安寧居家療護之現在與未來〉。《護理雜誌》，62(2)，18-24。

老人居家健康照顧理論與實務

陳宗仁。〈悲傷輔導的原則〉，http://www.isu.edu.tw/upload/04/6/files/dept_6_lv_3_307.htm

陳雅琪、楊立華、張理君、廖珍娟（2011）。〈臨終癌症病患家庭之關懷〉。《腫瘤護理雜誌》，11(1)，1-12。

萬玉鳳、湯淑華、王英偉（2006）。〈芳香療法於安寧病房的運用〉。《慈濟醫學雜誌》，18(4)，67-70。

趙可式（2003）。「安寧住院暨居家療護服務檢討工作計畫」。台北市：國民健康局。

臺灣殯葬資訊網，〈死亡證明書〉，http://taiwanfuneral.com/Detail.php?LevelNo=124

蔡佩真（2010）。〈先進國家安寧療護喪親關懷服務之探討〉。《安寧療護雜誌》15(1)，47-62。

Küber-Ross, E. (1969). *On Death and Dying*. New York: Macmillan.

Norlander, L. (2008). *To Comfort Always: A Nurse'S Guide to End of Life Care*. Indianapolis: Sigma Theta Tau International.

Worden, W. J. (1991). *Grief Counseling and Grief Therapy: A Handbook for the Mental Health Practitioner* (2nd ed.). New York: Springer.

第二篇

居服督導工作概論

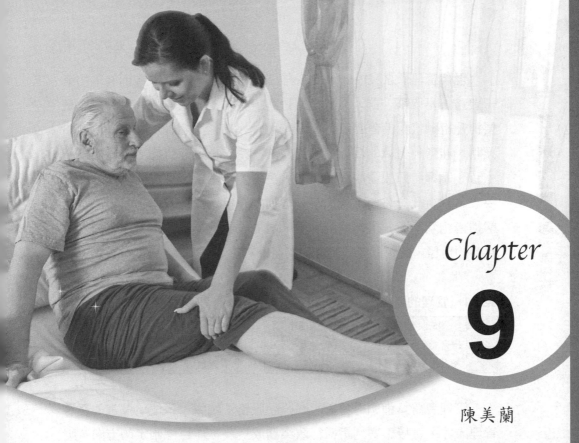

Chapter

9

陳美蘭

管理者領導特質

學 習 目 標

1.領導管理能力的培養。

2.照顧服務品質管理。

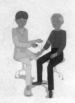
現代管理學之父Peter Drucker認為，組織由人所組成，而管理的第一要務，是要讓一群人有效發揮長處，共同做出成績。管理的目標是要提升組織效能及營運效率，如表9-1所示，營利組織的目標在生產和獲利，非營利組織的目標在服務人群，完成設定的目標。組織規模較小時，領導者只要達成設定目的，完成工作產出，達成客戶滿意度的要求。當組織具有一定規模時，必須提升組織營運效率，各單位營運虧損皆相互平衡，供需達到平衡，增加人員數，提升案量，完成就業媒合的目標，此時就能達到管理的目標。

表9-1　管理的目標

No	達成設定目的	目標達成率	組織效率	產出
1	提升組織產出效能	滿意度	做對的事	效能
2	提升組織營運效率	生產量	把事情做對	效率

管理者需具備領導特質，在照顧服務領域中，單位所擇選的督導管理人才，直接影響到組織行政業務成長及工作目標制定的方向。照顧服務產業屬於長期照顧產業的範疇，自2004年後，政府將照顧服務員考試納入丙級證照的考試範圍內，改善人力培育及服務品質提升的兩大問題仍存在至今。本章就居家服務督導領導管理能力的培養及其重點工作目標之一，即照顧服務品質的管理，來做說明。

第一節　領導管理能力的培養

簡單來說管理是「把事情做對」，領導則是「做對的事情」，而要如何做好既定目標，又能突破現有侷限，是管理者領導能力的表現。不管組織大小，領導和管理都是不可或缺的重要元素。組織領導已經由過去的威權式領導，朝向有特質者的領導與對管理者的信任，所帶領的團隊，因著個體決策、組織激勵、多向溝通，產生對組織的認同感與向心力。管理是管理者用現有資源來達成任務，而領導是看

到別人所未見，帶領人朝向目標行動的改革。以下探究居服督導能力的培養和領導的特質，並加以說明。

一、居服督導能力的培養

督導人力的配置存在於各國的長期照顧服務中，只是各國名稱不盡相同。日本在實施介護保險（日本政府開辦之長期照顧保險）後，介護制度一直是亞洲國家想要學習跟進的照顧制度，然而近年來因營利導向之政策，而受到不同的評價。歐洲國家近年來也將照顧服務轉由營利單位執行，減輕政府的稅負壓力，創造民間經濟活絡。目前在台灣，營利與非營利兩種形式的照顧服務並存，以人力仲介及就業媒合來區分。不論未來長照保險實施後，是採用何種形式運作，但仍應回歸到從基層之照顧服務員所提供的服務，其滿意度提升，到督導人才的培育，這中間的過程，若能建立分層管理及培育方法，必能讓台灣在長期照顧領域中，選擇最適合國人的形式。居服督導具備實務工作、行政文書、教育訓練、溝通協調和業務達成的能力。

(一)實務工作能力

督導應具備服務員所具備之照顧服務基本能力，服務員的工作分類有：

1.照顧服務：陪伴、復健、清潔沐浴、協助餵食或管灌等。
2.家事服務：居家簡易清潔、衣物清洗等。
3.備餐服務：準備餐食、飲食設計等。
4.其他服務：回診就醫、認知訓練等。

(二)行政文書能力

督導除了要輔導服務員正確的專業工作能力之外，還需要有處理行政文書的能力。從案主評估、簽約，到家訪及結案，表單十分繁

瑣。在工作上應簡化表單的書寫，著重先安定人員、培訓新人、增進專業技能等方向，若行有餘力，則分配書寫打字工作。收費計算也是每月最重要的工作，差一元都無法核銷，計算錯誤導致費用多收，會使客戶對中心產生不信任感。不論是評估簽約、家訪、客戶資料紀錄或結案，每一個環節的統計資料，提供中心研究案主需求及服務提供不足補充之規劃方向。

(三)教育訓練能力

主管可以從一個助理，在籌劃教育訓練的過程中，看出一個人的服務規劃及管理領導能力。以迦勒中心為例，其教育訓練包括職前、在職升遷、居服督導一領一培訓計畫等課程，其目的在充實照顧知識、培訓督導管理人才。從訓練期間之確定、訓練地址之確認、提供參與者之獎勵、服務人員的工作分配，都是需要注意的事項。

1.上課前一個月：做講師及講題確認。

2.上課前一週：準備教學工具，包括白板筆、麥克風、簡報筆、相機、錄影設備、簽到表、講義等，並確認講師簡報已收到。

3.上課前一週：提醒學員上課日期及時間。

4.上課前二天：確認學員是否出席。

5.上課前一天：確認參加者人數、便當數量。

6.上課前一天：確認當天工作人員名單、討論教育訓練當日流程及演練。

7.上課當天：依照流程執行。架設電腦及投影機、準備便當。

8.課程結束後一星期內及下次課程前：提醒學員繳交作業。

(四)溝通協調能力

溝通能力是督導工作裡最困難，也最需要累積工作經驗，才能圓融的處理。以下就工作中發生的三個案例，來看督導的溝通協調能力。案例一是服務員想預支薪水的問題，因為牽涉到行政，必須通報

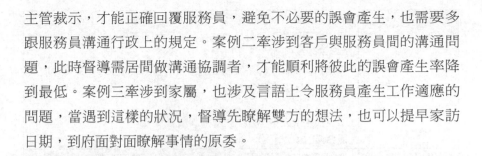

主管裁示，才能正確回覆服務員，避免不必要的誤會產生，也需要多跟服務員溝通行政上的規定。案例二牽涉到客戶與服務員間的溝通問題，此時督導需居間做溝通協調者，才能順利將彼此的誤會產生率降到最低。案例三牽涉到家屬，也涉及言語上令服務員產生工作適應的問題，當遇到這樣的狀況，督導先瞭解雙方的想法，也可以提早家訪日期，到府面對面瞭解事情的原委。

案例一	服務員想預支薪水
解決方法	
督導回覆	問主管及行政人員後，再回覆。
主管回覆督導	薪水無法預支，因為我們是非營利單位，所有跟錢有關的事，規定都很嚴格。依內部規定不能預支。
督導回覆服務員	沒有辦法預支薪水。
服務員	覺得生氣，質疑為何不可以。態度變得不友善。
	督導再請督導助理居中協調，降低同工負面情緒。同時也在教育訓練時，同時告訴所有同工，態度和言行，會影響到考核及升遷。
後續觀察	同工表現良好，沒有抱怨的言行。

案例二	案主經常要下班了才要上廁所
解決方法	
服務員遇到問題	服務員心裡不舒服，想換工作。
督導回覆	若延後下班，要告訴主管，會再跟客戶說明。
督導與客戶的溝通	1.服務員心裡不舒服，不想做，要如何處理？ • 督導先跟客戶溝通看看，要溝通什麼，再跟服務員確認一次。 2.客戶表示很生氣，覺得沒有錯，如何處理？ • 督導問客戶，服務員最近表現如何？有沒有要改進的？（客戶回答說很好） • 督導問客戶，最近服務員有在說晚下班的狀況？（客戶說服務員計較那幾分鐘晚下班，那客戶也可以計較吃飯的時間） • 督導問客戶，若一直超過時間，不行，一方面依照勞基法，4小時要休息，另一方面，多做的時間也要補錢給服務員，才不會不好意思（客戶說也不希望換人服務，他覺得服務員很好）。 • 督導問客戶，因為晚下班所以改晚30分鐘上班，可以嗎？但是若您這裡OK，我還要問一下服務員是否OK？（客戶說好）

督導回覆服務員	·我跟服務員説督導已跟客戶協調，可以調整時間，改晚30分鐘上班，這樣服務員就有比較充裕的時間做清潔備餐的工作，他因為後面沒有安排工作，所以同意。
	·跟服務員説，我們是服務業就像大飯店的服務生，不要做小吃店的服務生，客戶也很喜歡你，不想換人，多跟他互動聊天，其實客戶人很好。
	·工作換來換去也不好，再溝通調整看看。
	·服務員説他瞭解了。
督導回覆客戶	服務員説OK，你們再溝通看看，服務員既然服務得不錯，你也很滿意，就不要因為這些小事傷了和氣，要找到一個合用又可以讓你放心的人，比較重要。
後續觀察	時間上的調整對雙方都有好處，雙方都同意。 之後也都很順利，沒有問題。

案例三	案主的太太說話很不尊重人，想換案主
解決方法	
督導回覆服務員	那是她個人修養問題，不要想太多，把自己的工作做好就好。我們是服務業，要提升服務品質，就像我們去大飯店一樣，服務生總是笑臉迎人，很有禮貌，便利商店的店員也總是笑臉迎人，為什麼，因為那是他的工作。 除非對方講的真的無法接受，且傷害到你，那給我一點時間，再來安排其他工作。
服務員	好的，若有狀況再告知。
後續觀察	服務員還是想換工作環境，就安排適當的工作，讓他心裡調適一下。

(五) 業務達成能力

日本在介護保險實施後，照護支援專門員（care manager），類似台灣的長期照顧管理中心的「照顧管理專員」，也有一人開30案的規定，若有超過的情形，可以接案，但政府補助減少，以降care manager超量接案造成服務品質下降的負面影響。因此在設計此模組之服務量的同時，除依照專案督導多年經驗評核一人可接受的服務量之外，亦參酌考量日本介護保險制度下之設計。

　　業務之達成需要努力和衝勁，年度計畫中之營業額規劃，是年度預算書中一項很重要的指標。客戶開發過量或服務員人力不足，會造成中心營運上的壓力，客戶開發可以從社區、轉介到口耳相傳而來。客戶關係之建立，對客訴處理及風險管理，具有輔助的效果。

　　升遷管道的建立，是管理階層中不可或缺的必備制度，這個規劃是一種獎勵，也巨大影響著內部管理。職務的提高是工作價值提升的助力，當需求被滿足時，工作效率提升，許多問題也隨之化解。**圖**9-1是迦勒中心的升遷職務設計，從第一線的健康引導員、健康照顧員、健康照顧師到健康規劃師，其中包括獎勵制度、考核制度、升遷制度及個人生涯規劃發展。人才培育需規劃升遷制度，培養就業者一個遠景及服務價值所在。

圖9-1　升遷職務設計

資料來源：伊甸基金會附設迦勒居家照顧服務中心之升遷制度。

　　引導老人身心靈健康之長期照顧服務是未來的趨勢，督導應本著組織的願景和使命，來達成年度目標及績效。以伊甸基金會附設迦勒居家照顧服務中心為例，其特色為「迦勒中心本著雙福的精神，增加就業機會，訓練健康引導人員，提供社區居家服務，讓被照顧者得到最適切、最貼心的身心靈健康照顧服務」。具備領導管理特質的督導，要將組織持續不斷地改進，並建立SOP作業服務流程，確實進行個人及組織的在職訓練。成功適任的督導人才，在管理上是一個領導者，在生活中是一位健康管理者，在生命的成長上，是學習實踐者。

二、領導的特質

　　每一個人都想要成為主管,但並非每一個人都具備領導的品格,因此,人才篩選的前提,是找到一個具有盡本份、展現於外的特質,以及領導者的實力,亦即成為才德兼備的賢者(陳亦苓譯,2014)。而主管應建立新的經營理念與領導風格,而非威權式的領導。以下分述領導的特質、領導者展現於外的特質、領導者成為才德兼備賢者的實力、領導者的內在特質。

(一)領導的特質

　　圖9-2顯示一個人的領導的特質,當一個領導者之前,是一個全力以赴、盡力而為的員工,他就具備了領導者盡本份的特質。反之,若一個人愛計較、愛找人競爭,及想法容易被他人影響,則無法成為優秀的領導者(陳亦苓譯,2014)。在許多社團或志工隊裡,我們常常看到許多人無私付出的精神,不為自己的榮耀,而是為成全大我,凡事盡心盡力盡本份,為人和善且樂善好施,這樣的人具備了領導者的特質。

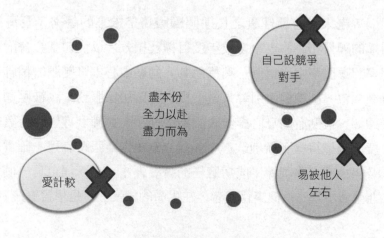

圖9-2　領導的特質

(二)領導者展現於外的特質

當一個領導者之前，是一個有智慧、身心靈健康、充滿正義感、冷靜沉著、有魅力、安靜不顯眼，則具備了領導者展現於外的特質（陳亦苓譯，2014）。才德兼備的賢者，必擁有赤子之心，所謂「德」是品德，「才」是專業技術（圖9-3）。

圖9-3　領導者展現於外的特質

(三)領導者的內在特質

領導者的內在特質是溫柔，且擁有仁慈的內心，穩重且有冷靜的熱情。在工作崗位，員工願意跟他一起築夢，與他人的連結上，他可以成為讓別人開心的人，願意付出，因為他的終極目標，是付出的對象越多，就越感幸福（陳亦苓譯，2014）。所以領導者的內在特質包括熱情、穩重、有夢、讓人開心和願意付出。

想法、行動、習慣、性格、命運，這五個改變行動步驟（圖9-4），可以激發一個人養成領導者的實力（陳亦苓譯，2014）。習慣的養成，可以影響一個人的命運、健康及生活。因此，任何人都可以用此五步驟來協助自己，成為更好的領導管理者。

圖9-4　五種改變行動步驟

三、從非營利組織看管理

　　以非營利組織伊甸基金會為例來看管理，可以從其設立之宗旨、策略原則及服務目的，看出其中管理的定義及設立之初衷。伊甸基金會的宗旨是「服務弱勢、見證基督、推動雙福、領人歸主」，這十六字是一氣呵成，可以從中完整看出基金會的服務對象、服務本質、策略原則及服務目的，其個別說明如下：

(一)服務對象

　　「服務弱勢」：意味著不只身障者，還包含了老人、新移民等弱勢族群。以提升身心靈健康為出發點，所提供的服務，讓身體殘缺的人，在心裡站起來且變得更堅強。

(二)服務本質

　　「見證基督」：服務要做得好，是要把神美好的生命、樣式活出來，真正的服務弱勢。服務需要幫助的身心障礙者或疾病患者，把心裡軟弱的人，藉由服務，帶給他們生命延續的意義，和志工一樣，成為點亮人心的人。

(三)策略原則

　　「推動雙福」：透過推動福利，將最大的福利，就是福音，帶給被服務的弱勢者。創辦人劉俠常說：「藉由善行讓人們看見基督的生命」，所以，以雙福為基礎所推行的各項工作，是伊甸服務弱勢的策略。2016年由伊甸基金會和雙福學院、平安基金會等單位合辦的「苦難神學研討會」，訓練大家如何在工作上提供服務的同時，讓關懷弱勢的觀點，放在許多我們看不到的身障者的需要。

(四)服務目的

「領人歸主」：伊甸的核心使命，即是領人相信神，因為聖經上說：「外體雖然毀壞，內心卻是一天新似一天」，這句話鼓舞了許多身障者再次站立在大眾面前，勇敢的在社會上工作。伊甸服務的身障個案，部分是無法康復的對象，無論身心上都受到很多煎熬。他們從苦難中找出生存的價值，在服務中得到喜樂與感恩。很多時候我們只能幫他們延緩退化及維持他們的尊榮和尊嚴，讓他們知道，就算是一般人的肉體也是會老化，也會鏽壞，但在生命的過程中，要重視的是內在心靈是否一天比一天更新。

非營利組織和營利組織最大的相異處，是可以因服務社會而產生的虧缺，由社會捐款來補足。但近年來自籌款的來源，因經濟、環境等因素而縮減，如何管理非營利組織不至虧損，反而成為考量主管能力的其中一項工作。

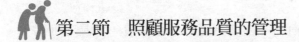

第二節　照顧服務品質的管理

近年來我國有關高齡者照護的議題，已經從早期追求照顧服務需求量的增加，轉為追求高齡者生活品質的提升。行政流程標準化及服務品質管理建置，整體環境清潔及安全的維護，照顧服務員之工作專業技能提升與專業團隊整合，並符合評鑑指標要求，都是照顧服務品質提升的影響因素。

一、照顧服務品質

從照顧服務品質的研究中，可以從不同的面相瞭解並發現工作人員與主管認知上的差異，管理者必須先瞭解團隊工作人員的主觀感受與經驗。以照顧服務品質之相關研究、環境對服務的影響、工作領域

專業度、護理品質指標監測及機構評鑑等四個方向之文獻，可以找到提升管理照顧服務品質的創新方法（陳美蘭、洪櫻純，2012）。

(一)照顧服務品質提升的面向

　　機構的品質確保應是行政、護理、社工及督考四大面向全面施行，品保系統運用在機構的品質提升方面，採用組織內部品質控管機制與外部品質控管機制兩種。內控機制方面，機構多為自行透過相關的品質管理方法，機構內可藉由內部成員自行組成委員會，來完成品質管理的目標，透過全面品質管理、SOP標準作業流程、品質保證、ISO9001、平衡計分卡及品質指標等品質管理技巧，監測並檢視組織內部結構面、過程面及結果面的品質，進而協助機構維護提升照護品質。因此，組織內成立運作良好的品質管理委員會是有其必要（張淑卿、許銘能、吳肖琪，2010）。

(二)環境對服務的影響

　　岡島重孝（1996）指出，創造合適的照顧環境，對長者而言，非常重要。舉例來說，住宅中的安全檢查、有效的照明設備、輕鬆移動的設計，配合症狀的移動方法及輔具，可使移動變得舒適的室內設計及空間、安全舒適的生活環境，容易且安全的離床設計，同時應注意室溫、濕度、換氣通風等。創造好環境的好處，對照服員而言，不僅減輕了照顧服務之勞累，亦可節省照顧時間，提升照顧品質。環境同時也具有實質的療癒效果（曾思瑜，2009）。隨著世界各國面臨人口高齡化的問題，建置無障礙生活環境、設置各項無障礙設施、重視無障礙空間設置法規，已經成為現今高齡社會不容忽視的問題（廖慧燕，2010）。

(三)工作領域專業度

　　陳麗津、林昱宏（2011）的研究顯示，照顧服務員應具備察覺

個案問題與協助個案解決問題的能力，並且能協助住民及機構處理突發事件、協助住民運用政府照護資源、關懷個案的活動及生活需求、會帶領並鼓勵住民自我執行簡單的生活自理活動。照顧服務員除了應提升其身體、心理及靈性層面的自我實現理念之外，強化工作職能，同時機構應持續提供系統性、知識性、實務性的在職教育訓練，以提升照顧服務員的工作能力與表現，進而強化照顧服務品質。老人養護機構照護服務提供者在長期工作壓力狀況中，其中在職訓練對心理面向會產生影響，換言之，專業技能越強，越可以面對工作上種種的挑戰，相形之下，來自工作的壓力較低（杜麗珍、林藍萍、林金定，2007）。

(四)護理品質指標監測及機構評鑑

醫策會引進醫療品質指標系統之後，照護品質逐漸受到重視。照護病人所產生的問題，可以視為是種檢視方法，也可指引品質改善的方向。機構品質指標監測（台灣長期照護專業協會，2009），以六大指標為操作方向。一個有效且可靠的評鑑系統及工具是政府用來確保機構服務品質的利器（李怡娟、王潔媛、唐久雯、郭懷婷、尹祚芊，2006）。以評鑑制度來看，評鑑的目的也是為了提升長期照護機構照護品質。加強機構環境設施設備之管理、住民專業照顧及機構行政運作等各層面完整之建置，政府應鼓勵及協助機構提升服務品質，以提供老人安全舒適的居住環境（劉台山、許麗雪、陳蕙婷、陳麗敏、吳佳芳、徐士淇，2006）。

個體生命韌性和長壽，都與諸多社會因素有關，其中還包括靈性信仰、社會參與、自我生命任務的承諾等，鼓勵高齡者重新自我評估並重建自信（吳淑娟，2012）。高齡者的韌性，小即行動復原力一旦提升，將對生命有所體悟，並將對個體生命意義，以正向積極的態度看待負面的事物，並幫助高齡者找回自我內在的力量。

二、從實證研究看照顧服務品質提升之影響因素

陳美蘭於2012年對長期照顧機構照護服務品質影響因素，所做之探討研究結果，依據質性資料分析研究方法進行分析，找出資料相通性，將受訪者之訪談內容，做進一步之歸納如下：

(一)就照顧服務品質來說

◆SOP作業流程

設立SOP作業系統，導入品管技巧，不斷地持續監測分析去改善行政缺失。長照機構若全依照經營者及主任的需求去設立工作流程，將導致機構行政只是為應付評鑑的紙上作業。

◆行政及督考

護理、行政及社工的督考，以及各式日報表、週報表、月報表、年度統計報表表單的建置與完成，年度自我考核表單的建置，會議的確實執行與檢討，外展服務的資源連結，創新服務的創意巧思與用心，短、中、長程目標設立及未來發展計畫的規劃。

(二)就環境對服務的影響來說

◆環境及安全設施

病人安全的維護，例如無障礙空間及設施的設立，動向的流暢度，照明採光度，防災計畫及演練的落實，水質檢測，環境及照顧護理用器具的消毒，紗窗紗門的設置，空間設計的溫馨感。

◆環境清潔及通風

環境不潔、消毒不確實及通風不良，導致不舒適，會影響工作人員的服務滿意度下降。

(三)就工作領域專業度來說

◆福利制度方面

1.工時：機構應確實落實勞基法工作時數。

2.薪資升遷制度：薪資結構不合理與工作量不成比例，也是現存的問題。

3.勞健保福利：福利及獎勵制度，應設立流程及確實執行，因福利獎勵會影響人員的穩定性。員工的定期體檢也算是一種福利。

4.人員配置及比例：照顧人力比例配置應照法規來做，有時因輪休、請假等因素造成其他工作人員的工作量增加，也會導致照護品質的降低。

◆工作人員方面

1.素質：專業技能的提升、工作人員在工作上的配合度、在職進修。

2.專業訓練：參加機構內外的在職訓練提升專業能力。

3.團隊合作：工作上分工公平性、交接紀錄的確實性、護理人員及照服員間的團隊合作、跨專業團隊的整合。

4.主管領導管理能力：主管的領導力及管理能力，升遷的公正公平性。

(四)就護理品質指標監測及機構評鑑來說

◆監測六大指標

評鑑項目中六大指標，包括跌倒、壓瘡、院內感染、非計畫性體重改變、約束、非計畫性轉全急性醫院住院，亦會影響服務品質的提升。

1.跌倒：身體無力或沒有適當使用約束工具，導致跌倒，完善的

安全設施可以避免跌倒風險的產生。

2.壓瘡：翻身的確實執行，有褥瘡傷口要注意傷口護理、紀錄及追蹤。

3.院內感染：感染物分類丟棄，疥瘡及皮膚感染病人照護上的隔離，肺炎或流感病人之緊急處理及隔離措施，新入住評估體檢及三天隔離，另外感控課程的訓練也是重要的一環。

4.非計畫性體重改變：定期量體重，注意**BMI**值變化，營養師的個人化膳食調整計畫及住民個人偏食習慣的導正。

5.約束：不當約束導致的身心傷害。

6.非計畫性轉至急性醫院住院：住民基本生命徵象的測量及記錄，依緊急事件的通報處理流程處理及登錄。

◆ 社工及住民福利

住民身心靈全人照顧的落實，社工對住民及家屬的關懷，每日團康活動的設計規劃、帶領及輔具的輔助申請，都是老人福利的範疇。

追求成功老化，是個人邁向人生最後階段的目標，機構應注重老人全方位全人的健康，包括生理、心理、社會、情緒、靈性等層面的幸福感（洪櫻純，1999）。「在宅老化」、「在地老化」雖在現今忙碌的社會中，執行上還有待努力，但是，將機構社區化，為老人把機構變成有家的感覺，機構的照顧服務品質提升，機構評鑑指標確實占有舉足輕重的地位。「用心，不是口號」，以各種評估為基礎，發展並找出改善服務品質的方法，來促進服務品質的提升，進而做到身心靈全人照顧的目標。若機構能將評鑑視為檢視自己機構內部問題的指標，將主管機關之訪查、督考，視為是機構自我提升的動力，而非為了通過評鑑而做，才是真正為提升服務品質而做。

行政流程標準化及服務品質管理建置，整體環境清潔及安全的維護，護理人員及照顧服務員之工作專業技能提升與專業團隊整合，行政、護理、社工及督考四面向符合評鑑指標要求，都是照顧服務品質

提升的影響因素。以質化研究找出實務經驗上產生的問題，為後續研究者找出未來的研究方向，包括設計改善方案，訂定改善計畫時程，降低負面影響因素，並藉由評估、調查、教育等多元管道，再次複核實施成效，破除老人所可能引發的不安與失落感（黃源協，2007）。長期照顧機構中，有關人的品質管理的改善，有更多後續研究者能延續此研究，相信對台灣長期照顧服務品質的提升，可以產生正面的影響。提升照服品質的議題，應藉由不斷的研究，得以延續發展，找出符合民眾期待的照護及健康促進計畫，實現在地成功老化的理念。

質性資料分析研究方法

一、質性研究

　　質化研究使用之方法包括觀察法，觀察組織中的各種影響照顧服務品質提升之相關因素，再與訪談分析架構結合，讓研究能提供有效的資料。為了增加資料真實的程度，研究者真正觀察到所希望觀察的，內含研究情境的控制，資料一致性及相異資料的收集，多元化資料來源及再驗證，共同參與討論，足夠的研究輔助工具。

　　另受訪者在原始資料所陳述的情感與經驗，也要謹慎地將訪談資料轉換成文字資料，使資料具轉換性。研究重視個人經驗的重要性與唯一性，提供資料的完整性可靠性。質性研究可以提供並顯示出社會現實狀況之深度及廣度的資料，也具備隨研究進展而演變的特性。

二、訪談方法

　　於資料收集過程，研究者在徵求其受訪者同意之後，對受訪者進行訪談，訪談期間先告知受訪者研究目的及研究主題，接著讓受訪者針對組織內及工作中，受訪者對提出問題，口述其個人看法。

在研究過程中，為保護研究參與者，受訪者姓名不公開，僅以代號例如ABCDEFGH來表示。

三、研究對象

　　研究對象、受訪之工作人員之性別、年齡、年資，以及工作組織之立案時間、地點都是。

四、研究限制

1.研究人數少，對於調查結果的解釋未必適用於其他機構。

2.研究礙於相關資源之限制，包括組織單位無法提供內部相關資料作為參考，且網路上無法搜尋到機構相關資料。

3.研究受到時間、人口、受訪人數的限制，無法針對所有機構做全盤之探討，僅限於提供給後續研究者做延續研究及組織單位有需求之參考。

五、資料處理法

1.資料收集方法：主要為觀察、錄製及訪談，其中包括觀察紀錄、轉譯分析、非結構式訪談。

2.資料的登錄方式：分析程序，將所收集到的資料分析並加以概念化，再以新的方式詮釋，將資料重新放在一起操作。資料分析的目的，是希望藉由質性分析之文字敘述來發現問題，進而找出改善方法。

3.資料分析方式：採用內容分析法，以開放方式分類，接著再編輯分析，且以本文和經驗之間來回檢視，經過不斷地檢視分析，加上實務經驗的融入和新的領悟，做成完整的分析，使研究能影射社會真實面。

資料來源：陳美蘭等（2012）。

學習與討論

學習題一、如何培養領導管理的能力。

學習題二、說明照顧服務品質管理的方法。

學習題三、如何用質性資料分析研究方法,在工作領域中找到研究方向,找到提升管理能力的方法。

參考文獻

台灣長期照護專業協會（2009）。《機構品質指標監測操作手冊》。台北市：台灣長期照護專業協會。

吳淑娟（2012）。〈韌性老化的新範疇——晚年的生命力與幸福感〉。《成人及終身教育》，38，54-56。

李怡娟、王潔媛、唐久雯、郭懷婷、尹祚芊（2006）。〈從機構負責人及專家的觀點來探討社區型態安養護機構評鑑項目〉。《實證護理》，2(3)，201-209。

杜麗珍、林藍萍、林金定（2007）。〈老人養護機構照護提供者工作壓力與健康初探〉。《台灣老人保健學刊》，3(2)，73-82。

岡島重孝（1996）。《家庭看護指引》。台北市：鍾郡出版社。

洪櫻純（1999）。《老人靈性健康之開展與模式探詢》。國立台灣師範大學社會教育學系博士論文。

張淑卿、許銘能、吳肖琪（2010）。〈台灣長期照護機構品質確保機制發展之趨勢〉。《長期照護雜誌》，14(2)，149-159。

陳亦苓譯（2014）。赤羽雄二著。《零秒思考力：全世界最簡單的腦力鍛鍊》。台北市：精誠資訊。

陳美蘭、洪櫻純（2012）。《長期照顧機構照護服務品質影響因素之探討——以8位工作人員觀點為例》。2012台灣新高齡社區健康發展學術研討會論文。

陳麗津、林昱宏（2011）。〈照顧服務員之工作能力初探〉。《崇仁學報》，5，2-24。

曾思瑜（2009）。〈美日兩國有關高齡者照護環境評估量表之比較分析〉。《建築學報》，69，191-210。

黃源協（2007）。〈破除長期照護機構住民的失落感——從服務品質談起〉。《長期照護雜誌》，11(2)，125-131。

廖慧燕（2010）。〈評鑑制度下老人福利機構無障礙環境現況與發展〉。《長期照護雜誌》，14(2)，137-147。

劉台山、許麗雪、陳蕙婷、陳麗敏、吳佳芳、徐士淇（2006）。〈台北市老人安養護暨長期照護機構評鑑制度修訂對中、小型機構經營者之影響——以人事、設備成本與空間設備成本為例〉。《台灣老人保健學刊》，2(1)，48-63。

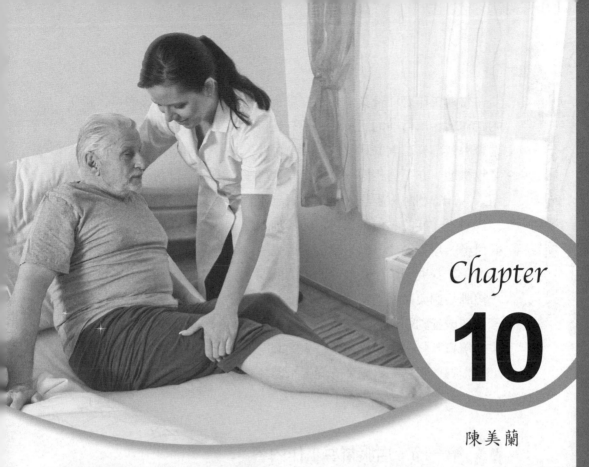

陳美蘭

督導工作實務

1.督導工作內容。

2.督導工作指導與服務品質。

　　督導工作是一份具備愛心、專業統合能力及領導特質者可以勝任的工作。台灣目前的居家督導多為執行政府補助案之人員配置，委外請督導或專業諮詢的單位較少，由民間人力仲介業者所做的居家服務業務樣態，亦不盡相同。督導及其上級主管，為非營利組織之專案經理人。非營利組織經理人，須面對志工管理及募款工作，與營利組織相比是不一樣的，但兩者擔負的基本責任一樣，都在擬定正確的策略與目標、培養人才、衡量績效、行銷組織所提供的服務（李田樹譯，2001）。探究長照產業目前面臨的問題，包括專業照顧人力不足，人才培訓規劃與體系尚待開發、目前各縣市普遍反應服務需求高於供給等，造成推動福利服務之困境（詹火生，2009）。這其中包括督導人才的培育及督導工作實務所衍生的問題。本章就督導工作內容及督導工作指導與服務品質兩個方向，來認識督導職務，及其能力養成的方法。

第一節　居服督導工作內容

　　居服督導工作含括接案、個案評估、媒合、家訪、結案等過程中之各項業務接洽及表單填寫的工作。居服督導是專案管理人員，管理者需具備技術能力、人際能力及策略能力。要做到一個主管，需具備誠實的品格，積極的活力，冒險的意願，判斷的能力，有求才、用才、留才的能力，有願景及遠見，具有創新及辦事能力（葉怡成，1996）。

　　督導功能即行政、教育與支持（劉軒麟，2013；Kadushin，1992）。督導工作單位提供社工人員清楚的工作脈絡，使其發展專長，並在工作中擴展實務知識，增進工作能力並達成工作目標（Kadushin & Harkness, 2002）。Hawkins和Shohet於1989年，將督導區分成四種類型（王文秀、李沁芬、謝淑敏、彭一芬譯，2003）：(1)師徒式督導：資深督導帶領並輔導資淺督導；(2)訓練式督導：教育訓練實習學生；(3)管

理式督導：主管與下屬；(4)諮詢式督導：有經驗的執業者，提供諮詢的外聘督導。

一、居服督導能力養成

找出培養督導人才的方法，需設定用人策略及培育計畫，且須具備管理者的經營理念。在台灣，要成為一個督導，已經不再受到畢業科系名稱是否具有社工員或社工師資格的限制。一位兼具45個社工學分，400小時專業實務實習者，加上有一年以上的照顧服務實務經驗，在社工領域裡，必然可以在居家服務領域展現自己的長才，勝任主管所交付的督導工作。社工、老服、護理、長照等相關科系畢業，且兼具實務經驗的居家服務督導（簡稱居服督導），其能力的養成，可以從用人策略、培育計畫及具備管理者的經營理念三部分來規劃。

相關科系畢業

老人福利服務專業人員資格及訓練辦法第六條修正條文，提到居家服務督導員資格。居家服務督導員應具下列資格之一（行政院公報資訊網，2012）。

一、領有社會工作師證照。

二、專科以上學校社會工作、醫學、護理、職能治療、物理治療、營養、藥學、公共衛生、老人照顧等相關系、所、學位學程、科畢業。

三、專科以上學校，非屬社會工作、醫學、護理、職能治療、物理治療、營養、藥學、公共衛生、老人照顧相關系、所、學位學程、科畢業，具專門職業及技術人員高等考試社會工作師考試應考資格，且具一年以上老人、身心障礙者福利或照顧服務相關工作經驗。

四、高中（職）學校護理、老人照顧等相關科、組畢業，且具
　　三年以上老人、身心障礙者福利或照顧服務相關工作經
　　驗。

五、曾專職或專任照顧服務員滿五年以上。

六、領有居家服務督導員職前訓練結業證明書。

(一)用人策略

　　當一個成功的督導，在與個案相處及替其處理狀況時，不僅要願意，有能力，且真心地去瞭解。我們任何一個人，都努力地在認識、瞭解身旁的人，而身為居服督導，也用同樣的心思去面對個案與服務員，才能成為一個合適的督導人選。《看護人》（*The Caregiver*）是決定未來的十種人，其中與老人相關的，最佳的看護人會散發出能力與信心，其專業讓人感到放心。看護人花很大的時間，瞭解每一個客人，給予最好的照顧，滿足客戶的照顧需求，提供備受禮遇且具有人情味、親切的服務，成為被照顧者的益友。最重要的是，仔細注意客戶需要什麼（林茂昌譯，2008）。照顧者提供服務，被照顧者提出滿意度，因此，選擇督導人才，要從照顧服務員中選出，具備照顧服務實務經驗者，在處理工作上客戶與服務員兩方之調節溝通上，才有經驗值可作判斷處理。

　　只有學習者在對事物注意時，做適度的引導。讓教育在生活中化為無形，學習者的身心會無限延伸與開發。群體互動、靜心的觀看與學習、做該做的事。瞭解人與人相處，像自然界其他生物一樣，只要是不同的個體，一定有愛恨與情愁，喜悅與悲傷，和諧與爭鬥，我們必須學會不加任何批判的接受這些真實面，在人群中也是（沈振中，2004），當我們學會與大自然和諧共存，體會生活層面中的身心靈健康面向，就更能在督導的工作上，突破自己的障礙。因為溝通協

調中，往往須將客戶的抱怨消弭，將服務員的負面情緒轉正，是一門很深的學問，卻可以用適度的引導，讓雙方都可以得到內心壓力的抒解。

(二)培育計畫

主管應讓新進服務人員明白他的責任，他需要新的做事方法，承接新的工作重點，面對不同的工作關係，讓他們在服務中獲得成就感。接著，訓練，訓練，再訓練，協助有心及有能力升遷的員工，在工作職務價值的提升中，完成自我生涯規劃及單位之人才培育計畫。以下從信念建立、應變能力的養成、獎勵制度及人才培育，來探討人才培育過程中的影響因素及所需之元素。

◆信念建立

自我約束或稱為自律，是工作上必須且十分重要的一項能力，因此需把自律變成一種組織習慣。在成為專業督導之前，應先自問以下四個問題，建立正確積極的服務信念。

1.我的專長是什麼？
2.我可以做些什麼？
3.我的服務信念是什麼？
4.我所應努力的方向？

◆應變能力的養成

具有養成應變能力，又稱為具有零秒思考力，就是具有立即掌握現況的能力，可立即釐清問題，有立即想出解決方案並可以立即決定採取何種行動的能力，應變的時候，管理者猶豫困惑的時間為零秒。因為平常就在思考相關的問題，就能在瞬間湧出靈感，並瞬間想出應變對策，比較優缺點後，立即採取行動。同時快速收集資訊，考量整體情況，建立替代方案，研究比較且下決定後全力執行（陳亦苓譯，

2014）。而身為一個督導，應時常對自己提問以下六個問題。

1.我應該如何對待服務人員。

2.工作人員對我有何期待。

3.當風險產生時，我該如何應變，減低客訴率。

4.當服務合約簽立時，我該如何引導員工提升服務品質。

5.在組織中我能做些什麼。

6.我要如何規劃短、中、長程目標。

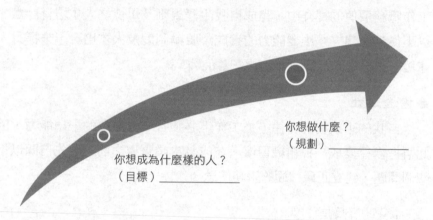

你想做什麼？
（規劃）＿＿＿＿＿＿＿＿

你想成為什麼樣的人？
（目標）＿＿＿＿＿＿＿＿

◆ 獎勵制度

　　獎勵能提升工作能力，適度的獎勵可以讓員工知道，他們做得很好。獎勵包括定期與不定期升遷制度、定期與不定期的優良服務獎、提供專業技能之知識資訊補充管道、給予專業工具的補助、協助政府獎勵僱用津貼的申請等。獎勵與獎金不同，在非營利組織裡，獎勵是需要考核評比並加以表揚，獎金屬於佣金發放，不適用在非營利組織之獎勵制度設計。

◆ 人才培育

　　在照顧服務產業裡，人力的投入比率，以一個90小時照顧服務員結業班級來看，只占不到一個結業班級的5～10個百分比，而人力的流

失率也是居高不下。人才培育計畫可以從人力來源、專業培力、行政文書、人才培育、專案規劃、建立系統六個面向去探討，特別是在領導品格的觀察，可以幫助單位找到合適的人選。

1. 人力來源：照顧服務人力的來源，有多元的管道，包括90小時以上的結業學員、政府人才庫的轉介、老人服務等相關科系學生、中高齡失業婦女、銀髮就業人力、退輔會轉介等。當就業徵才成為主力時，也同時為政府失業率的降低，增加暸解決之道。

2. 專業培力：專業能力的養成，除了在學校的實習安排、在機構的學習之外，就業單位也應有一套規劃完備的專業訓練課程。在培力的同時，也讓主管與員工多了一次溝通的時間。專業能力會因案主、員工能力之不同，而有不同的培力方式。

3. 行政文書：對學生而言，行政文書能力方面，打字速度很快，但是組織統合表單的能力較弱，主管需要提供參考文書處理模式，學生會依照表單，產出工作所需。而對於中高齡婦女而言，行政文書為其弱項。因此要建立其自信之首要工作，亦是一對一引導，使其生出自信心來突破障礙。

4. 人才培育：要養成一個督導人才，需要至少一年的時間。當設定人才人選後，應積極主動給予各項必要之協助，例如從評估到簽約、從提供服務到帶領新人、從被動規劃到主動執行、從行政布達到溝通協調等，都是訓練過程中很重要的學習規劃。

5. 專案規劃：為專案做計畫，設定工作目標及工作產出，是一年中最重要的預算計畫撰寫指標及指導原則，引導一個單位在工作上及營運上，有方向感及使命感。每年為專案特定目標，以作為主管督考的指導方向。一般來說，居家照顧服務專案管理主要分成三個部分，包括個案管理、人員管理和行政業務，圖10-1中，清楚說明主管與督導的權責分配，主管管理事，主要

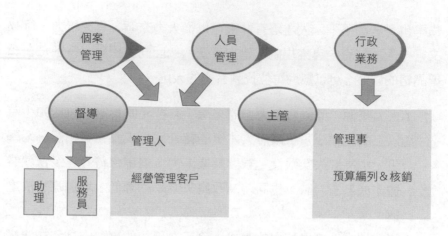

圖10-1　居家照顧服務專案管理

是跟預算編列及核銷有關的行政業務。而督導管理人，主要在處理個案管理中之經營管理客戶的部分，以及人員管理中之輔導管理助理與服務員的工作。

產學合作，或是人員的訓練等。教育訓練的安排，是訓練督導人才的第一個重要工作，在一個小時的教育訓練中，訓練參與之工作人員組織能力及規劃能力，甚至可以訓練表達能力等。從**表10-1**的教育訓練專案規劃與執行，清楚瞭解流程及時間的掌控，也可以用此表開展設計出標準作業流程。

6.建立系統：建立系統意即建立模組，模組下有權責歸屬及工作分配。另有薪資、福利等條件之規劃。每一個工作小組，都設有督導一人，以日本為例，一位照護支援專門員，可以管理三十個個案，超過數量立即降低補助，讓服務及管理更落實也更確實。日本介護保險制度下所產生的照護管理（care management）及系統建立，是亞洲國家可以借鏡的老人服務模組。

表10-1 教育訓練專案規劃與執行

時間	流程
11:00～11:30	準備便當、布置現場（投影機、電腦架設好、確認椅子數量）。 門口外的桌子擺設好（把簽到表、講義放在桌上）。 工作人員先用餐完畢。
11:30～12:00	長官、講師、員工陸續進場。 學員進會場先在門口簽到、拿講義及問卷、領便當。 員工於簽到時需領取下個月要用的表單。
12:00～13:00	講師講課。工作人員協助拍照及錄影。 Q&A。
13:00～13:30	整理場地。

(三)具備管理者的經營理念

自我管理裡面，包括時間管理、壓力管理、生涯規劃，這其中，壓力管理是很困難，但將壓力變助力而非阻力，在工作時才會快樂（葉怡成，1996）。督導須具備管理者的經營理念，參酌國外照顧經驗，設定年度工作目標，來完成年度工作。

◆借鏡國外管理者經驗

日本的小規模多機能，又稱為「通所介護」，執行已經數年，通所介護管理者提到，日本也正在經歷照顧人力短缺的問題，因此，只要是有愛心、願意投入長期照顧產業的人力，不論是有證照（日本稱為caregiver）、無證照（日本稱為helper），都是人力招募的來源。特別是銀髮人力，為失智老人的交通接送，補充人力不足的部分。長照個管師，在日本稱為照護支援專門員（care manager），轉介個案給通所介護管理者，而管理者以經營小型老人托顧中心的模式，提供日間照顧、喘息服務和夜間寄宿。管理者指出，因為提供用心的服務，案主家屬口耳相傳，所以即使沒有轉介個案，人數就已經額滿。但是也不是每個人都能成功經營小規模多機能模式的機構，因經營不善而關閉的也不少。管理者認為她最成功的一點，是她會在帶案主回家的時

候,花一些時間與案主家屬溝通互動,讓家屬對她和機構放心,同時家屬也可以從案主快樂的笑容,感受到長輩對機構滿意的程度。

◆管理者的工作目標

管理階層人員有其社會責任,應在社區扮演更積極參與的角色及工作,多花時間參與社區活動,提供社區資源連結服務。一些最有效的高階經理人,採取一個動作,要求基層經理人,每一年寫兩封給經理的信,說明他所理解的上司給的工作目標,和他自己的工作目標,列出他認為適合他的績效標準,再者,為實現工作目標,他必須完成的工作為何,並提出對工作單位現存障礙的看法,上司和工作單位在哪些地方對他有幫助,哪些方面工作單位的做法或規定對他形成障礙,並描述下一年工作要點(李田樹譯,2001)。這個做法可以延伸應用到督導的管理上面,包括:

1. 說明你所理解的上司給的「工作目標」。
2. 做出相對應的「工作產出」項目表。
3. 和主管討論適合你且可達成的績效標準。
4. 做出工作報告,例如「季報告」、「結案報告」。
5. 在報告中提出對現存工作問題的看法,並提出改善計畫,必要時,要有接受外人建議的需要。例如以顧問諮詢者的角度提供專業建議,或設立管理模組,一方面協助組織更瞭解其所存在的問題,一方面解決組織過度優化的制度所產生的阻力及產生創新的能力。

二、督導管理能力提升

居家照顧服務的管理層面中,管理者領導特質可以從領導管理能力中培養,以及照顧服務品質管理能力的增進及創新中提升。領導能力的培養,除了管理能力之外,還要從「服務缺口」看服務品質提升

的影響因素和居家服務督導管理能力提升的方法。

從「服務缺口」看服務品質提升的影響因素

服務品質和服務缺口是一體兩面，茲從服務缺口看服務品質提升的影響因素。所謂的服務缺口，是以顧客就其本身對服務之期望及其對服務結果之實際感受，兩者間之差距來衡量服務品質的好壞。

◆循環改善規劃

以下設計居家服務員自評**表10-2**，每題用1～10分來表達服務員對自己所提供的服務的專業度及用心程度，當服務員用此表自我評估時，同時也在檢視自己所提供的服務的缺口，將所發現的問題，一一檢視再做循環改善規劃，對服務品質提升，有正面的影響。居服督導也可以藉由此表，與第一線服務人員個督（個別督導輔導諮詢及檢視工作進度），提高單位服務滿意度。

管理失敗的主要原因，通常就是沒有創新的方案與定期更新的作業流程。有效的管理，其任務就是要讓員工有效發揮其專長及優勢，

表10-2　居家服務員自評表

□服務人員的儀表穿著得體＿＿＿＿ 　（穿著、談吐等）	□樂於協助顧客＿＿＿＿ 　（早到、晚退等）
□顧客所遭遇問題，能表現關心並提供協助＿＿＿＿ 　（多一份關心與思考、當下解決事情的能力等）	□服務人員是可信賴的，顧客感到安心＿＿＿＿ 　（把顧客當成家人、適時提供協助等）
□員工知道顧客特殊的需求＿＿＿＿ 　（提供客製化的服務內容、專業技能的增進等）	□由衷為顧客某求最大福利＿＿＿＿ 　（發自內心的幫助他等）
□提供適當的服務＿＿＿＿ 　（找到合適的照顧方法等）	□將服務相關的紀錄正確地保存＿＿＿＿ 　（認真撰寫工作紀錄及改善計畫等）
□追求專業成長與協助單位達成目標＿＿＿＿	□其他表現優異之處＿＿＿＿ 　請說明＿＿＿＿＿＿＿＿＿＿
總分為＿＿＿＿分（評分方式為每格1分，最多10分）	

將缺失減少，風險降至最低，共同做出工作目標及工作產出。

　　以需求理論來看工作，除了要讓員工滿足，包括工作環境和薪資、組織等，安心、和諧的工作環境，受到肯定的氛圍，升遷的發揮才能，才能達到自我實現（葉怡成，1996）。

◆ 檢視服務缺口

　　圖10-2服務缺口檢視圖顯示，顧客（以下稱案主或付費者）因個人服務需求，尋找服務提供者，以過去經驗及口碑溝通，對服務產生既定想法的期待。而服務提供者端，藉由管理者對案主或付費者期望的認知，轉變成服務及服務品質規格，提供服務的過程中，與案主或

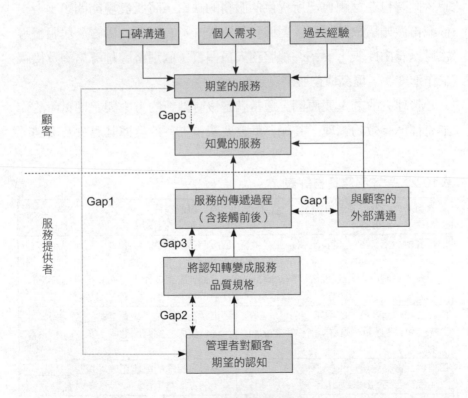

圖10-2　服務缺口檢視

資料來源：Service quality model. Parasuraman, by A., Zeithaml, V. A., & Berry, L. L., 1985. *Journal of Marketing, 49* (1), 44.

付費者的溝通與服務更新，提供更符合案主需求與期待的照顧流程，當期望服務與知覺服務對等，或更高之時，滿意度調查表所顯示的滿意度統計分數，是團隊表現呈現的最佳證明。

◆滿意度調查與客訴處理

滿意度是數字呈現工作狀況的方法，在居服工作中，滿意度呈現分成兩個層面，一方是客戶與服務員間的服務輸送過程中，所產生與呈現的期待值，一方是服務員與督導間管理領導雙向溝通所產生與呈現的期待值。**圖10-3**說明客戶滿意度與服務輸送關係，**圖10-4**說明客戶滿意度與雙向溝通關係。

以下題目可以提供給服務員反思，個人在服務的期間，最讓客戶滿意的服務有哪些？服務的過程中，是否曾經被客戶投訴過？每次新接案的服務提供過程中，用一些反思題來提醒自己的服務，是否讓

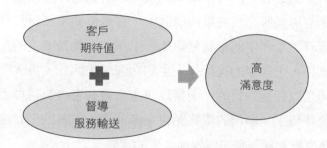

圖10-3 客戶滿意度與服務輸送關係

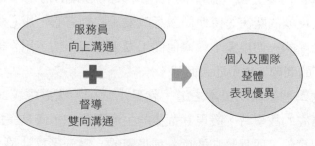

圖10-4 客戶滿意度與雙向溝通關係

客戶滿意，在與督導的單向溝通中，瞭解自己不足的部分，經由督導的個督、單位的教育訓練課程、外部的專業知識吸收，這些溝通與互動，學習與反思，是提升服務員滿意度、降低客訴為零的最佳利器。

一個企業的成績，是滿意的客戶，追求滿足市場需求之最適化，提供客製化之服務，照顧服務業的行銷中，顧客付錢是為了要滿足他們的照顧服務需要。相同地，一個居家服務單位，不是注重營收，而是服務過程中，客戶與案主的直接感受、員工的成就與薪資獎勵、單位主管的正確方向指引和組織對外整體的滿意度。客戶願意出錢購買服務，希望購買什麼服務，需求將成長到多大規模。

◆ 服務熱忱與生命意義的連結

服務是需要熱忱的，特別是照顧服務，這項工作既與專業技能連結，又與志願服務的目標一致，初衷都是在協助別人的過程中，瞭解自己人生的意義，同時學習規劃人生，培養退休後興趣，提升身心靈健康。督導與服務員的單向溝通中，督導協助服務員瞭解，當工作遇到挫折時，工作中的福利是福氣，工作的獎勵是案主的良好互動與健康的維持，工作中的挫折是人生的功課。也因此，投入照顧服務產業，不再是以營利為目的，而是以讓生命更有意義為目標而做。當服務員心態轉變了，服務的困難點會漸漸消除，服務的滿意度會漸漸提升，你將發掘照顧服務工作對你人生的意義。

透過對不同個案與服務員的瞭解與關照，督導才能從觀察紀錄，提升至真實的看見每一個不同的個案與服務員的需求，進而因有連結，投入長期的關注，使他們願意改變。我們有心、用心瞭解個案及服務員承受的一切現象，教導他們用愛來包容一切，用喜樂的心面對許多當下的問題，也會迎刃而解。

萬物學習生命的根本之道，就是「愛」，沈振中（2004）在觀察記錄老鷹的故事時，發現其背後的生命課題，不僅是發揮生命最大的價值與意義，而且是在進行一種集體的心靈分享及默契共振下，發

展出共同的、美好的、值得被學習的集體意識和集體行為。他感受到透過每一年重新檢查、確認關係的狀態，然後和諧，合一，共振，共融，就可以趨向美好，這是他在老鷹身上學習到的課題。當我們體會到每個生命之所以出現在我們的生命歷程中，必然有著某種整體的意義時，我們在照顧的領域裡，思考事情的層次也會跟著改變。從這個觀察記錄學習裡，我們體會到督導工作與生命意義的連結。

三、督導工作流程

　　督導每月工作流程分成月初、月中和月底三個階段的工作流程，另外還包括其他工作流程。月初主要是做結帳和上月報告結案作業。月中主要是籌備教育訓練及工作中的問題解決和記錄。月底主要做本月檢討報告、輔導工作記錄、家訪記錄、營收追蹤、教育訓練與下月工作計畫及工作方向規劃。

(一)居服督導工作

◆月初

　　1.結帳。
　　2.報告上月工作狀況。

◆月中

　　1.訓練規劃。
　　2.服務問題解決。

◆月底

　　1.檢討報告。
　　2.輔導記錄。
　　3.家訪記錄。
　　4.營收追蹤。

5.教育訓練。

6.次月工作計畫及工作方向規劃。

◆ 其他工作流程

1.需求評估及簽約。

2.服務中客訴處理之工作流程。

3.服務結案之工作流程。

4.交接之工作流程。

5.任用之工作流程。

6.離職之工作流程。

7.簽約之工作流程。

8.需求評估之工作流程。

(二)從照顧服務流程看居服督導工作

從照顧服務流程來看居服督導工作，包括接案前面試、服務開始、配合家訪、簽到結算和結案分析五大項（圖10-5）。而從開案到付款，從檢視滿意度到結案，一系列的工作表單，讓督導的工作顯得繁瑣。如何簡化行政作業流程，增加人與人之間的互動，加強人員服務過程中的訓練，是未來十年內，長照保險實施後，應重點改善的部分。

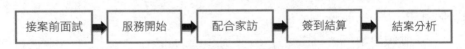

圖10-5　居服督導工作流程

第二節　督導工作指導與服務品質

Middleman和Rhodes在1985年提出，督導應具有教化、緊張處理、媒合、教導、生涯、社會化、評估、行政、改變以及倡導等功能。居

家服務督導具有調節功能，包括適時出面處理案主或家屬對服務的意見，協調案主與服務員間的糾紛，協調工作安排，協助服務員與機構衝突問題，協調服務員間的問題（蘇群芳，2013）。

一、督導工作指導

督導工作包括行政文書及業務開拓，行政文書表單在記錄及評量各項工作的執行過程。而督導工作指導，則涵蓋助理的培訓及居服督導員的訓練。主要考核項目包括服務員工作表現、督導工作表現和業務開發與創新表現。培訓的內容包括如何輔導服務員、如何管理照顧服務員、派任原則、照顧服務員工作問題處理、工作記錄、用月檢討報告來開展改善計畫。

(一)督導工作自我評估及檢討改善計畫

護理品質改善的理念，是系統思考探索照護品質上的問題，改善並提升工作效率，正確運用顧客關係管理，確認病人需求及期待，加以滿足。護理品質改善步驟，可以從收集不良現況資料，分析，找出原因，主管授權組成改善小組，運用戴明管理循環，作為專案改善的架構（許煌澤，2012）。**表10-3**之督導考核表中有十二項考評項目，提供居家服務督導能力提升的指標。

(二)居家服務員輔導模式

居家服務員從開始服務，就是一個新案的承接與責任，對單位來說，降低風險及提升品質是兩大焦點。照顧服務品質提升的方法可以從健康管理及改善照顧計畫著手，降低風險則考驗單位主管的向心力、責任心、處理問題的速度及流程、人員的篩選及訓練、實務經驗等。

表10-3　督導考核表

No.	自評項目	分數
1	工作專業度	
2	工作態度	
3	報表完成效率	
4	與居服員互動表現	
5	輔導居服員的狀況	
6	工作達成率	
7	與主管互動表現	
8	與行政人員互動表現	
9	與案主／家屬互動表現	
10	工作壓力的調適	
11	管理能力的再造	
12	創新能力的突破	
平均分數		

資料來源：伊甸基金會附設迦勒居家照顧服務中心。

二、照顧服務品質提升的方法

　　督導最重要的工作之一，在提升服務員服務品質。服務員對案主除了身體照顧，還包括心理、社會、靈性及全人照顧，單位所提供的教育訓練，都應含括案主生理、心理、社會、靈性各涵蓋面的照顧技巧，以提升對案主的照顧服務品質，達到全人整體健康的終極目標。

(一)從健康管理著手

　　居家照顧服務品質，可以從健康管理和服務缺口兩個面向，找到問題點及服務品質提升的方法。健康管理的部分，服務員需先具備自我管理的能力，督導可以從服務員目前的身心靈健康狀態，去做一個改善計畫。你健康嗎？你的身體狀態、飲食狀態、睡眠狀態和心理狀態，用1～10分來評估，有超過7分以上嗎？用此評估分數，來檢視健康狀況改善及提升程度。

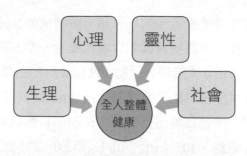

圖10-6 照顧服務教育訓練的涵蓋面

照顧跟照護雖一字之差，卻有環境、參與人員、實際執行工作等差別。以下就照顧服務品質提升及身心靈健康提升之相關研究來探討健康管理。**圖10-6**為照顧服務教育訓練的涵蓋面。

◆照顧服務品質提升之相關研究

照顧服務訓練，已經從早期的身體照顧，進而轉為專業照顧及健康引導，例如從運動和飲食著手改變體質。這一兩年，隨著養生議題成為熱門話題，以身心靈健康提升為導向的照顧，成為老人服務事業的新興趨勢（陳美蘭，2014）。

身障者在老化過程中，會出現多樣性的改變，即使尚未面臨失智症的困擾，但仍有社會適應及認知功能下降的狀況（Tsao, Kindelberger, Freminville, Touraine & Bussy, 2015）。因此，督導應從生理、心理及靈性健康中，找出對案主照顧服務品質提升的元素。

(二)改善照顧計畫

醫護中將照護分成三段五級，而照顧服務中，日本分成五層級，台灣居家照顧自分成三層級。日本以失能失智的評估，將案主分別送至康復之家，在富士山腳下的溫泉醫療醫院附設的老人保健之家，是病患回家前的中繼站，溫泉水療是一項研究計畫，也是吸引病人入住的誘因。而前述之小規模多機能通所介護，care manager 也以五級來區分是否得到介護保險的補助。以入住一天日幣五千元來說，案主只要

自付10%，也就是日幣五百元的日付額，而其他90%則由介護保險支付。但相對民眾在工作時所負擔的介護保險金，亦占薪資中相當重的比例。台灣居家服務分成陪伴、行動不便和重症。台灣直至民國106年前，沒有與介護保險相同的長照保險，而居家政府補助案，為長期照顧管理中心承辦，多為民眾自行申請，長照中心派員評估後，分案到各得標單位執行業務。105年所發布的長照2.0，將照顧服務社區化，

三段五級

衛生福利部國民健康署提供之疾病篩檢基本概念中提到公共衛生之三段五級預防（陳立昇，2005）。

促進健康				
衛生教育 適宜營養攝取 注意個性發展 提供合適工作 婚姻座談與性教育 遺傳優生保健 定期健康檢查	特殊保護			
	實施預防注射 健全生活習慣 改進環境衛生 避免職業危害 預防事故傷害 攝取特殊營養 去除致癌物質 慎防過敏來源	早期診斷 早期治療		
		找尋病例 篩選檢定 特殊體檢 目的 治療和預防疾病惡化 避免疾病的蔓延 避免併發和續發症 縮短殘障時間	限制殘障 適當治療以遏止疾病的惡化並避免進一步的併發和續發疾病 提供限制殘障和避免死亡設備	復健 心理、生理各職能的復健 提供適宜的復健醫院、設備和就業機會 醫院的工作治療 療養院的長期照護
第一級健康	第二級健康	第三級健康	第四級健康	第五級健康
初段預防 健康促進		次段預防 疾病篩檢	參段預防 癌症或慢性病照護	

且普及至需失能照顧的一般民眾，而日本現階段已經開始研討2050年百歲人口的介護預防，相較之下，台灣之長照應開始做長期的規劃。

照顧計畫十分重要，健康引導（health guide）是未來趨勢，引導照顧者及被照顧者方向與指標，老人健康管理包括（陳美蘭，2015）：

1.生理健康管理：

(1)簡易基本生命徵象測量值記錄表。

(2)用藥記錄表。

(3)就醫記錄表（醫師聯絡簿）。

2.運動健康管理。

3.飲食健康管理。

4.身心靈健康管理：

(1)從疾病預防提升生理健康照顧管理。

(2)從老化認知提升心理健康照顧管理。

(3)生活化的靈性健康照顧管理。

台灣人口老化趨勢快速，導致長期照護需求與日俱增。照顧服務品質提升，一直是居家照顧服務中的策略方向。因此在居家照顧服務的發展上，如何提升照顧服務品質，提升其身心靈健康，是居家照顧服務的重要課題。督導工作是照顧服務領域其中一環，組織如何將督導工作順利運作，才有辦法達到單位年度目標及效能。

學習與討論

學習題一、提出你的健康管理改善計畫。

學習題二、當服務員提供服務時，讓客戶最滿意的服務會有哪些？
　　　　　短期內我要如何提升服務員的服務品質及專業能力。

學習題三、你目前的工作對你的人生有意義嗎？請說明。

參考文獻

王文秀、李沁芬、謝淑敏、彭一芬譯（2003）。Peter Hawkins & Robin Shohet著。《助人專業督導》。台北市：學富文化。

行政院公報資訊網（2012）。〈居家服務督導員資格〉。資料來源取自 http://gazette.nat.gov.tw/EG_FileManager/eguploadpub/eg018187/ch02/type1/gov10/num1/Eg.htm

李田樹譯（2001）。Peter F. Drucker著。《杜拉克精選：管理篇》。台北市：天下文化。

沈振中（2004）。《尋找失落的老鷹》。台中市：晨星。

林茂昌譯（2008）。Tom Kelley & Jonathan Littman著。《決定未來的10種人》。台北市：大塊文化。

許煌澤（2012）。《護理品質管理：理論與實務》。台北市：華杏。

陳立昇（2005）。〈三段五級預防〉。資料來源取自衛生福利部國民健康署，http://www.hpa.gov.tw/Bhpnet/Web/Search/googlesearch.aspx?q=%e4%b8%89%e6%ae%b5%e4%ba%94%e7%b4%9a

陳亦苓譯（2014）。赤羽雄二著。《零秒思考力：全世界最簡單的腦力鍛鍊》。台北市：精誠資訊。

陳美蘭（2014）。《長期照顧機構照護服務品質影響因素之探討——以8位工作人員觀點為例》。2012年台灣新高齡社區健康發展學術研討會論文。

陳美蘭（2015）。《老人居家健康照顧手冊》。新北市：揚智。

葉怡成（1996）。《管理學：21世紀的台灣觀點》。台中市：滄海。

詹火生（2009）。〈因應長期照護保險法制規劃檢視「我國長期照顧十年計畫」成效及發展方向〉。行政院經濟建設委員會。

劉軒麟（2013）。《台北市居家服務督導員受督需要之研究》。私立輔仁大學社會工作學系碩士論文。

蘇群芳（2013）。《由居家服務督導與照顧服務員角度探討居家服務督導的督導功能及滿意度——以大台南市為例》。國立成功大學醫學院老年學研究所碩士學位論文。

Kadushin, A., & Harkness, D. (2002). *Supervision in Social Work* (4th ed.). New

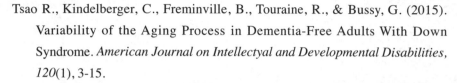

York: Columbia University Press.

Kadushin, A. (1992). *Supervision in Social Work* (3rd ed.). New York: Columbia University Press.

Tsao R., Kindelberger, C., Freminville, B., Touraine, R., & Bussy, G. (2015). Variability of the Aging Process in Dementia-Free Adults With Down Syndrome. *American Journal on Intellectyal and Developmental Disabilities, 120*(1), 3-15.

第三篇

長青照顧

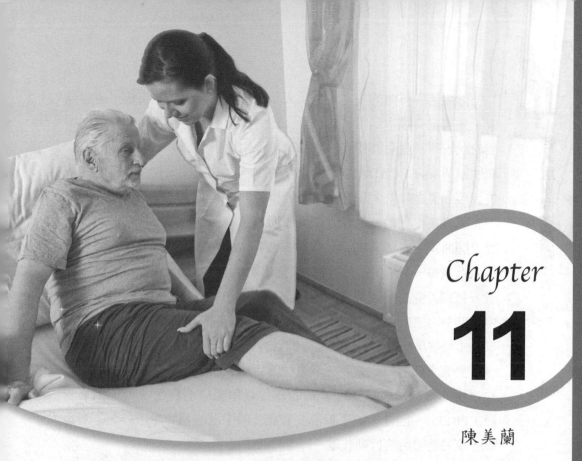

Chapter 11

陳美蘭

老年疾病的預防與治療

學習目標

1. 失智症的預防方法。
2. 腦中風的預防之道。

你生活中所做的決定，無論大小，都可以讓你預防疾病，運作健康。失智症與腦中風是老年殺手，前者影響到記憶與認知，後者在突然的狀況下，產生肢體與言語障礙。腦中風不會遺傳，但有一種自體顯性遺傳疾病（CADASIL），發病在30～50歲之間，常合併偏頭痛或失智症（國立陽明大學暨台北榮總醫生群，2008）。多發性腦梗塞，可能都在後脛動脈及足背動脈兩處形成，發生多數的小梗塞，可能演變成腦血管性癡呆症的原因（溫家惠譯，2007）。

台灣每一百位老人，就有五位患失智症。在日本，85歲以上長者，每四人就有一人失智。而65歲以上，也有4～6%的機率罹患。其中有四分之三的失智患者，在家接受照護（陳昭蓉譯，2007）。2005年日本將癡呆症改名為認知症，而台灣十多年前就改稱為失智症。

失智末期者無法表達自我意識，吞嚥困難，為避免吸入性肺炎，往往會用胃造口，但平穩善終的條件是用生命的自然法則（劉格安譯，2013）。因此，除了瞭解失智症及腦中風的預防之道外，本章也會分享熟齡樂活的行動計畫——「終活筆記」。

第一節　失智症的預防方法

大多數的失智很難靠醫學治療就痊癒，有超過七成是阿茲海默症和腦血管性失智。腦血管性失智可以用控制血壓，避免發生腦出血、腦梗塞及預防三高的產生來著手。大腦活動被你的生活方式左右，因此，我們應盡個人最大的努力，瞭解預防失智症的方式，並在生活中實踐預防之道。若出現症狀，社區中之家醫科、醫院的身心科或神經內科，都可以協助診斷。

一、認識失智症

失智症，又稱為老年失智（dementia），意即心智被剝奪。阿茲

海默症占60～80%，是一種緩慢、漸進方式的大腦退化與萎縮，它不是正常老化的一部分，而是長期的慢性病。在發病之前，已經經歷二十年至三十年的神經損傷。1980年代，世界聞名的老年失智症研究者Peter Davies，成功從冰凍的大腦取出切片，在切片中發現許多大洞，正是被疾病侵蝕而擴大的腦腔。此一研究讓一般人更瞭解神經元如何生病，失去作用到死亡的過程（張水金譯，2011）。

全世界每三秒就增加一名失智症患者，而台灣在民國104年底，失智症患者超過25萬人（湯麗玉，2016）。老年失智在台灣稱為失智症，日本於2005年稱為認知症。日本預計2020年，65歲以上，每十人就有一人患有失智症。人腦透過杏仁核（amygdala）來控制海馬迴的記憶功能。我們知道海馬迴負責獲得和鞏固新記憶，失去它就不會有記憶。留有的意識，是以前的，凍結在那個時間裡（朱迺欣，2002）。醫學上對失智症的定義有二，一是具有記憶及其他認知功能障礙，以記憶障礙為主；二是嚴重程度足以影響其社會功能及職業功能。同時符合以上兩點，才稱為失智症（邱銘章、湯麗玉，2006）。

阿茲海默症是1901年德國阿茲海默醫生發現的，他觀察到一名50歲婦女，有憂鬱、幻想、意志混亂、記憶力喪失的症狀。在她病逝後的病理解剖發現，大腦皮質間充滿澱粉質蛋白。1984年後，此蛋白分子結構被分離後，稱為澱粉蛋白β，簡稱A-beta。早發型是第14對，和第1對染色體上的兩個初老年期因子突變，晚發型是第19對染色體上APOE-4基因突變引起（江漢聲，2006）。

精神分裂症早在兩百年前有描述，西元1900年時，被稱為早發性失智症（dementia praecox），之後改稱為精神分裂症。定義為知覺異常與思考障礙。知覺異常包括聽幻覺、視覺等感官系統的改變。思考障礙包括被害妄想，無法對現實世界做正確的判斷（蘇聖傑、張立人譯，2013）。

失智是腦部疾病，但不是疾病名稱，而是症狀，是症候群。失智症狀下隱藏著近百種的疾病。談到失智，就想到阿茲海默症，其患者

腦部萎縮及損傷，神經元纖維病變。他們忘記吃過什麼，發病後三年內死亡率是50%，五年內死亡率是80%。重度失智者連進食也有困難，無法走動（陳昭蓉譯，2007）。患者活在斷層似的現在，只有當下最重要，沒有過去，沒有未來。患者得到好的照顧，除去對未來的不安，脫離過去的執著，才能活得快樂。

二、失智症的預防方法

失智症狀分成核心症狀和周邊症狀，前者所有失智患者都會出現，包括記憶障礙、定向感障礙、判斷障礙、語言障礙、數目障礙等。後者非所有患者會產生，有幻覺、抑鬱、蒐集癖、攻擊性等。要理解失智症狀，可透視患者的生活方式，過往生活及現在生活（陳昭蓉譯，2007）。失智症發生比率，哈佛大學研究，65～75歲，有5%的人得到失智症，75～85歲，20%，85歲以上，50%（江漢聲，2006）。當發生一些失智小症狀時，先用小冊子記錄下來，才能協助自己及醫生找到預防與治療的方法。其臨床表徵、照護方式及資源等，都是失智症探討的課題。

(一)失智症的程度

阿茲海默症通常不會遺傳，只有5%是顯性遺傳，但發病較早，約在40～50歲左右。失智老人眼中的世界是什麼，他們看到什麼，想著什麼，有什麼感覺，在什麼障礙下，度過每一天。失智症的程度與症狀，包括：

1.早期：健忘期，記憶障礙、健忘、強烈的精神症狀。
2.中期：混亂期，定向感障礙、徘徊、行動障礙。
3.末期：臥床期，尿失禁、吞嚥障礙、行動障礙、身體產生問題。

以60歲前後，分成早發型和晚發型。是一種跨越數十年的連續性疾病。預防方法的執行，可以延緩它的發生。

失智症分成四種，包括退化性、血管性、混合型和其他因素導致。退化性常見下述三種，包括（邱銘章、湯麗玉，2006）：

1.阿茲海默症：認知障礙、記憶退化。

2.路易氏體失智症：聽幻覺、妄想。

3.額顳葉型失智症：語言表達困難。

而血管性包括情緒人格變化、尿失禁等症狀。混合性則為以上兩者混合。其他因素包含腦血管疾病、腦腫瘤、葉酸缺乏、藥物中毒或酒精中毒。

(二)失智症的症狀

1.失智早期：忘了今天幾月幾號、回不了家、忘了重要的物品放在哪裡等。

2.失智中期：有蒐集的症狀，把東西一直搬回家，弄得家裡像垃圾場、情緒亢奮、攻擊的言語和行為、過度飲食、半夜突然起床、忘記關火。日常生活中，會忘記洗臉、不會管理金錢、認錯人，有些人會出現帕金森氏症患者步行特徵，小碎步、身體前傾、易跌倒。

3.失智末期：臥床、失去語言能力，或說簡單的字，意識模糊、昏沉。

照顧者可以在日常生活中，每日記下被照顧者的狀況，用0～10的評分方式來完成紀錄，提供給案主家屬及醫生一項可供參考的指標。美國失智症協會列舉失智症十大現象如下：

1.記憶減退，影響生活與工作。

2.無法勝任原本熟悉的事物。

3.言語表達出現問題。

4.喪失對時間、地點的概念。

5.判斷力變差，警覺性降低。

6.抽象思考出現困難。

7.東西擺放錯亂。

8.行為與情緒改變。

9.個性改變。

10.活動及開創力喪失。

(三)失智的其他伴隨症狀

1.許多患者出現心情抑鬱、不安、言行不一、身體不適、幻想、性格改變。

2.有些患者善於照顧他人，卻不善於被人照顧。一旦成為被照顧者，便失去生存的意義，心裡感到屈辱。

3.失智照顧的過程中，男性通常提不起勁，起因於男性自覺社會角色改變，地位不保。

(四)如何發現患者罹患失智

有些情況我們不會去注意，以為上了年紀，開始變遲鈍。忘記自己變得健忘，所以容易怪罪他人。患者對幾十年前的事情記得一清二楚，對五分鐘前發生的事情，毫無印象。也會經常重複問相同的問題。

許多評估量表可以協助早期發現失智症，包括簡易智能測量MMSE、認知功能障礙篩檢量表CASI、阿茲海默症評估量表的智能方面ADAS-Cog、繪鐘測量Clock Drawing、臨床失智症評估量表CDR等（邱銘章、湯麗玉，2006）。

(五)承擔照顧責任的家人

患者的照顧者，身心都面臨很大的負擔，在宅照顧中有八成的人抱怨身體不適，有七成有精神症狀。家屬選擇在宅照顧的原因很多，補償心理、經濟壓力、對政府長期照顧方案不瞭解等。從他人處尋求協助與支持，給自己放假的機會，調適照顧者的角色。或加入支持者團體，分享彼此感受。同時患者也可以一起吸收相關知識，讓自己更瞭解病程（台大醫院醫療專業團隊，2008）。

(六)接受日間中心的服務，讓照顧者喘息

日間中心受到幫助後，重拾生活的動力，這些障礙一旦轉變，生活恢復，家人應多鼓勵患者給自己一點時間去適應，培養興趣與嗜好並參與團體活動。

(七)傍晚症候群

傍晚的時候，行為變得混亂，有些患者不覺得累，想回家或想出去，照顧者應引導患者一起回去，避免自己累倒。而路易氏體失智症患者，也有這些狀況產生。

克麗絲汀（Christine Boden）在46歲時，罹患阿茲海默症，三年後，親筆著作她病後的經歷。她提到幾個生病前的症狀：

1. 容易疲倦：只要精神不集中，腦中一片混亂。
2. 同時進行多項工作特質的瓦解：漸漸變成一次只能處理一件事情。
3. 環境嘈雜：會受不了嘈雜的環境，腦部失去篩選刺激的功能。

克麗絲汀能夠快速的復原，是她能得到適當且正確的幫助。她完全信任照顧她的人，她會告訴別人她的需求，聽從指示。她的丈夫和照顧者，總是先告訴她，接下來要做什麼。

(八)產生妄想症

患者妄想的形成過程，以妄想的形式表現內心，因為患者改變了生活習慣而產生問題，例如搬家、生活中的不能、不安、不協調，例如喪偶。患者以妄想，發現新的生存方式。雖然得到暫時的解脫，卻對現實生活造成混亂。當他們發病時，其實是自內心呼喊「救我吧」。

(九)健忘不等於失智

當你出現健忘等記憶障礙，不代表失智，可以用手寫計畫來提醒自己。協助健忘者的方法，把重要的事情，早上看過一遍，重要的東西，放在出門前會經過的門口。忘記，會想起來，失智，會想不起來。對於失智症患者，剛剛要去做的事情，或者是幾分鐘前已經做過的事情，容易健忘，不同於老化產生的記憶衰退。健忘分成三種，良性健忘（我忘了告訴你）、失智健忘（好像有人找你）和惡性健忘（沒人打電話給你）。所以是健忘，到不關心，到否認，最後一個階段，才達到失智症的症狀表現。

(十)健腦行動計畫

記憶力衰退，20歲後就開始了。防止記憶力衰退，將保持動脈年輕規劃成行動方案，是避免認知失調的好方法。腦中有80%左右是水，腦的重量僅占身體的2%，但運行全身的氧和葡萄糖，卻有25%被腦用掉。阿茲海默症的初期症狀是失憶，即「喪失短期記憶」，失憶，是老化過程中不可避免會發生的現象，也會重複說過去的事情，像認知失調一樣。拓展腦力的方法之一是度假、讀地圖跟找路。對心臟好的食物，對腦也有益處。Omega3使得動脈清潔，對腦有益。抒解壓力，回歸自然也是健腦行動（賴俊達、錢莉華譯，2006）。另外，高教育、大社交活動、多智力活動，也可以增加腦部認知儲備。

除了身體上產生的不適，障礙接受與接受家人的死亡，是失智症患者要克服的兩大心理障礙。只有瞭解自己的障礙，去除心中的罣礙，伴隨著照顧者的陪伴，加上可信任的專業照顧，即使失智，也能安心生活。

(十一)睡眠的保健

人的年紀越大，健康就與睡眠直接相關且影響甚大。影響睡眠的因子包括壓力、不良睡眠環境、焦慮、憂鬱、慢性病、藥物濫用和藥物副作用。以下從睡眠階段、睡眠與失智症、睡眠障礙、睡眠不足、打鼾及睡眠呼吸中止症、打哈欠、失眠、睡姿，學習睡眠的保健之道。

◆ 睡眠階段

眼睛一旦閉起來，神經細胞就不再接受視覺訊息，人體很快進入非快速動眼期睡眠（Non-REM），即安靜睡眠的四個階段。第一階段從清醒進入淺層睡眠，約持續5分鐘，第二階段心跳呼吸緩慢，第三階段是「深層睡眠」，第四階段很難被吵醒。深層睡眠是人體更新和自我修復的時間，大腦垂體會分泌生長激素，幫助組織成長及肌肉恢復，白介素含血量增加，促進免疫系統活動，幫助身體提高預防感染的能力（李宛蓉譯，2007）。

◆ 睡眠與失智症

患阿茲海默症或失憶症的人，有嚴重的睡眠問題，也有失眠、作夢、高聲說話、呼喊等症狀，造成照顧者或配偶的困擾。阿茲海默症是腦部受損的疾病，患者睡眠片段化，產生日落症，晚上起來遊蕩，沒有方向感，容易跌倒，造成照顧上的壓力。帕金森氏症者通常睡眠不足，上床和起床都很費時，這時輔具床協助起身是很重要的（李宛蓉譯，2007）。

◆睡眠障礙

睡眠障礙包括睡過多（嗜睡、睡眠呼吸中止症）和睡太少（失眠）。晚上吃太多高脂肪食物，延長了消化時間，咖啡因讓心跳加快、血壓上升，藥物產生的症狀，都是失眠的原因，而80%失眠跟精神疾病有關（廖俊凱，2012）。規律運動、避免睡前兩小時運動、睡前不喝咖啡及牛奶、洗澡、放鬆、規律生活和避免用酒精助眠（行政院衛生署，2006），均有助於克服睡眠障礙。

◆睡眠不足

睡眠不足時，身體釋放出來的化學物質和賀爾蒙就會減少，神經元無法載送血清素，而使腦中血清素（令人快樂的賀爾蒙）含量偏低。失眠會引起情緒不佳或心理憂鬱。睡眠不足還會產生情緒、壓力的問題，也會增加中風機率。瘦體素減少，與胖體素增加，就時常會有飢餓感（賴俊達、錢莉華譯，2006）。一項研究顯示，睡眠會直接影響身心健康及生活品質。睡眠少於7小時，死亡率較高。

◆打鼾及睡眠呼吸中止症

打鼾是件好事，表示空氣還在進出。但當超過10秒鐘，鼻子和嘴巴沒有呼氣聲，就表示呼吸已經停止（賴俊達、錢莉華譯，2006）。若你未曾徹夜狂歡，白天卻可以倒頭就睡，這可能是過度疲勞。

◆打哈欠

打哈欠是因為你的身體偵測到血液中的含氧量降低，必須打哈欠來吸取氧氣，回到血液中（賴俊達、錢莉華譯，2006）。

◆失眠

失眠是症狀，非疾病，但對身心的影響，不可忽視。一個月內因工作、壓力產生的失眠，為「急性失眠」，超過一個月以上，每週至少三天，稱為「慢性失眠」。失眠是神經衰弱，或心理反應，或藥物治療產生睡眠障礙（李宇宙，2006）。

◆睡姿

　　要讓睡眠品質提升，睡姿也占有很重要的一環。每一種睡姿都有優缺點，左側臥者患心臟病的機率，比右側臥者少70%，因輕微的壓迫使心臟功能受到鍛鍊。仰臥可讓脊椎保持自然，避免側彎。右側臥使腰部肌肉處於過度拉扯，不利於放鬆，長期如此睡，會造成脊椎病變（陳安琪，2002）。

◆睡眠保健之道

　　遠離電磁波，保持適當溫度及濕度，選購合適的床墊及枕頭，睡姿保持平躺，起身要側身而起，並補充維生素B群。此外，按摩和足浴伸展操有助於睡眠（三采文化，2007）。心理疾病也會影響睡眠，認知行為治療（Cognitive Behavioral Therapy, CBT），幫助把不良信念轉為正向，設定實際目標，拋開阻礙睡眠的思考。行為治療的方法，包括睡眠衛生、重新制約、放鬆練習、冥想、認知行為治療（李宛蓉譯，2007）。

　　做你自己的呼吸空氣管理者，練習躺臥做深呼吸，當你吸氣時，橫膈膜把胸腔往下拉，胸部擴大，吐氣時，肚臍往脊椎方向推，迫使空氣流入肺部（賴俊達、錢莉華譯，2006）。可以透過某些力量，例如食物、思維方式、行動計畫去改變心理狀態。

　　失眠可搭配認知行為治療技巧，或刺激控制法。刺激控制法包括禁止閱讀、看電視、商量家事、檢討計畫工作、看鐘等。失眠者的壞習慣就是睡不著還堅持躺在床上，甚至白天要補眠。身心放鬆練習，放鬆肌肉，放空思緒，好睡眠自然來。保健和養生原則中，睡眠的保健也是十分重要（李宇宙，2006）

延伸閱讀《名人名病：66個醫學上的生命課題》

教宗若望保祿二世，也是帕金森氏症病人，雖手會顫抖，仍努力於聖職。對慢性病人來說，現在醫療只能治療出現的症狀，病人多數會憂鬱，影響病情。如何保護神經不太快退化，生活上的調適，保持心理健康狀態，靠病人的毅力與勇氣，提升病人的戰鬥力指數（江漢聲，2006）。

三、失智症的照顧

失智照顧是一種發自內心的照顧，因為患者比我們更努力的活著，但是他們沒有失去跟一般人一樣的感情。失智照顧，是在醫學診斷之後，生活照顧上很重要的幫助。注意失智症患者所產生的徵狀，可以協助其恢復。以下是陪伴者需要注意的生活照顧主要細節：

1.陪父母就醫，可以幫助清楚陳述症狀，幫助詢問。
2.因失智而被指責，會讓患者內心有不如意的感覺，產生負面思想，沒精神，且自我封閉。
3.患者被勉強或被阻擋時會產生暴力行為，當患者情緒十分不平穩時，先穩定他的心情，並轉移其注意力。
4.患者會感受到家人付出的心意，成為支撐其求生存、變樂觀的力量。
5.有些患者有時間定向感障礙，會在晚上開始煮飯，回到過去熬夜吃宵夜的情境。

四、失智症的預防之道

失智症患者在生活上，可以從飲食、日常保健、心靈調適及運動

健身，來作為預防及保健之方，從現在開始，不限年齡來瞭解延緩認知下降的問題和失智症病徵的出現。

(一)飲食守則

建議採用「得舒飲食法」和「地中海飲食法」，可以喝適量葡萄酒，可降低28%認知障礙。吃抗氧化食物，肉桂、咖哩、堅果、橄欖油、菠菜、茶、醋，都是很好的食物。一週吃一次魚，減少60%的認知衰退。避免吃速食及危險肉類，並注意食物升糖指數。得舒飲食法（DASH），是多蔬菜的飲食法，菠菜等綠葉蔬菜，含大量硝酸鹽，可以被身體轉換成一氧化碳，幫助放鬆血管和降低血壓。

飲酒過度會促使大腦記憶區縮小，只要一次過量，就能損傷大腦細胞。女性每天不超過一杯，男性不超過兩杯。華聖頓大學醫學院研究發現，採用高飽和脂肪，高糖類飲食，會提高腦中乙型澱粉樣蛋白的數量，這是一種散布破壞腦部造成失智症的毒性蛋白（張水金譯，2011）。

多動腦，增加大腦的知能儲存量，保持心情愉快，增加社交網絡，多吃抗氧化食物，避免身體產生自由基，維生素E的補充，都是預防之道。適量飲食，飯吃七分飽，少吃是公認可以延長壽命的方法之一，並且適量運動，多吃蔬果（國立陽明大學暨台北榮總醫生群合著，2008）。預防生活習慣病的飲食生活基本原則，就是每天確實攝取三餐、減少宵夜飲食、不吃零食和控制飲酒或適量飲用（主婦之友社，2012）。

(二)日常保健

失智預防的日常保健有飲食計算卡路里、生活避開環境毒素、服用維他命並補充營養攝取不足、檢查腳踝是否有受傷、平日單腳提高訓練並維持平衡感、培養頭腦運用及認知、控制三高等慢性病所產生的併發症，三高等慢性病是造成阿茲海默症的原因之一。經歷三次以

上腦震盪，就可能導致失智症。飲食作息不正常，會消耗細胞內的營養素，壓力會讓腎上腺素過量分泌，引起負面思考造成神經緊張，導致交感神經亢奮，影響白血球製造。

現代人多數出現新陳代謝不良產生的症狀，從急症轉慢性都需藉開立藥物來控制，但越來越多的研究顯示，生活飲食型態的改變，在現代人疾病預防及改善之中，是控制新陳代謝產生問題的重要因素。

(三)心靈調適

好情緒對記憶是有幫助的。聽笑話也可以緩解病情。持續靜坐10～90分鐘，且保持五年以上，腦中海馬迴的灰白質較多。藉由擁抱、觸摸等身體語言（body language），表達愛與關懷，可以用非語言的方式與患者正向溝通，牽著他的手說，並指引方向。患者可以做簡單的家事，學習簡單的新事物，追求新事物的人，可以阻擋失智症。人生目標分數高的人，活得較久較健康。另外，認知儲備、克服憂鬱、樂觀隨和、培養興趣、學習語言、靜坐練習、有生命目標、玩電動活化大腦，也是調適心靈的方法。

(四)運動健身

運動健走，在自然中漫步，都是預防失智症的方法之一。加州大學大腦研究員Carl Cotman研究顯示，體能運動比任何藥物都更能保護大腦（張水金譯，2011）。練習隨時想到就能進行的腹式呼吸，全身放鬆，並運用吸氣及吐氣，持續10～15分鐘（三采文化，2007）。適量運動可以幫助睡眠。大笑是一種運動，能舒緩肌肉緊張，增進血中含氧量。笑，包含了呼吸與發出聲音的行為，生理和心理互相關聯（張耀懋，2011）

許多運動與彼拉提斯（Pilates）一樣，訓練專注、呼吸、核心、控制、精確與流暢。專注就是需全神貫注、專心感受每一個動作，控制中的肌肉，專心傾聽身體回傳的聲音。呼吸需是連續而流暢的。核

心表示強調身體中心部位。控制用在需要很多的激勵協調及動作者緩慢提及速度流暢度。精確代表動作的精確及二定點的精確，而全神貫注做出精確完美的動作。流暢則是配合呼吸技巧，並專注地控制肢體且維持緩慢一致的速度（邱俊傑、萬芳醫院Pilates核心復健團隊合著，2004）。

(五)輔助療法

延緩失智症的方法，還包括團體治療、照光治療、懷舊治療、認知訓練、現實導向訓練、其他輔助療法等（邱銘章、湯麗玉，2006）。壓力抒解也可以藉由輔助療法來緩和。

1.團體治療：社交互動建立友誼。
2.照光治療：幫助情緒穩定，減少日夜顛倒現象。
3.懷舊治療：用從前舊時物品引導患者言語。
4.認知訓練：用認知遊戲動動腦。
5.現實導向訓練：讀報紙給患者聽。
6.其他輔助療法：音樂、園藝、藝術等。

頓悟療法是在防止憂鬱復發，就是頓悟冥想加上認知行為療法。研究者將過去五年內至少經歷過兩次以上憂鬱的一百四十五人平分兩組，一組接受頓悟療法，另一組接受標準的認知行為療法，時間都是八週，然後調查治療後五十二週內有無復發。實驗結果發現，頓悟療法組有66%的病患不再復發，標準認知行為療法組則是34%。頓悟療法組的憂鬱復發機率是標準認知行為療法組的一半以下（李漢庭譯，2010）。

失智症的預防方法，不外乎多運動、多用腦、預防三高、低脂飲食、戒除菸酒、抗氧化食物、攝取維他命E和C、調適壓力、豐富生活、避免憂鬱。除了社會福利的支持外，申請愛心手環和至警政署按壓指紋，是很重要的工作（邱銘章、湯麗玉，2006）。想要達到身心

從阿茲海默的世界回來

　　一位「阿茲海默症的生還者」——荒井先生，80歲前，開診所為企業員工做健康顧問，80歲後，開始了走樣的人生，出現了阿茲海默症的前兆。對自己的身體異常，感到越來越痛苦的他，言行上出現了憂鬱症狀。在家人同心協力的幫助下，用音樂療癒開始找回快樂的自己。他和家人一起閱讀克服病症的書籍，一起關心跟阿茲海默症有關的資訊，一起討論病情，緩解照顧的壓力。他罹患憂鬱症引起的假性失智症，搬家後的完善設備，彌補了認知能力的退化，開放式廚房讓他可以看到整個客廳，使他不會產生不安。同時，搬家後的陌生環境，讓他不用在熟識的人面前生活，他反而覺得輕鬆，就這樣他慢慢地恢復（荒井和子，2013）。在他的案例裡，陪伴及改變讓他找回了自己。

靈健康促進，抗老化之目的，是身體、心靈、環境、飲食及生活型態的調整，是健康促進的元素，減少失能失智產生，亦可降低對家庭及社會所造成的衍生問題。

　　失智症主要照顧者在照顧過程中的逆境經驗，及其復原過程，復原因子的啟動機制，是復原因子運作的路徑。復原力強是個人特質與能力，尋找新的復原因子，當復原力不足時才得以應付當前的困境，且個體在社會團體支持下較容易達成目標（陳愷詳，2013）。失智症照顧者可以引用災後重建中之災後復原力的運作，協助失智症患者從復原過程中找到自己及他人的支持，找到復原之方。

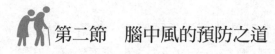

第二節　腦中風的預防之道

　　腦中風，是各種腦血管病變急性發作的總稱。腦細胞需要血液供養，需要氧氣和能量，一旦出血或梗塞，導致腦部缺氧，腦細胞壞死，身體會產生偏癱、麻木、失語等症狀，主要症狀為突然發生意識障礙，手腳不能活動，言語不清楚。腦中風後遺症因人而異，其致殘率是十大疾病中最高（張峻斌，2008）。

　　55歲後，高血壓每增加5mmHg，或低血壓每增加7mmHg，生理年齡就多了一歲。在三高及其他慢性病等危險因素的影響下，加上情緒、運動、用力、過勞、天氣變化、抽菸、喝酒等危險因子的作用下，易導致腦中風的發生。過量的銅和鐵的攝取，也是腦毒素。許多的腦中風預防之道，例如一天三杯茶，中風機會降低21%，都是預防之方（張水金譯，2011）。預防重於治療，當中風前兆或小中風發生後，應避免腦中風危險因子的影響。

一、認識腦中風

　　腦中風是腦部的血液循環出現障礙，又分成腦出血、腦梗塞和蜘蛛膜下出血。腦出血又稱為腦溢血，是腦部動脈因為高血壓和動脈硬化等原因破裂出血，使腦部組織壞死。腦梗塞又稱為腦軟化症，是腦血管內血液凝固的血栓及血液運來的阻塞物，使腦組織出現缺血，造成軟化。蜘蛛膜下出血經常發生於腦底，非外傷所產生的出血（堺章，2004）。

　　人們會因為腦中風、腦外傷或其他腦意外事件，在「什麼」和「如何」這兩個系統上，產生不同程度的損害。整個世界的東西都可以看，可以摸得到，卻不知道「為何」。患者會意識到他們所處的情境，而這些東西需有情緒的意義和言語的關聯（朱迺欣，2002）。大部分病人都是突發性的發作，腦中風是有前兆的，有些人會經歷因一

時性腦血流灌注不足，引起暫時性的單側手腳麻痺、失語、單側失明、暈眩等症狀。這些初期症狀會在一天內消失，但若不治療，五年內會引發嚴重梗塞。

腦組織重量占體重的2%，卻消耗總體氧量23%。大腦雖占身體二十分之一，卻接受從心臟輸出的五分之一血液。因此患有心臟病、高血壓等慢性疾病患者，應及早接受適當的治療（黃金山，2006）。腦中風常見的警訊包括：

1.嘴歪眼斜。

2.一側或兩側肢體無力、麻木。

3.意識模糊甚至昏迷。

4.言語不清、溝通困難：

　(1)「有口難言」型：聽得懂卻無法表現意思。

　(2)「答非所問」型：聽不懂卻喃喃自語。

5.吞嚥困難、直流口水。

6.感覺異常、身體移動有困難。

7.昏眩、嘔吐或劇烈頭痛。

8.步態不穩，運動失衡。

9.大小便失禁。

10.視力出現障礙，如複視、視力模糊不清。

11.不斷抽搐。

12.精神上的改變，如記憶力喪失、躁動不安，或原本熱情的人變得很冷漠。（林芝安，2007）

二、腦中風的預防方法

腦中風如同從形容症狀來得快速，就如風一般。多量血壓是最好的防治之道（江漢聲，2006）。腦中血流停止三到五秒，腦細胞因缺氧受損，人會產生暈眩，甚至昏倒。超過三分鐘，腦細胞會相繼死

亡。吸菸，菸中的尼古丁會造成動脈硬化等問題，吸菸時產生的一氧化碳會造成血液攜帶氧的能力降低。飲食原則是少酒、少澱粉、多運動消耗熱量。精神壓力、天寒溫差大、糖尿病、肥胖等導致腦中風機率日漸提高（黃金山，2006）。在生活中，為避免腦中風突然發生，有許多生活習慣應特別注意，預防方法如下所示：

1. 避免氣溫最低的早晨外出。
2. 量血壓，必要時，諮詢醫生，調整用藥。
3. 情緒穩定。
4. 生活規律。
5. 避免健康危險因子，例如戒菸酒。
6. 主動喝水，分多次喝。
7. 保持室內溫度不過冷或過熱。
8. 注意疾病發生徵兆。
9. 避免中暑或過熱。
10. 忌肥厚、高鹽食物。
11. 補充睡眠。
12. 沐浴水溫不過熱，泡澡前，先沖水，浴室溫度保持暖和。
13. 如廁不宜用力。
14. 避免夜間排尿造成的暈倒現象。
15. 避免提過重家具。
16. 避免生活緊張及壓力。
17. 避免頭部後仰角度過度。
18. 避免用頸肩夾電話在耳邊。
19. 避免突然的動作。
20. 避免整脊過度。
21. 避免運動過度。
22. 選擇適當的時間休息、放鬆。

23.飯後要有一到三小時的消化時間。特別是晚餐用餐時間，不要太晚。

24.避免大吃大喝及喝酒後產生性行為。

25.避免日夜顛倒的作息。

26.長途搭車或坐交通工具，手腳要稍微做輕揉小腿運動。

27.避免打電腦時間過久。

28.孕婦也要注意血液循環的問題及孕後產前的症狀。

29.服藥不飲酒。

中風先兆（先產生的徵兆）中，主要是眩暈。常打瞌睡、打哈欠、容易疲勞也要多注意。中風和阻塞性睡眠呼吸中止症息息相關。小中風，是腦中風先兆症狀，一般24小時內可完全恢復，但也有可能反覆發作，會有眼底出血或鼻出血症狀。若發現中風先兆，可以就醫做腦部斷層掃描，及時發現，適當治療，加上良好護理，聽從醫囑，才能預防二次中風產生。

腦中風是突然發生的，一側偏癱，單側手腳發麻，嘴歪眼斜，口齒不清，走路不穩。有失語症、偏盲或以失智症來表現。腦出血的血塊，在發病初期，由腦部電腦斷層可以看出面積大小、位置等。發病數週後，因只有剩下低密度變化，較不易區分為梗塞或出血（國立陽明大學暨台北榮總醫生群合著，2008）。

三、腦中風恢復期的治療與復健

缺血性腦中風患者，3～5天可以開始做復健，出血性患者則7～10天。輕揉或輕拍背部，被動運動也是放鬆的方法。腦中風的後遺症中，最常見且需要長時間練習才得以恢復的症狀，有失語症恢復訓練（語言訓練）和吞嚥訓練。

(一)失語症恢復訓練

失語症是腦中風常見的語言障礙。患者伴有心理障礙，不想開口。宜多鼓勵，配合醫生的訓練，並利用文字進行認知訓練。其中還包括數字的加減、文字的書寫、用圖片學說話等。

1.表達性失語：聽懂，但不能言語，或表達不清楚。

2.接受性失語：能說話，但聽不懂別人的話，答非所問。

3.混合性失語：前兩者的混合。（張峻斌，2008）

實務工作中發現，認知訓練、讚美、正向情緒、多練習、音樂、同理心陪伴等，可以幫助患者改善失語症狀，可參考《老人居家健康照顧手冊》（陳美蘭，2016）附錄之認知訓練活動。

(二)吞嚥訓練

腦中風患者，支配咽喉部位的肌肉神經受損，食物通過口腔、咽部及食道時，發生困難，產生咽部疼痛，或無法吞下食物，或嗆到咳嗽，導致食物被噴出。此時，不僅要回診做吞嚥訓練，在家中也要做像嬰兒般的張口，吸和吞嚥的練習動作。

四、老年生理健康

在老化過程中，會出現多樣性的改變，即使尚未面臨失智症的困擾，但仍有社會適應及認知功能下降的狀況。因此，生理健康是老年疾病預防的第一道防護，最重要的不外乎是身體、運動和飲食。

(一)身體方面

當產生沮喪負面情緒，應多鼓勵案主參與日常生活自理活動，才能免於產生壓瘡、便秘、尿道感染、肺炎、骨質疏鬆、髖關節外旋、屈曲、筋骨退化萎縮、垂足、栓塞等情況，因此活動與運動是很重要

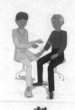

的功課（林王美園，2011）。

(二)運動方面

運動可降低糖尿病、高血壓、心血管及肥胖等慢性疾病之危險因子，對老年之心理、社交等面向是有幫助的（李鑌、張光華、陳弘欣、張婷方、陳曉宜，2015）。

(三)飲食方面

飲食不僅需著重於疾病營養認知問題，更要依個別情況指導健康食物的選擇與外食技巧及維持理想體重（施淑梅、吳宛真、劉麗娟、吳彥雯，2015）。老年期的營養需求包括熱量、蛋白質、醣類與脂肪。

1. 熱量：長期臥床或使用輪椅，熱量需求只需1,350大卡。
2. 蛋白質：老年人可選擇質地較軟的豆製品、魚肉、蛋或奶類，以增加蛋白質的攝取量。
3. 醣類：老年人的醣類攝取量須足夠。
4. 脂肪：老年人的消化功能減退，分解脂肪的酵素和膽汁的分泌量也減少，容易造成吸收不良的問題，因此不建議超過總熱量的30%（簡慧雯等，2013）。

容易情緒化的人之飲食法則，應該避免吃含有酒石酸的水果，像是蘋果酸和酒石酸，容易對情緒化的人的神經造成負面影響，並可能會引發一些神經方面的病症（張書凡譯，2012）。

根據研究顯示，飲食、生活型態與冠心病有密切的關聯。與攝食高油、高膽固醇、高鹽及低纖維飲食有關，冠心病的治療包括藥物治療、心導管治療、冠狀動脈繞道手術等。施行治療仍須做心臟復健計畫，如戒菸、體重控制、治療相關疾病、生活飲食與飲食改變、適度運動等，以預防血管再度阻塞。

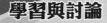

學習與討論

學習題一、何謂失智症？如何發現？請舉出失智症的預防方法。

學習題二、請說明腦中風是如何發生。

學習題三、請舉出腦中風的預防方法。

參考文獻

三采文化（2007）。《失眠調養100招》。台北市：三采文化。

主婦之友社（2012）。吉田美香監修。《吃東西前就該拿的營養學分》。台北市：捷徑文化。

台大醫院醫療專業團隊合著（2008）。《守護一顆心：心臟衰竭診治照護全書》。台北市：原水文化。

朱迺欣（2002）。V. S. Ramachandran & Sandra Blakeslee著。《尋找腦中幻影》。台北市：源流。

江漢聲（2006）。《名人名病：66個醫學上的生命課題》。台北市：天下遠見。

行政院衛生署（2006）。《健康達人125：民眾自我照護手冊》。台北市：衛生署。

李宇宙（2006）。〈如何睡得更健康〉。陳維昭等著。《如何寶貝你的身體：40位台大醫生的專業建議》。台北市：台大出版中心。

李宛蓉譯（2007）。Lawrence J. Epstein & Steven Mardon著。《哈佛醫生的優質睡眠全書》。台北市：商周出版。

李漢庭譯（2010）。生田哲著。《改寫腦地圖：把不幸腦變成幸福腦》。新北市：智富。

李鑌、張光華、陳弘欣、張婷方、陳曉宜（2015）。〈癲癇症患者的運動訓練：機制、療效及介入之文獻回顧〉。《物理治療》，40(1)，1-10。

林王美園（2011）。《照顧服務員實用工作指南》。台北市：華杏。

林芝安（2007）。〈預防中風，先管好血壓〉。《健康雜誌》，第98期，2007年1月。

邱俊傑、萬芳醫院Pilates核心復健團隊合著（2004）。《彼拉提斯與核心復健運動》。台北市：原水。

邱銘章、湯麗玉（2006）。《失智症照護指南》。台北市：原水文化。

施淑梅、吳宛真、劉麗娟、吳彥雯（2015）。〈心導管治療之冠心病患者的飲食及生活型態探討〉。《台灣營養學會雜誌》，39(4)，113-119。

荒井和子（2013）。《謝謝你，從阿茲海默的世界回來》。台北市：新經典圖文傳播。

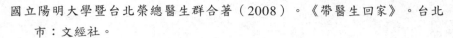

國立陽明大學暨台北榮總醫生群合著（2008）。《帶醫生回家》。台北市：文經社。

張水金譯（2011）。Jean Carper著。《失智可以預防──生活健腦100招》。台北市：時報文化。

張峻斌（2008）。《你可以威風不中風》。台南市：和裕。

張書凡譯（2012）。Bernard Jesen著。《食物自療法全書》。新北市：世茂。

張耀懋（2011）。《醫23事》。台北市：時報文化。

陳安琪（2002）。《生活醫世代：健康常識大翻轉》。新北市：種籽文化。

陳昭蓉譯（2007）。小澤勳著。《失智！這回事》。台北市：臺灣商務。

陳愷詳（2013）。《失智症主要照顧者在照顧過程中的逆境經驗與復原歷程》。國立台灣師範大學社會工作學研究所碩士論文。

堺章（2004）。《透視人體醫學地圖》。新北市：瑞昇文化。

湯麗玉（2016）。《台灣面臨失智症之挑戰與對策》。台北市：原水文化。

黃金山（2006）。〈腦中風的危險因子〉。陳維昭等著。《如何寶貝你的身體：40位台大醫生的專業建議》。台北市：台大出版中心。

溫家惠譯（2007）。細田瑳一著。《心臟病與動脈硬化》。新北市：世茂。

廖俊凱（2012）。《90%以上的人生病都掛錯科》。新北市：台灣廈廣。

劉格安譯（2013）。長尾和宏著。《善終，最美的祝福：預約圓滿終點的10個條件》。台北市：高寶。

賴俊達、錢莉華譯（2006）。Michael F. Roizen & Mehmet C. Oz著。《YOU：你的身體導覽手冊》。台北市：天下文化。

簡慧雯、范俊松、陳俊佑、張之妍、陳雪芬、顧家恬、張珠玲、張文欽、林秀慧、黃香香、連靜慧、張惠甄、王文華、張倩華、陳翠芳、賴秋絨（2013）。《老人照顧概論》。台中市：華格那。

蘇聖傑、張立人譯（2013）。Abram Hoffer著。《醫生，我有可能不吃藥嗎？精神分裂症患者還不知道的自然療法》。台北市：麥格羅希爾。

陳美蘭

生活化的靈性健康照顧

學 習 目 標

1.靈性健康的意義。

2.靈性健康照顧面向。

3.熟齡樂活的行動計畫。

靈性健康是老人生命整合的力量，是人生的哲學觀，為天人物我的和諧關係（洪櫻純，2009）。瞭解屬於提升靈性健康的方法，並接受生命歷程中經歷的一切，同時接受面對老化的事實，有助於高齡者面對日後的老齡生活。

第一節　靈性健康的意義

老人屬靈生活能夠影響心理健康，就像是一種心靈上的依託，老人隨著年齡的增長，宗教信仰對他們來說，顯得格外重要，而心理健康可以帶來生理健康，心理健康的人免疫力較強，也活得更長壽（吳老德，2010）。

一、靈性健康的定義

趙可式1999年以天人物我的關係詮釋靈性，包括人和自己、他人、自然、神的關係（何婉喬，2009），靈性是一個抽象的概念，包括追尋人生的意義和目的、體認到自己與神或至高無上力量之連結、發覺人生的價值和信念、尋找超越肉身以外的意義（Kuuppelomaki, 2001; McCoubrie & Davies, 2006; Sulmasy, 2002）。心理學家Maslow（1969）提出靈性需求，並重新歸納為三個層次，即X理論、Y理論、Z理論，其中Z理論是超越性的靈性需求，以宇宙為中心。

我們可以從找出苦難的意義、學會愛與寬恕、學習與自然環境和諧共存、創造充滿感恩和盼望的生活，來看靈性健康提升的影響因素（陳美蘭、洪櫻純，2015）。如**圖12-1**所示。

(一)找出苦難的意義

當人受到苦難，或感受到他人的愛與關懷時，度過困難時光。心靈的強大影響力量，當你保持盼望和正面的態度，有期待就會開始為

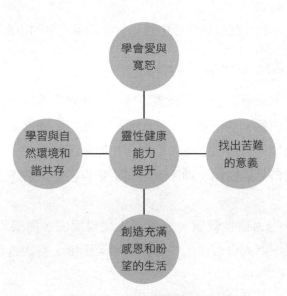

圖12-1　靈性健康提升元素

一切做準備，活出期待，積極且竭盡所能的行動改變現況，就會勝過生活中的困惑和挑戰（程珮然譯，2010）。身體不舒服時，比較有信心去面對。

(二)學會愛與寬恕

內在的修為可加強正面的思想，如仁慈、慈悲、寬容等。快樂的生活來自平靜安寧的心態（朱衣譯，1999）。將快樂傳遞在眾人之間，用愛成就自己與他人，饒恕與被饒恕，對心靈健康的正面影響。豐富他人生命的同時，也是在豐富自己的生命。

(三)學習與自然環境和諧共存

時代進步後，全球不斷暖化，使大地和自己重新恢復健康。人類越是用雙足行走，越能感受到自己與自然的連結。這一切都會讓人更健康。在生態中人要慈悲與智慧並俱，瞭解眾生平等，學習謙卑，心柔軟了就知道如何去做，人與自然萬物是息息相關的，與大自然做朋

友，學習尊重自然，在自然生態中體悟生命循環不息的道理。

(四)創造充滿感恩和盼望的生活

對人事充滿感恩，對未來充滿盼望，與神建立連結，幫助人們面對痛苦。心懷感恩，活出愛、關懷和平安，使自己變得更美好，其實就是關乎自己如何為自己選擇人生觀（程珮然譯，2010）。藉由創造天地萬物的超自然造物主（神），日日更新自己，以新思維活出全新的自己。

如何提升老人靈性健康，協助老人轉變態度，需要陪伴、傾聽及學習，慢慢讓老人覺察自己的靈性問題及困擾，開始過有意義的生

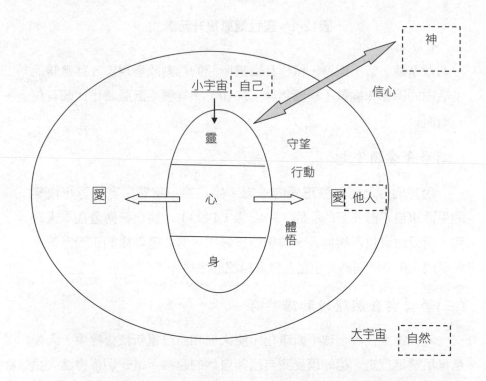

圖12-2　全人宇宙圖

資料來源：陳美蘭、洪櫻純（2015）。

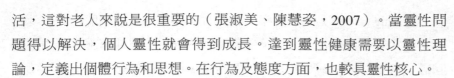

活，這對老人來說是很重要的（張淑美、陳慧姿，2007）。當靈性問題得以解決，個人靈性就會得到成長。達到靈性健康需要以靈性理論，定義出個體行為和思想。在行為及態度方面，也較具靈性核心。

　　護理人員對癌末病人生理照護行為平均分數高於心理、社會、靈性及整體照護行為，提供各單位護理人員的教育訓練，包括末期病人生理、社會、靈性各層面的照護技巧，提升對癌末病友的照護行為品質（蔡秀鸞，2015）。人生滿意度與長壽與否息息相關，評估面向包括工作、智力與潛能、每天生活、人生的計畫與夢想、如果人生可以重來你會怎麼做、你對社會生活的滿意度等（張美惠譯，2011）。

　　注意睡眠週期、促進建立人際連結關係、注意負面思考如何影響你的身體等，是一生都受用的大腦救命術（徐薇唐譯，2010）。

　　Hawks在1994年提出靈性健康視為「具高層次的信仰、希望與承諾之世界觀或信念系統」（蕭雅竹，2002）。教育部（2006）《邁向高齡社會老人教育政策白皮書》提及「個體的生存大都在於生命的意義、智慧和靈性等三種不同層次的追求」，其中「靈性的追求是最高的層次」。

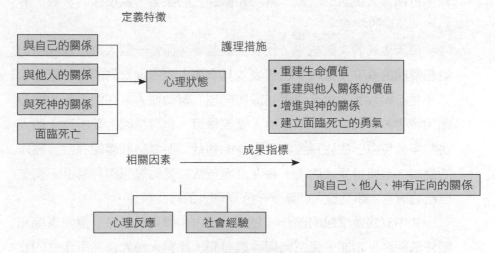

圖12-3　癌症病患靈性照顧之概念圖

資料來源：顧雅利（2010）；Ku, Y. L. (2005)。

Koenig（1994）認為老年人在靈性上的需求是要瞭解生命中受苦的意義，老年人需要他人肯定受到宗教的支持，靈性照護可經由生命回顧、感受寬恕、需要被愛、需要希望、尊重信仰與加重信仰，達到老年人的健康。Taylor與Mamier（2005）調查156位成人癌症病患，發現其參與宗教活動的頻率與接受靈性護理照護間呈現顯著正相關。

靈性成長時，個人心胸更寬廣，反之，若靈性沒有成長，個人就會焦慮及恐懼。靈性生活的養成和實踐，在日常生活中可以養成情緒管理的能力。如何提升靈性健康，協助人轉變態度，需要陪伴及傾聽，讓人覺察個人的靈性問題及困擾，才會開始過有意義的生活，

二、靈性健康的評估量表

靈性健康是身心靈健康之首，但卻鮮少被提及。生活中如何落實靈性健康的提升，可以利用評估量表來完成。**表12-1**是「簡易靈性健康評估量表」，連續記錄一星期後，可以持續一個月，在評比每週之次數及打勾的部分，就可以評估自己靈性健康提升程度。在次數的部分，包括每天生氣的次數、幫助和原諒人的次數、做環保的次數、靜心和神連結的次數。

每天生氣的次數越少，代表快樂越多，而當一個人可以控制自己憤怒情緒的產生及宣洩，也代表他具有與人相處融洽的能力。幫助人需要愛心與智慧，融合運用知識與同理心幫助他人，在個人生活與照顧領域中，十分重要。原諒他人需要學習，包容是因大愛所致，個人在許多情境中，往往只會顧及自身的利益，而忽略群體的利益及團隊的使命，但懂得原諒的人，會在身處無法接受的思想與行為上，調整自己的思慮，顧及他人的感受，展現個人的超我精神。

其中有關做環保的部分，包括了體內和體外的環保。體內環保和體外環保息息相關，但為何與心靈有關，此與人和大自然所產生的食物鏈與內心世界的互相影響。舉例來說，一個人做好了環境保護，減

表12-1　簡易靈性健康評估量表

姓名：				日期：　年　月　日到　年　月　日				
連續記錄一個月不中斷，就可以評估自己靈性健康提升程度！								
日期／星期	次數				有做到打勾			
	生氣	幫助&原諒他人	做環保（體外&體內）	靜心和神連結	讓心情好	做志工	欣賞自然生態美	祈福禱告
一								
二								
三								
四								
五								
六								
日								
請談談執行完這項作業的心得？								

少塑膠袋的使用，但卻沒有做好資源分類，造成海洋環境的汙染，雖然無人看到個人所做的各種環境保護行為，但是那是發自內心的自發作為，也影響大自然循環對人類生活的破壞力。

　　與神連結的次數，亦有人解釋神為超自然力量，當一個人遇到苦難的時候，若有其所信仰的神，能夠脫去他心裡的負面思想，幫助他承受肩上的重擔，那對於一個人來說，十分重要，特別是對工作者與案主，在經歷許多身心病痛的同時，持續樂觀的面對工作及面對身體的不適。

　　右邊以打勾的方式呈現而非數字，讓心情好、做志工、欣賞自然生態美和祈福禱告四個面向，是靈性健康的四大面向。靈性健康包括自己與自己、自己與他人、自己與自然，以及自己與神。這四個面向對應勾選的題目，來顯示靈性健康提升程度。

　　照顧服務單位可以使用「簡易靈性健康評估量表」，一方面執行在服務員靈性健康提升上，一方面可以讓服務員協助被照顧者提升其靈性健康，此表既簡易又能直接施測，對普羅大眾在生活上的靈性健康照顧很有幫助。

第二節　靈性健康照顧面向

　　靈性健康照顧必須要生活化，才會對被照顧者有所幫助，近年來提倡成功老化，就是要大家能在退休前十年，規劃自己的老後生活，身心靈的健康，在人生中的每一段歷程都很重要，超越老化議題的時興，更象徵靈性健康照顧面向被重視的迫切性。實務工作中，可以將**表12-2**「靈性健康量表」，用在督導、服務員、案主等身上，作為提升靈性健康，達到超越老化目標的五十個標準。

表12-2　靈性健康量表

題號	題目內容	非常不同意	不同意	普通	同意	非常同意
1	我心靈的力量幫助我順應生命的起伏。	1	2	3	4	5
2	我認為生活中的逆境對我是有意義的。	1	2	3	4	5
3	即使遭遇生命中的挫折或變故，我仍然坦然面對。	1	2	3	4	5
4	即使遭遇挫折，我仍相信人生是美好的。	1	2	3	4	5
5	遭遇挫折時，我相信自己有自我療傷的能力。	1	2	3	4	5
6	我可以從處理挫折的過程中體悟自我的價值。	1	2	3	4	5
7	我有能力克服身體的老化或病痛。	1	2	3	4	5
8	我可以接受生命中的無常或變化。	1	2	3	4	5
9	當我困頓時，進行禪坐、冥想、靈修，會帶給我心靈上的安頓。	1	2	3	4	5
10	我認為生命中的際遇，皆有其隱含的道理。	1	2	3	4	5
11	對於他人的疏失，我會選擇寬恕。	1	2	3	4	5
12	我喜歡與家人或親友共度閒暇、參與活動。	1	2	3	4	5
13	我看到別人有成就時，我會替他感到高興。	1	2	3	4	5
14	當我有困難時，我相信可以獲得親友的幫助。	1	2	3	4	5
15	我會用愛與人相處。	1	2	3	4	5
16	我可以與團體中大多數的人相處得很好。	1	2	3	4	5
17	和諧的人際關係對我很重要。	1	2	3	4	5
18	我的生活有歸屬感（隸屬於家庭、學校等團體）。	1	2	3	4	5
19	我認為不求回饋地服務他人是一種喜樂。	1	2	3	4	5
20	我經常在內心送祝福給需要的人。	1	2	3	4	5
21	我相信宗教或信仰可以幫助自己度過難關。	1	2	3	4	5

（續）表12-2　靈性健康量表

題號	題目內容	非常不同意	不同意	普通	同意	非常同意
22	我會閱讀與宗教有關的書籍或報章雜誌。	1	2	3	4	5
23	當我參與宗教活動時（例如禱告、求神問卜、拜拜、禪坐等），常帶給我很大的寄託。	1	2	3	4	5
24	我相信有神（例如天主、上帝、老天爺、神明、佛祖、菩薩等）的保佑，可以令我感到心安。	1	2	3	4	5
25	我能藉著宗教信仰的力量達到心靈的成長。	1	2	3	4	5
26	宗教信仰帶給我正面積極的力量。	1	2	3	4	5
27	我相信宗教的靈修可以得到身心靈的平安。	1	2	3	4	5
28	我常主動參與宗教團體的活動。	1	2	3	4	5
29	不論現況如何，我對未來都充滿希望。	1	2	3	4	5
30	我認為人應該與大自然和平共處，不能破壞環境。	1	2	3	4	5
31	我相信每一個人都有他存在所需面對的人生課題。	1	2	3	4	5
32	不斷地追尋生命意義，能讓我的心靈感到踏實。	1	2	3	4	5
33	我的生命是有意義和目標的。	1	2	3	4	5
34	我會思索或探究與生命意義有關的課題。	1	2	3	4	5
35	我會盡力扮演好自己人生中的角色。	1	2	3	4	5
36	我會思考並規劃自己的人生。	1	2	3	4	5
37	我相信靈性的成長會為我們的生命帶來意義、活力與能量。	1	2	3	4	5
38	我會朝自己規劃的人生方向努力，讓生活過得充實有意義。	1	2	3	4	5
39	重要他人的支持是我生命重要的動力。	1	2	3	4	5
40	我的內心世界不會受到時空環境（如過去事件或空間混亂）的影響。	1	2	3	4	5
41	親近大自然，讓我感到身心靈的安頓。	1	2	3	4	5
42	聆聽自然的天籟，使我心靈平和。	1	2	3	4	5
43	我認為每個個體都是生活環境中重要的組成份子。	1	2	3	4	5
44	我覺得自己的生存和所有的天地萬物是息息相關。	1	2	3	4	5
45	我認為人類靈性健康和天地萬物是習習相關的。	1	2	3	4	5
46	我相信大自然有治療身心疾病的力量。	1	2	3	4	5
47	在山水美景之間，經常讓我感受到生命的神聖與美妙。	1	2	3	4	5
48	我感恩偉大造物者創造每個獨一無二的生命。	1	2	3	4	5
49	對於需要協助的人，我願意無條件伸出援手。	1	2	3	4	5
50	我覺得自己與其他人的關係密切。	1	2	3	4	5

資料來源：陳美蘭、洪櫻純（2015）。

一、照顧服務與靈性健康

照顧服務中的靈性健康提升，尚未普及，台灣在宗教上屬於自由開放，卻鮮少在照顧服務中，參與靈性健康提升的元素及方法。在照顧的過程中，若能加入靈性健康的概念，對督導的管理、服務員的工作認同、案主的身心靈健康，都有正面的幫助。

(一)照顧服務工作中的靈性健康提升方式

表12-3是實務工作紀錄表中之身心靈健康評估表，其中包括到戶外散步、與朋友互動、身體狀況好、心情好和有靈修活動。照顧者可以用此表評估被照顧者的身心靈健康，例如是否有到戶外散步，除了有運動的概念，也是與大自然接觸的時間。在照顧的過程中，我們鼓勵案主多到戶外，一方面運動，一方面可與他人互動，達到身心健康合一的目的。與朋友互動的評估過程中，可以觀察案主的心理狀態，與人互動的言語中，也可以觀察被照顧者情緒及表達能力。身體狀況好或不好，可以用基本生命徵象測量的數值和被照顧者的身體現況來評估，若發現有任何異常，第一時間應通知家屬，商量是否回診就醫。心情好或不好，會影響到被照顧者的復原力，也會影響到身體的復原力。是否有參與靈修活動，不限於外出或在室內，照顧者可以鼓勵案主做飯前感恩祈禱，感謝造物主創造的萬物糧食，感謝食物製造及運送過程中，每一個辛苦付出的人，讓我們可以享用食物，並藉由

表12-3　身心靈健康評估表

日期	身心靈健康評估
1	□到戶外散步 □與朋友互動 □身體狀況好 □心情好 □有靈修活動
2	□到戶外散步 □與朋友互動 □身體狀況好 □心情好 □有靈修活動
3	□到戶外散步 □與朋友互動 □身體狀況好 □心情好 □有靈修活動
4	□到戶外散步 □與朋友互動 □身體狀況好 □心情好 □有靈修活動
5	□到戶外散步 □與朋友互動 □身體狀況好 □心情好 □有靈修活動

資料來源：伊甸基金會附設迦勒居家照顧服務中心。

食物的營養，身體變得更健康。也可以為自己的身體祈禱，也可以為家人或朋友等祈福。實務工作中發現，沒有飯前祈禱習慣的案主，在照顧者的飯前祈禱的帶領之下，心情和身體復原力有顯著影響。

(二)照顧服務中如何推廣善終意念

台灣在推廣善終概念及生死學議題，已有十多年的經驗，而在老人領域裡，最常被知識生活化的議題，不外乎預立遺囑、簽署預立緩和醫療意願書及生命光碟的製作。日本的「終活筆記」，比預立遺囑的內容更詳細，包括寫下關於我本人、家人、個人史、親朋好友清單、財產、保險、年金、照護意願、喪禮、手機、網路服務資料、遺產、遺物處理及分配、給最重要的人的話。終活，就是臨終前的準備活動。而「終活指導書」，是討論終活的標準作業流程。也有人稱為

◎預立遺囑

需寫明姓名、身分證字號、兩位見證人的簽名，為避免身後過多爭議，最好還是請公證人或律師見證。

◎簽署預立緩和醫療意願書

可以參考台灣安寧照顧協會網站www.tho.org.tw上，有關行政院衛生署公告，公告之「預立安寧緩和醫療暨維生醫療抉擇意願書」、「不施行心肺復甦術同意書」、「不施行維生醫療同意書」、「醫療委任代理人委任書」、「撤回預立安寧緩和醫療暨維生醫療抉擇意願聲明書」五種表單。

◎生命光碟的製作

這是針對老服等社工相關科系及松年大學等銀髮族所上的堂課，學員準備從小到大的相片並翻拍，製作成電子檔後，用PowerPoint軟體，加入音樂後，製作成播放檔，稱作「生命光碟」。

老前整理，就是老人的斷捨離整理術。老人生前懂得捨棄與分配自己的物品，這就是終活的準備（劉格安譯，2013）。

　　要建立高齡友善理念的生活環境，可以用教育的方式讓民眾學習面對老化之正向態度。讓長輩在縣市生活圈中經常能動、容易動、喜歡動，直到老年還是很獨立、活躍、健康的生活（衛生署國民健康局，2012）。提升照顧服務品質，改善照顧計畫，建構社區照顧體系，是落實在地老化的終極目標，也是政府在長期照顧中，極力推動的老人福利與服務。

　　藉由照顧服務品質提升，可幫助案主身心靈之提升。全方位身心靈健康，是個人邁向人生美好目標的開關，包括生理、心理、社會、情緒、靈性等層面的全人健康照顧，是提升案主幸福感的影響因素（洪櫻純，1999）。提升照服品質的議題，應藉由不斷的研究，得以延續發展，找出符合案主期待的照護及健康促進改善計畫。期能找出改善服務品質的方法，來促進服務品質的提升，進而做到身心靈全人照顧的目標。

　　探究長照產業目前面臨的問題，包括專業照顧人力培訓後，投入市場服務後，產生之學無以致用，造成人力流失而產生服務供應不足的問題，加上學校與業界在人才培訓規劃，於資源整合時產生的落差，而導致產學合作與長照產業界，人力需求的落差，專業人才的培育及人力建置，以及長照產業軟硬體之開發及物聯，將是居家服務產業熱門話題及未來發展趨勢。

二、熟齡樂活的行動計畫──終活筆記

　　終活筆記（附錄七）是一個需要被廣為推廣的熟齡樂活的行動計畫。很多人談到美食或金融投資時，會積極尋找資料，而當話題轉變為自己的「生命終結方式」或善終方式等生死學課題，卻覺得很忌諱。當簽署DNR等文件時，還有更多的事情需要事先做準備，預先做記錄，而

終活筆記本的記錄方式，可以協助個人做好準備。

　　人生最重要的東西，是眼睛看不見的東西，友情、愛、尊重。生命是肉眼看不見的，每個人所擁有的時間，和被賦予的時間，就是生命。我們要善用、要珍惜，並好好使用，自己命運都是在自己選擇的生存方式下，產生的結果。壽命長短並不重要，重要的是，生命的意義（許傑明譯，2012）。我們要在人生的經驗中體會生死，更要從別人的智慧中去學習。如果我們具備生死觀，知生知死，就可以活得無牽無掛（江漢聲，2006）。

　　在台灣老人平均臥床七年的數據來看，我們還要繼續學習芬蘭，直到死亡前兩週才臥床的經驗。人生是一條列車，路上有很多站，當陪你的人要下車時，即使不捨，也要心存感激，揮手道別（張曉卉，2013）。健老與善終，建立健康老化與預立醫療自主計畫的觀念，十分重要。想要修好此人生功課，有三件事情，子女可以著手實踐。

1.認識老化，瞭解什麼是失能。
2.如何照顧生病的父母，尋找資源，減輕壓力。
3.為父母預約一個美好尊嚴的善終，讓逝者、生者都無憾。

　　養成一個健康長壽的新思維，包括一點一滴加強自己的責任感，保持快樂的人生觀及培養同理心，培養一種讓你願意離開椅子的活動，找一個你認同的團體並積極參與社會，學習從創傷中找出意義等（張美惠譯，2011）。

　　小時候做事認真的人之所以會比較健康，是因為他們比較有責任感，容易進入健康的環境與建立良好的他人互動關係。他們會選擇避開危害健康的負面因子，腦中血清素低的人比較容易衝動，一項研究顯示，小時候與長大都屬於認真負責型的人，比較長壽，死亡風險最低。

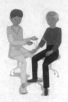

　　為自己建立健康的社交網絡，保持身心精神健康，避免不好的影響身體，保持身體處於好的狀態，從年輕時擁有健康的生活方式，特別是在中年時注意BMI、避免抽菸、避免飲酒、保持體適能活動及注重飲食五個項目，這些都易從行為、文化和教育著手（熊昭，2015）。高齡社會最大化的身心健康，需要在營養、有氧運動、平衡運動、太極和瑜伽、睡眠衛生及志工服務上下功夫，當罹患阿茲海默症的人數日漸增加時，失智症的預防就更加重要。中美兩國共同的挑戰是照護認知缺損的老人，高科技產品、輔助提醒人要運動的機器人、各種應用程式及裝置和遠程醫療，已經讓現代化科技漸漸取代人力，然而高齡族群的特殊需求、因老化而衍生的心理及認知功能障礙，都顯示培養未來高齡領域管理者的必要性（Edward L. Schneider, 2015）。

　　維生治療，是醫生對不治之症患者或末期患者採取的醫療措施，包括人工營養、人工呼吸、人工透析。美國老年醫學學者菲紐肯等人在1999年於JAMA上，發表認為高齡失智症患者，應避免採取經管營養（劉格安譯，2013）。在宅及在地老化，是發展社區長期照顧體系的終極目標，居家醫療的好處，是患者在生命尊嚴不受剝奪的情形下，「快樂活且滿足食」到最後一刻，自己家裡是老年生活最頂級的生活園地。找一位知心朋友，建立終身友誼，拒絕憤怒情緒，抒解壓力，面對負面情緒，吃出健康，睡個好覺，都是熟齡樂活的行動計畫。

　　日本在2009年《週刊朝日》雜誌，開始連載臨終前的準備事項專題，並定義「終活」，就是盡可能在生命結束時，保有自己的尊嚴，具體的規劃人生的最終章。預拍遺照，預先做好影像，存在遺照銀行，非營利組織會舉辦「終活研討會」，終活最大理由，是不想造成家人的困擾（張曉卉，2013）。

學習與討論

學習題一、何謂靈性健康？在照顧服務裡，靈性健康提升對
　　　　　被照顧者的影響有哪些？

學習題二、試著完成**表12-1**「簡易靈性健康量表」，用四週
　　　　　的時間，評估自己的靈性健康提升程度。

學習題三、試著完成你個人的終活筆記。

參考文獻

朱衣譯（1999）。《生活更快樂：達賴喇嘛的人生智慧》。台北市：時報文化。

江漢聲（2006）。《名人名病：66個醫學上的生命課題》。台北市：天下文化。

何婉喬（2009）。《全人照顧理論與輔助療法之應用：靈性層面之照顧》。台北市：匯華圖書。

吳老德（2010）。《高齡社會理論和實務》。台北市：新文京。

吳瓊滿、呂莉婷、柯任桂、曾淑芬、何瓊芳、陳美戎、簡慧雯、吳亮慧、洪素英、張佳琪（2013）。Cathy Jo Cress著。《老人照顧管理》。台北市：華騰文化。

洪櫻純（1999）。《老人靈性健康之開展與模式探詢》。國立台灣師範大學社會教育學系博士論文。

洪櫻純（2009）。《老人靈性健康之開展與模式探詢》。國立台灣師範大學社會教育學系博士論文。

徐薇唐譯（2010）。Daniel G. Amen著。《一生都受用的大腦救命手冊》。台北市：柿子文化。

陳美蘭（2016）。《老人居家健康照顧手冊》。新北市：揚智文化。

張美惠譯（2011）。Howard S. Friedman & Leslie R. Martin著。《他們為什麼活到99》。台北市：時報文化。

張淑美、陳慧姿（2007）。〈高雄地區高中教師靈性健康及其相關因素之研究〉。《生死學研究》，7，89-138。

張曉卉（2013）。《牽爸媽的手——自在到老的待辦事項》。台北市：天下雜誌。

教育部（2006）。《邁向高齡社會老人教育政策白皮書》。台北市：教育部。

許傑明譯（2012）。日野原重明著。《百歲醫生教你：笑著活著，就是100分！日本國寶級名醫日野原重明的11堂人生哲學課》。台北市：推守文化創意。

陳美蘭、洪櫻純（2015）。《老人身心靈健康體驗活動設計》。新北市：揚智文化。

程珮然譯（2010）。Joel Osteen著。《90天靈修旅程活出全新的你》。新北市：保羅文化。

熊昭（2015）。「台灣老年學研究規劃及展望」。國立成功大學老年學研究所老年學研究及教學新趨勢國際研討會。

劉格安譯（2013）。長尾和宏著。《善終，最美的祝福：預約圓滿終點的10個條件》。台北市：高寶。

蔡秀鸞（2015）。〈護理人員行為〉。《護理暨健康照護研究期刊》，11(2)，133。

衛生署國民健康局（2012）。〈健康老化——高齡友善城市〉，http://www.bhp.doh.gov.tw/BHPnet/Portal/Them.aspx?No=201111030001

蕭雅竹（2002）。〈靈性概念認識與應用〉。《長庚護理》，13(4)，345-351。

顧雅利（2010）。《靈性照護：理論、實務應用與教育研究》。台北市：華杏。

Edward L. Schneider, M. D. (2015). Past, Present and Future of Gerontology. International conference on Gerontological research and education. Institute of Gerontology, College of Medicine, National Cheng Kung University, Tainan, Taiwan.

Koenig, H. (1994). *Aging and God: Spiritual Pathways to Mental Health in Midlife and Later Years,* pp. 283-295. London: Haworth Pastoral Press.

Ku, Y. L. (2005). Spiiritual distress experienced by cancer pe-tients: Develop a spiritual care for cancer patients. *Taiwan Journal of Hospice Palliative Care, 10*(3), 221-233.

Kuuppelomaki, M. (2001). Spiritual support for terminally ill patients: nursing staff assessments. *Journal of Clinical Nursing, 10*, 660-670.

Maslow, A. H. (1969). Theory Z. *Journal of Transpersonal Psychology, 1*(2), 31-47.

McCoubrie, R. C., & Davies, A. N. (2006). Is there a correlation between spirituality and anxiety and depression in patients with advanced cancer? *Support Care Cancer, 14*, 379-385.

Sulmasy, D. P. (2002). A biopsychosocial-spiritual model for the care of patients at the end of life. *Gerontologist, 4*, 24-33.

Taylor, E. J., & Mamier, I. (2005). Spiritual care nuraing: what cancer patients and family caregivers want. *Journal of Advanced Nursing, 49*(3), 260-267.

老人居家健康照顧理論與實務

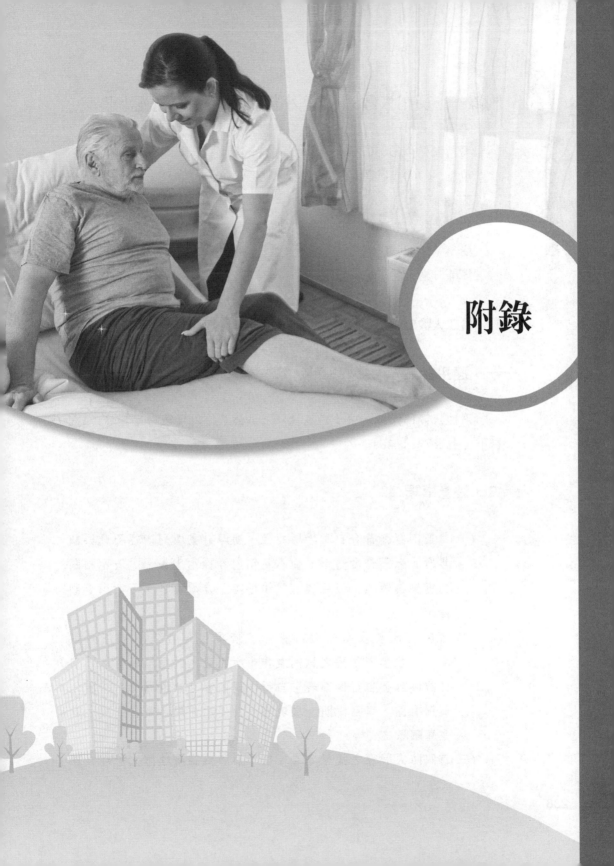

附錄

附錄一　員工人數5人以下小規模場所消防防護計畫

場所名稱：○○○

地址：○○市○○區○○路○○段○○號○○樓

管理權人：陳○○

防火管理人：陳○○

場所電話：○○○○○○○○○○

提報日期：○○○年○○月○○日

員工人數5人以下小規模場所消防防護計畫製作時注意事項

一、適用對象

消防法第13條第一項一定規模以上供公眾使用建築物，其員工5人以下（包含5人）者。

二、注意事項

(一)計畫內容應符合自身場所特性，亦即計畫所列內容不應與該場所明顯不符之情形。而本範例內容標示「▲」，表示相關內容應為選項，僅在確有該情形時，方須填寫，否則應予刪除。

(二)請確認已製作完成之計畫，各個項目是否依本「注意事項」，並參考後附之範例製作，所完成之計畫，應再以「消防防護計畫自行檢查表」自行檢視內容有無遺漏。另後附之範例有關「填寫說明」之表格，為提示作用，製作完成之計畫應刪除該表格。

(三)有關防火管理之提報方式，依「消防機關辦理防火管理業務

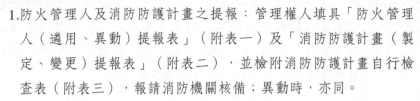

注意事項」規定，應注意以下事項：

1.防火管理人及消防防護計畫之提報：管理權人填具「防火管理人（遴用、異動）提報表」（附表一）及「消防防護計畫（製定、變更）提報表」（附表二），並檢附消防防護計畫自行檢查表（附表三），報請消防機關核備；異動時，亦同。

2.自衛消防編組訓練之通報：管理權人應於訓練前10日填具「自衛消防組訓練計畫提報表」（附表四）向消防機關事先通報，消防機關得適時派員前往協助，相關成果表件，請依消防局之規定，並於訓練結束翌日起14日內提報消防機關備查。

3.現有建築物（場所）施工中消防防護計畫之提報：實施對象及重點，依「製定現有建築物（場所）施工中消防防護計畫指導須知」之規定辦理。提報場所應於實際開工日期3天前，填具「現有建築物（場所）施工中消防防護計畫提報表」（附表五），檢附現有建築物（場所）施工中消防防護計畫及現有建築物（場所）施工中消防防護計畫自行檢查表（附表六），報請消防機關備查。

(四)場所之消防安全，應採規劃、執行、查核、行動等周期性之作為。亦即規劃並製作消防防護計畫報請核備後，應據以執行平時的預防管理及應變機制，再查核是否符合場所之需求，並就整體考量後，訴諸行動，重新檢視進行消防防護計畫之規劃修正等作為以提升場所安全。

(五)依消防法施行細則第15條第一項第五款規定，場所每半年至少應舉辦1次滅火、通報及避難等自衛消防編組訓練，為確認自衛消防編組之可行性及有效性，宜由場所具有防火管理專長之人員或消防機關，依「自衛消防編組演練及驗證指導綱領」規定規劃演練計畫，依該計畫執行演練並查核應變事項（流程）及臨界時間是否足以因應緊急事件，並採取行動

老人居家健康照顧理論與實務

再行檢討，若驗證不合規定，應檢視場所自身現有之應變機制、安全管理、消防安全設備、防火避難設施等軟硬體設施是否足以因應火災發生之初期應變作為，並視實際需求提出改善作為，納入消防防護計畫修正之評估，自衛消防編組演練及驗證流程，作為往後規劃辦理之參考。

三、其他

員工6人以上之應實施防火管理場所及地面樓層達11層以上建築物、地下建築物或中央主管機關指定之建築物（目前為鐵路與捷運共構車站），非屬本計畫之範疇。

○○消防防護計畫

目錄
壹、總則
貳、預防管理對策
參、防災教育訓練
肆、自衛消防活動
伍、假日暨夜間之防火管理體制
陸、自衛消防編組訓練
▲柒、地震防救對策
▲捌、瓦斯災害緊急處置
玖、附則
附表一　防火管理人（遴用、異動）提報表
附表二　消防防護計畫（製定、變更）提報表
附表三　消防防護計畫自行檢查表
附表四　自衛消防編組訓練計畫提報表
附表五　現有建築物（場所）施工中消防防護計畫提報表

○○消防防護計畫

民國○○○年○○月○○日製定

壹、總則

一、目的與適用範圍

(一)目的：本計畫係依消防法第13條暨同法施行細則第13條至16條，規定防火管理之必要事項，以落實預防火災及地震或其他災害引起火災之目的，並達到保障人命安全、減輕災害之目標。

(二)適用範圍：在○○服務、出入之一切人員都必須遵守。

二、管理權人之職責

(一)管理權人負有○○防火管理業務之所有責任。

(二)選任位居管理或監督層次，且能適當公正地執行防火管理業務權限之防火管理人，使其推動防火管理業務。

(三)管理權人應監督、指導防火管理人推動防火管理上必要之業務。

291

(四)申報消防防護計畫。

(五)防火避難設施及消防安全設備之檢查維護之實施及監督,以及相關設施(備)有缺失時,應儘速改善。

(六)申報防火管理人之遴用及異動。

(七)依場所特性及危害概要分析,在防火管理人製定或變更消防防護計畫時,須給與必要之指示。

三、防火管理人之職責

防火管理人負責此消防防護計畫之製作及實行,並推行下列業務:

(一)消防防護計畫之製定、檢討及變更。

(二)製作場所之位置圖(含避難集合地點)、逃生避難圖及平面圖,並視場所特性擇定安全的戶外安全避難集合地點並統一律定,將避難集合地點顯示於位置圖內,同時教導該場所內服務、出入之一切人員週知,以利消防搶救作業之執行。」

(三)施工中消防防護計畫之製作及安全措施之建立。

(四)用火用電之監督管理及推動防止縱火之預防措施。

(五)消防安全設備檢查維護之實施及監督,以及法定檢修之會同檢查。

(六)防火避難設施之自行檢查:每月至少檢查1次,檢查結果遇有缺失,應報告管理權人立即改善,保持場所內通道之順暢,防止物品阻礙通路、樓梯,並落實避難路線圖等避難設施之管理。

(七)對內部員工及相關人員實施防災教育。

(八)依規定實施滅火、通報及避難訓練。

(九)保管與整理最近3年之各項防火管理相關書面資料。

(十)其他防火管理上必要之事項。

壹、總則填寫說明

一、目的與適用範圍填寫說明

1. 明定法源依據及涵蓋之業務範圍並具體記載場所名稱及地點等事項，以執行場所全體之防火管理業務。
2. 內政部消防署函頒之消防防護計畫範例係為提供消防防護計畫撰寫之參考，屬行政指導文書之性質，但管理權人及防火管理人報請消防機關核備後，即屬消防法第13條規定之法定文書，因此，管理權人及防火管理人所報計畫之內容，應確實符合場所特性及法規要求，否則得依消防法第40條之規定予以處分。
3. 請明確記載場所名稱。（後面場所名稱請與本處相同）

二、管理權人之職責填寫說明

1. 依消防法第2條規定，管理權人係指依法令或契約對各該場所有實際支配管理權者；其屬法人者，為其負責人。
2. 管理權人負有防火管理業務之所有責任及場所防火管理之最終責任，並依依場所特性及危害概要分析，在防火管理人製定或變更消防防護計畫時，須給與必要之指示。
3. 管理權人依防火管理人自行檢查防火避難設施及消防安全設備之結果，如發現缺失時，應儘速改善。

三、防火管理人之職責填寫說明

1. 依消防法施行細則第14條之規定，防火管理人應為管理或監督層次人員，並經消防機關或中央消防機關認可之專業機構講習訓練合格領有證書始得充任，其參與講習訓練時間不得少於12小時，每3年至少應接受講習訓練1次，說明如下：
   (1) 防火管理人在職務上必須是管理或監督層次人員，須具有能夠有效推行防火管理必要業務之權限；其職務依各類場所用途規模有所不同，具體而言，小規模場所可以是管理權人或總經理等。
   (2) 上述經直轄市、縣（市）消防機關或中央消防機關認可之專業機構講習訓練合格領有證書者，係指參與第1次的講習訓練（初訓），其時間不得少於12小時；爾後每3年至少應接受講習訓練1次（複訓），其時間不得小於6小時。已領有上述合格證書之防火管理人，如調至他縣（市）任職，倘其職務仍為管理或監督層次人員，自可被遴用為該場所之防火管理人。
2. 防火管理人應彙整各項防火管理相關書面資料，製作成防火管理管理簿冊，加以維護及保管，並依場所需求自行律定保管年限，並置於櫃檯或易於取得之位置。
3. 上述防火避難設施、用火用電設備器具及消防安全設備等，應符合現場實際情形。

四、場所特性及危害分析

本（○○）場所之位置圖如附圖一，樓層之平面圖及逃生避難圖如附圖二。場所所在位置周圍道路巷弄狹小，位於○○層建築物中的

第〇層，場所內部共有7個隔間供使用，有兩方向逃生的直通樓梯，場所營業時間為每日15時至隔日凌晨3時，可概分為人為因素、設備因素等其他因素，其中以人為因素所占比例最高。一般可能發生事故之潛在原因如下：

(一)人為因素：抽菸菸蒂引燃火災。

(二)設備因素：設備短路造成火災。

(三)其他因素：遭人縱火。

五、與消防機關之通報聯繫

(一)防火管理人遴用及異動時，依附表一填寫，3日內向當地消防機關提報。

(二)消防防護計畫製定及變更後，應填具「消防防護計畫製定（變更）提報表」（附表二），並檢附消防防護計畫及「消防防護計畫自行檢查表」（附表三），向當地消防機關提報，當地消防機關於開立提報表受理單後10日內完成審核，經審核如有附件缺（漏）失，一次告知後，應於10日內補正，未補正者視同未送件。

有關消防防護計畫製定後，有下列事項變更時，管理權人（防火管理人）應於3日內向當地消防機關提報。

1.管理權人或防火管理人之變更（含相關營業之資料異動時）。

2.自衛消防編組人員離職或異動人數達一半。若人員未達一半應於每半年提報當次自衛消防編組成果時，檢附附件四（自衛消防隊編組表）及附件六（夜間、假日自衛消防編組表），副知當地消防機關備查。

3.消防防護計畫缺漏或遺失無法提供。

4.其他經中央消防主管機關函釋應製定及變更時。

(三)實施滅火、通報及避難訓練時，應於10日前填具「自衛消防編組訓練計畫提報表」（附表四）向當地消防機關提報，並於訓練結束翌日起14日內將相關成果表件提報當地消防機關備查。

　　(四)遇有增建、改建、修建、室內裝修施工導致消防安全設備之變動時，依「製定現有建築物（場所）施工中消防防護計畫指導須知」之規定，指實際開工日期3日前，填具「現有建築物（場所）施工中消防防護計畫提報表」（附表五），檢附現有建築物（場所）施工中消防防護計畫及「現有建築物（場所）施工中消防防護計畫自行檢查表」（附表六），向當地消防機關提報。

　　(五)依法定期限申報消防安全設備檢修報告書。

壹、總則填寫說明
四、場所特性及危害分析
防火管理人應將場所位置特性、營業時間、消費族群年齡、場所內部特性及可能造成危害因子進行分析。
五、與消防機關之通報聯繫填寫說明
1.防火管理人遴用、異動及解任、消防防護計畫製定或變更提報、自衛消防編組訓練成果提報及施工中消防防護計畫等之提報應於期限內完成。 2.各項提報資料請於期限內提報當地消防機關審查或備查。 3.營業資料變動如變更營業場所名稱或商業登記等文件時。 4.離職或異動人數計算係與消防機關核准之防護計畫書中的自衛編組人員相比較，若達離職或異動人數達一半時，應於3日內向消防機關重新提報。若人員未達一半應於每半年提報當次自衛消防編組成果時，檢附附件四（自衛消防隊編組表）及附件六（夜間、假日自衛消防編組表），副知當地消防機關備查。

貳、預防管理對策

一、平時火災預防

　　(一)本○○依消防法規定，係屬應設消防安全設備之（甲）類場所，為落實消防安全設備之維護管理，定於每年之3、9月，委託（消防設備士）檢修消防安全設備，並於檢修完成後15日內，依規定將檢修結果報請當地消防機關備查。

　　(二)為落實平時之火災預防作為，依場所之使用特性、防火避難設施、用火用電設備及消防安全設備之設置等情形，實施預防管理編

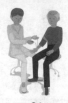

老人居家健康照顧理論與實務

組，人人皆應負起火災防制之責任。

(三)依照附件一之「日常火源自行檢查表」、附件二之「防火避難設施自行檢查紀錄表」及附件三之「消防安全設備自行檢查表」進行檢查。

1.日常火源自行檢查，應於（○○下班）時進行。

2.防火避難設施之自行檢查（每月應檢查1次）。

3.消防安全設備自行檢查表（○○應檢查1次，如有相關疑問，可洽消防機關或消防專技人員）。

貳、預防管理對策填寫說明

一、平時火災預防填寫說明

1.防火避難設施依規定應每月至少檢查1次，日常火源自行檢查及消防安全設備自行檢查依場所自行律定之期程實施。

2.「自主檢查」係依消防法第13條及同法施行細則第15條規定，由防火管理人或以防火管理人為首之火災預防管理編組，以一般人可明顯判斷之外觀檢查為主，惟可視場所自身特性及人員專業素養，進行較細部的檢查，此項檢查係由該場所自行律定。「檢修申報」係依消防法第9條及同法施行細則第6條規定，由管理權人委託之消防設備師或消防設備士，以專業知識及器材（儀器），進行消防安全設備之外觀檢查、性能檢查及綜合檢查，並將檢修結果報請當地消防機關備查。另消防安全設備的自主檢查項目與檢修設備的申報項目應一致。

3.依場所之使用特性、防火避難設施、用火設備及消防安全設備之設置等情形進行之預防管理編組，其檢查內容不涉及專業，僅以一般員工能力進行相關檢查，依場所實際情形自行律定之檢查。

二、火災預防措施

(一)從事下列行為應事先向防火管理人聯絡取得許可後，始得進行：

1.指定場所以外之吸菸及火源使用。

2.各種用火用電設備器具之設置或變更時。

3.進行施工行為時。

(二)為確保防火避難設施之機能運作正常，所有出入人員應遵守下列事項：

1.防火門等緊急出口、走廊、樓梯間及通道等避難設施：

(1)不得擺放物品，以避免造成避難障礙。

(2)應確保逃生避難時，樓地板無容易滑倒或牽絆避難人員之情形。

(3)作為緊急出口之防火門，應容易開啟，並確保走廊及樓梯間之寬度能容納避難人員。

2.為防止火災擴大延燒，並確保消防活動能有效進行之防火設施：

(1)防火門應經常保持關閉，並避免放置物品導致影響其關閉之情形。

(2)防火門周遭不得放置容易延燒之可燃物。

(三)本○○之位置圖如附圖一，另為確保火災發生時逃生避難之安全，有關○樓之平面圖及逃生避難圖如附圖二，除張貼於公告欄等明顯處所外，並應確實轉知場所內每一位人員（含自衛消防編組之成員），熟悉逃生避難路徑及相關消防安全設備之位置。

(四)吸菸及用火等易發生危險行為之規定如下：

1.除廚房外，任何地點未經允許嚴禁火源。

2.走廊、樓梯間、電氣機房及倉庫等嚴禁吸菸。

貳、預防管理對策填寫說明
二、火災預防措施填寫說明
1.依場所現況繪製位置圖、各樓層平面圖及逃生避難圖，並標示消防安全設備位置（如滅火器、室內消防栓、避難器具等），以利自行檢查，請勿直接照抄本範例附圖。
2.位置圖、逃生避難圖及平面圖，均應標示清楚，並註明實際距離或比例尺、方位等必要之項目。
3.位置圖應標示相鄰之建築物、路名、周遭重要建築物與其他有利救災之必要事項。
4.逃生避難圖得與平面圖併用，圖面上應包含辦公室、餐廳、居室、警衛室、廚房等場所，以及主要之逃生避難路線。
5.消防機關得商洽管理權人將提報之各種圖面，以電腦掃瞄、電子地圖或其他電腦製圖方式製作。
6.逃生避難路線請掌握二方向逃生避難原則。
7.防火避難設施及吸菸管理依場所實際情形自行律定。

三、施工中消防安全對策之建立

(一)防火管理人應建立施工期間的防火安全對策，製作及申報「施工中消防防護計畫」，該計畫需整合使用中與施工中之部分。

(二)遇有增建、改建、修建、室內裝修施工導致消防安全設備之變動時，依「製定現有建築物（場所）施工中消防防護計畫指導須知」之規定，指實際開工日期3日前，填具附表五「現有建築物（場所）施工中消防防護計畫」，檢附現有建築物（場所）施工中消防防護計畫及附表六「現有建築物（場所）施工中消防防護計畫自行檢查表」，向當地消防機關提報。

四、防止縱火措施

(一)建築基地內、走廊、樓梯間及洗手間等場所，不得放置可燃物。

(二)加強對於進出人員之過濾及查核。

(三)設置監控設備，並加強死角之巡查機制，同時建立假日、夜間等之巡邏體制。

(四)整理並移除場所周邊之可燃物。

(五)最後一位離開者，應做好火源管理，並關閉門窗上鎖。

(六)落實汽（機）車停放之安全管理。

貳、預防管理對策填寫說明
三、施工中消防安全對策之建立填寫說明
1.有關施工中消防安全對策，參考內政部消防署90年2月12日（90）消署預字第90E0103號函頒「製定現有建築物（場所）施工中消防防護計畫指導須知」規定辦理。 2.施工中消防防護計畫之提報期限，係原則上之行政指導規定，可由場所自行律定。
四、防止縱火措施填寫說明
為防止縱火引發之火災，防火管理人應配合建築物的實際情況，採取合適之對策。

參、防災教育訓練

一、為提升防火知識、消防技術與震災之對應措施及宣導關於消防防護計畫之內容，防火管理人及相關職員應進行防火、防災相關教育訓練。同時，防火管理人應積極參加消防機關或相關團體舉辦之講習或研討，同時應隨時對內部員工辦理防火講習會或宣導會。

二、實施對象應包含新進人員、正式員工、工讀生、臨時人員、自衛消防編組人員及相關人員。

三、進行防災教育之重點如下：

(一)徹底說明消防防護計畫內容及內部人員之任務。

(二)有關火災預防上之遵守事項等其他各項防災應變要領。

四、新進人員、正式員工、工讀生、臨時人員訓練時間如下表：

受訓對象	時期	次數	實施人員
新進人員	採用時	乙次	防火管理人或〇〇〇
正式員工	〇月、〇月	每年二次	
	早晨集會時機	視需要進行	
工讀生 臨時人員	採用時	乙次	
	上班時	視需要進行	

肆、自衛消防活動

一、自衛消防編組

(一)為確保火災及其他災害發生時，能將損害、損失減至最低，故成立自衛消防編組（設於〇樓）。其編組情形及任務如附件四，自衛消防編組之裝備如附件五。

(二)自衛消防編組成員之任務為負責通報、滅火、避難引導等相關自衛消防活動。

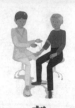

二、自衛消防活動

包括通報聯絡、滅火、避難引導之活動體制等項目。相關之自衛消防活動如下：

(一)通報聯絡：通報人員應通知當地消防機關有關場所地址、名稱、目前災害狀況等對外之聯繫，同時亦應負責對內之聯絡，包括管理員室、場所內各部門之聯絡告知等，通報結束後，應向防火管理人及自衛消防隊長告知通報情形及災害最新狀況。

(二)初期滅火：主要是以滅火器進行初期滅火，以撲滅火災於初萌及防止迅速擴大延燒。

(三)避難引導：發生火災時，避難引導人員應引導起火層之避難者，使用與起火處反方向之緊急出口避難至戶外「避難集合地點」，若火勢擴大或滅火行動不順利時，則應引導其至其他安全地方避難。

參、防災教育訓練填寫說明
1.防災教育的實施對象、時期以及次數，依場所用途特性，照實際情況排定。
2.防災教育必須指定防火管理人或是和實施教育的對象有業務關係之負責人執行為宜。
3.關於教育的實施，除了在日常的業務計畫中實施之外，也可選在防汛期間、119消防節等其他重要時間來實施。
4.教育訓練之期程由場所自行律定。

肆、自衛消防活動填寫說明
1.自衛消防編組表應依場所實際情形填寫成員，不應留空。
2.自衛消防編組表應有各任務分工之架構。
3.場所如為輪班制，發生火災時，應註明自衛消防編組以當日值班台或布告欄公布之編組為準。
4.自衛消防活動包括通報聯絡、滅火、避難引導等項目應確實讓員工瞭解其任務。

伍、假日暨夜間之防火管理體制

一、本場所之夜間、假日之自衛消防編組如附件六，當夜間及假日發生火災時，應採取下列應變作為：

(一)立即通知消防機關（119），在進行初期滅火之同時，應同時通報建築物內部之出入人員，並依緊急通報系統，聯絡自衛消防隊長及防火管理人。

(二)與消防機關保持聯繫，將火災情形、延燒狀況等初期火災訊息，隨時提供消防隊掌控，並引導消防人員前往起火地點。

陸、自衛消防編組訓練

一、為強化自衛消防編組之應變能力，自衛消防編組人員之教育訓練，將結合所有員工及收容人員，每年○月、○月至少舉行滅火、通報及避難訓練1次，且每次訓練之實施不少於4小時。

二、自衛消防編組訓練結束翌日起14日內將相關成果表件提報當地消防機關備查。

伍、假日暨夜間之防火管理體制填寫說明
1.夜間、假日自衛消防編組表應依場所實際情形填寫，並建立代理機制，不應留空。
2.場所如為輪班制，發生火災時，應註明自衛消防編組以當日值班台或布告欄公布之編組為準。
陸、自衛消防編組訓練填寫說明
1.自衛消防編組訓練成果之提報期限為結束翌日起14日內將相關成果表件提報當地消防機關備查。
2.衛消防編組訓練成果表件應包含自衛消防編組提報表、參演人員簽到表、演練結束檢討會議紀錄及各編組人員演練照片等相關文件。

▲柒、地震防救對策

一、為防範地震造成之災害，場所內應準備必要之防災用品，防火管理人應透過防災教育告知所有從業人員，進行平時之安全管理時，並一併進行下列事項：

(一)檢查附屬在建築物之設施如廣告牌、窗框、外壁等及陳列物品有無倒塌、掉落、鬆脫。

(二)檢查燃氣設備、用火用電設備器具有無防止掉落措施,以及品有無倒塌、掉落、鬆脫。

(三)檢查危險物品有無掉落,傾倒之虞。

(四)防火管理人應積極參加消防機關或相關團體舉辦之講習會或研討會,同時應隨時對從業人員辦理防火講習或宣導教育。

二、地震發生時應採取下列應變措施:當地震發生時之因應事項,包括火災防止措施、災情收集措施及滅火、避難引導等項目,具體內容如下:

(一)位於用火用電設備器具周遭之員工,應確實切斷電(火)源,並移除易燃物,當建築物內發生火災,準用自衛消防活動中之滅火活動,採取初期滅火行動,並經確認火災狀況後報告回報防火管理人(或指揮據點)。

(二)全體員工應確認周圍機具、物品等有無掉落及異常狀況,並告知防火管理人(或指揮據點)。

(三)地震發生時,自衛消防編組人員應立即指導有關人員進行適當之避難行為。

三、地震發生後應採取下列安全措施:

(一)於用火用電設備器具周遭之員工,應確認電(火)源安全無虞後,方可使用相關設備。

(二)地震發生後如發生災害,於自身安全無虞下,應依自衛消防編組分工,進行救災。

(三)如有受傷者,應列入最優先之救援行動,採取必要之緊急救護措施。

(四)應蒐集相關資料地震資訊,適時通報建築物內部人員,如須採取避難行動,應告知集結地點俾集體前往避難處所。

▲柒、地震防救對策填寫說明
本項為選項,自行依場所特性決定保留與否。

捌、瓦斯災害緊急處置

一、緊急聯絡電話如下：

單位名稱	電話	單位名稱	電話
市政府消防局	119	瓦斯公司	
市政府警察局	110	管理權人	公司： 行動電話：
○○電力公司			

二、瓦斯洩漏時，應即關閉附近瓦斯開關，並嚴禁火源，同時立即通報瓦斯公司及119，告知○○之瓦斯洩漏位置及有無受傷人員（及人數）。並進行場所內廣播，其廣播範例如下：「這裡是○○，現在於○樓發生瓦斯外洩。請立即關閉瓦斯關開關、停止使用用火用電設備器具，並熄滅香菸等火源。各位來賓請依照本場所人員之指示避難。」

玖、附則

一、本計畫自消防機關核備後開始實施。

二、本計畫製作完成後如有變更時，應即填具附表二報當地消防機關。

管理權人職稱	姓名	簽名或蓋章
陳○○	陳○○	陳○○

▲捌、瓦斯災害緊急處置填寫說明
1.本項為選項，自行依場所特性決定保留與否。
2.緊急聯絡電話之通報範例，電話不應留白，以免失去充當通報範例之意義。
3.瓦斯、電力、特殊物品或器具之專業人員應建立聯絡機制（附聯絡電話）。另緊急聯絡人不應僅以「主管」2字替代，且僅留公司電話，應記載具體姓名、職稱及行動電話。
玖、附則填寫說明
消防防護計畫實施日期以消防機關核備日期為實施起始日。

附表一　防火管理人（遴用、異動）提報表

防火管理人　　■遴用　　　　　（請勾選）提報表
　　　　　　　□異動

受文者	○○市政府消防局第○大隊○○消防分隊					
主旨	提報本場所防火管理人					
提報人	陳○○（簽名或蓋章）					
場所	名稱	○○			電話	○○○○○○○○
	地址	新北市○○區○○路○段○○號○樓				
	管理權人	姓名	陳○○		簽名（或蓋章）	陳○○
		住址	○○市○○區○○路○段○號○樓	身分證字號	○○○○○○○○○○	

防火管理人	遴用	姓名	陳○○		簽名（或蓋章）	陳○○	
		身分證字號	○○○○○○○○	出生日期	民國○年○月○日		
		選派年月日	○年○月○日				
		職稱	○○				
		接受講習機構	○○○○○○○○○				
		證書日期	○年○月○日	證書文號	○○防訓字第○○○號		
	異動	姓名					
		異動日期	年	月	日		
		異動原因					

綜合意見（消防機關填寫）	□准予核備。 □不予核備：

依消防法第十三條之規定辦理。防火管理人如有異動，應併同合格之替換人選，立即向消防機關提報。

附表二　消防防護計畫（製定、變更）提報表

消防防護計畫　　　■製定　　　　　　（請勾選）提報表
　　　　　　　　　□變更

受文者		○○市政府消防局第○大隊○○消防分隊			
主旨	提報	消防防護計畫		（如附件）	
提報人	管理權人：		陳○○（簽名或蓋章）		
製定人	防火管理人：		陳○○（簽名或蓋章）		
場所	名稱	○○		電話	○○○○○○○○○
	地址	○○市○○區○○路○段○○○號○樓			
■製定日期 □變更日期	○年○月○日	製定 變更	原因	○○○○○	
綜合意見（消防機關填寫）	□准予核備。 □不予核備：				

依消防法第十三條之規定辦理。消防防護計畫或共同消防防護計畫如有變更，請立即向消防機關提出。使用本表應檢附「消防防護計畫」及「消防防護計畫自行檢查表」。

附表三　消防防護計畫自行檢查表

消防防護計畫自行檢查表

依據消防法第13條及消防法施行細則第13條至第16條規定，防火管理人應製定消防防護計畫，並報請消防機關核備。此表係供防火管理人自行檢查，先行確認所製定之消防防護計畫內容是否適當，俟確認內容無誤後，再報請消防機關核備。

建築物概要

1.用途〇〇

2.所在建築物為地上〇層、地下〇層，本場所在〇樓、面積〇〇平方公尺。

檢查項目及內容確認	自行檢查 是（勾選）否		備考
壹、總則			
一、目的與適用範圍	☑	☐	
二、管理權人之職責			
(一)是否由管理權人決定防火管理人，並向消防機關提報？	☑	☐	
(二)防火管理人是否為管理監督層級之幹部？	☑	☐	
三、防火管理人之職責	☑	☐	
(一)防火管理人是否依法參加講習、領有證書？	☑	☐	
(二)防火管理人是否依法參加複訓？	☑	☐	
四、與消防機關之通報聯繫	☑	☐	
消防防護計畫是否由防火管理人製定，並依規定向消防機關提報？			
貳、預防管理對策			
一、平時火災預防			
(一)是否依規定檢修申報，並將檢查結果提報消防機關？	☑	☐	
(二)是否定期檢查建築物防火避難設施、用火用電設備及消防安全設備之自行檢查？	☑	☐	
(三)各項檢查是否已訂定檢查負責人及執行人員？			
(四)是否製訂自行檢查表格及執行期程？	☑	☐	
(五)是否建立檢查結果不合格時通報機制？	☑	☐	
二、火災預防措施	☑	☐	
(一)是否建立用火用電管理機制？	☑	☐	
(二)是否建立防火避難設施管理機制？	☑	☐	
(三)是否張貼位置圖、逃生避難圖及平面圖於明顯易見處？	☑	☐	
三、施工中消防安全對策之建立（場所有施工時填報）	☑	☐	
四、縱火防制措施	☑	☐	
參、防災教育訓練			
一、實施對象與重點內容	☑	☐	
二、實施者與期程規劃	☑	☐	

（續）附表三　消防防護計畫自行檢查表

消防防護計畫自行檢查表

肆、自衛消防活動			
一、自衛消防編組			
(一)是否完成滅火、通報及避難引導編組之任務分工？	☑	☐	
(二)各班之任務分工，是否明確訂定？	☑	☐	
二、自衛消防活動（任務概要）	☑	☐	
陸、自衛消防編組訓練			訓練成
一、是否依場所特性建立滅火、通報及避難訓練分工？	☑	☐	果依各
二、滅火、通報、避難引導綜合演練實施期程規劃？	☑	☐	直轄
(一)是否每半年進行一次訓練？	☑	☐	（縣）
(二)是否提報自衛消防編組之訓練成果至轄區消防？	☑	☐	市消防
			機關規
			定陳報
柒、地震防救對策			
一、震前安全管理	☑	☐	▲
二、震時應變措施	☑	☐	▲
三、震後安全措施	☑	☐	▲
捌、瓦斯緊急災害處置			
一、緊急聯絡機制	☑	☐	▲
二、災時緊急應變	☑	☐	▲
附表			
一、防火管理人（遴用、異動）提報表	☑	☐	
二、消防防護計畫（製定、變更）提報表	☑	☐	
三、消防防護計畫自行檢查表	☑	☐	
四、自衛消防編組訓練計畫提報表	☑	☐	
五、現有建築物（場所）施工中消防防護計畫提報表	☑	☐	
六、現有建築物（場所）施工中消防防護計畫自行檢查表	☑	☐	
附件			
一、日常火源自行檢查表	☑	☐	
二、防火避難設施自行檢查紀錄表	☑	☐	
三、消防安全設備自行檢查表	☑	☐	
四、自衛消防隊編組表	☑	☐	
五、自衛消防隊裝備一覽表	☑	☐	
六、夜間、假日自衛消防編組表	☑	☐	
附圖			
一、（場所名稱）位置圖	☑	☐	
二、（場所名稱）平面圖暨逃生避難圖	☑	☐	

「備考」欄中，標示「▲」記號者，表示該欄為「選項」，應視場所實際狀況
或有無該項需求而填寫於消防防護計畫，並增刪相關本表之相關欄位。

附表四　自衛消防編組訓練計畫提報表

自衛消防編組訓練計畫提報表

受文者	○○市政府消防局第○大隊○○消防分隊			
主旨	提報自衛消防編組訓練計畫（如附件）			
提報人	管理權人：陳○○（簽名或蓋章）			
實施者	防火管理人：陳○○（簽名或蓋章）			
場所	名稱	○○	電話	○○○○○○○○○
	地址	○○市○○區○○路○段○○○號○樓		
訓練	日期	○年○月○日		
	內容	□滅火訓練　　□通報訓練　　□避難引導訓練　　■綜合演練		
	種類	□白天人員之訓練　　□夜間人員之訓練　　■全體人員之訓練		
	參加人數	○人	前次訓練日期	民國○年○月○日
	派員指導	□要　　■不要	消防車支援	□需要　　輛　　■不要
	其他			
綜合意見（消防機關填寫）				

1. 依消防法施行細則第十五條第五項之規定辦理，並應於實際訓練日期十日前，提報消防機關，消防機關於該場所實際進行訓練時，得派員前往查察，以確認業已報請消防機關核備之消防防護計畫，是否依規劃日期進行。

2. 為落實滅火、通報及避難訓練之實施，應結合自衛消防編組進行，如製定自衛消防編組訓練計畫，可便利消防機關提供必要之指導。

附表五 現有建築物（場所）施工中消防防護計畫提報表

現有建築物（場所）施工中消防防護計畫提報表

受文者		○○市政府消防局第○大隊○○消防分隊			
主旨		提報○○場所施工中消防防護計畫（如附件）			
提報人		管理權人：陳○○（簽名或蓋章）			
製作人		防火管理人：陳○○（簽名或蓋章）			
場所	名稱	○○		電話	○○○○○○○○
	地址	○○市○○區○○路○段○○○號○樓			
製定日期		○年○月○日	製定原因	○○○○○	
綜合意見（消防機關填寫）					

請於實際開工日期三日前（如為郵寄，以郵戳為憑），向消防機關提報。

附表六　現有建築物（場所）施工中消防防護計畫自行檢查表

現有建築物（場所）施工中消防防護計畫自行檢查表

項目	自行檢查 有	自行檢查 無	備考
一、施工作業及計畫			
(一)施工概要	☑	☐	
(二)施工日程表	☑	☐	
(三)施工範圍	☑	☐	
(四)有無消防設備無法動作情形	☐	☑	
(五)有無避難逃生設備無法動作情形	☐	☑	
(六)有無使用會產生火源之設備	☐	☑	
(七)有無運用危險物品作業	☐	☑	
(八)聯絡人	☑	☐	
(九)緊急聯絡人	☑	☐	
(十)其他	☑	☐	
二、施工中之防火管理			
（一）預防火災	☑	☐	
（二）互相聯絡機制	☑	☐	
（三）地震對策	☑	☐	
（四）自衛消防編組	☑	☐	
（五）通報消防機關	☑	☐	
（六）逃生避難路線	☑	☐	
（七）防火區劃	☑	☐	
三、施工期間，施工人員之教育、訓練及施工中消防防護計畫之宣達			
(一)防災教育	☑	☐	
(二)防災訓練	☑	☐	
(三)告知施工中之消防防護計畫相關事宜	☑	☐	
四、其他	☐	☐	
綜合意見 （消防機關填寫）			

業者自我檢查時，如有附表或附件，請於備考欄中註明。倘該欄不需設置，請以「△」註記。

附件一　日常火源自行檢查表

日常火源自行檢查表

實施人員		防火管理人陳○○		負責區域		1樓	檢查月份	3
日期	週	實施項目						附記
		用火設備使用情形	電器設備配線	菸蒂處理	下班時火源管理	其他（可燃物管理等）		
1	四	○	○	○	○	○		
2	五	○	○	V	○	V	已改繕完畢	
3	六	○	○	○	○	○		
4	日	○	○	○	○	○		
5	一	○	○	○	○	V	已改繕完畢	
6	二	○	○	○	○	○		
7	三	○	○	○	○	○		
8	四	○	○	○	○	○		
9	五	○	○	○	○	○		
10	六	○	○	V	○	○	已改繕完畢	
11	日	○	○	○	○	○		
12	一	○	○	○	○	○		
13	二							
14	三							
15	四							
16	五							
17	六							
18	日							
19	一							
20	二							
21	三							
22	四							
23	五							
24	六							
25	日							
26	一							
27	二							
28	三							
29	四							
30	五							
31	六							
防火管理人處置情形暨簽章							陳○○	
日常火源管理均符合規定								

備考：如有指派防火管理人以外之專責人員，當有異常現象，應立即報告防火管理人，由防火管理人回報管理權人。

符號說明：「○」→符合規定、「V」→立即改善後符合規定、「X」→無法使用、損壞或未依規定且無法立即改善。

附件二　防火避難設施自行檢查紀錄表

防火避難設施自行檢查紀錄表

實施人員		陳○○		負責區域	1樓
實施日時			○年○月○日		
檢查重點			檢查狀況 （處置情形）		
1	防火捲門下之空間無障礙物		○		
2	樓梯不得以易燃材料裝修		○		
3	防火門、樓梯、走廊、通道無堆積妨礙避難逃生之物品		V	雜物堆積情形已改善	
4	防火門無障礙物並保持關閉		V	防火門保持關閉已改善	
5	防火門常關不上鎖		○		
6	樓梯間未堆積雜物		V	樓梯間堆積雜物已改善	
7	避難通道有確保必要之寬度		○		
8	避難逃生路線圖依規定設在明顯處		○		
9	其他：				
回報狀況					
防火管理人處置情形暨簽章			管理權人處置情形暨簽章		
已改善完畢		陳○○	陳○○		

備考：1.如有指派防火管理人以外之專責人員，當有異常現象，應立即報告防火管理人，由防火管理人回報管理權人。

　　　2.以外觀檢查為原則，並依場所特性、實際狀況或有無該項內容，增刪有關項目。

符號說明：「○」→符合規定、「V」→立即改善後符合規定、「X」→無法使用、損壞或未依規定且無法立即改善。

附件三　消防安全設備自行檢查表

消防安全設備自行檢查表

實施人員	陳○○		負責區域	1樓
實施日時	○年○月○日			
設備內容	實施重點		檢查狀況 （處置情形）	
滅火器	1.放置於固定且便於取用之明顯場所。 2.安全插梢無脫落或損傷等影響使用之情形。 3.噴嘴無變形、損傷、老化等影響使用之情形。 4.壓力指示計之壓力指示值在有效範圍內。 5.無其他影響滅火器使用之情形（如放置雜物）。		○ ○ ○ ○ ○	
標示設備	1.無內部裝修，致影響辨識之情形。 2.無標識脫落、變形、損傷或周圍放置雜物等影響辨別之情形。 3.燈具之光源有保持明亮，無閃爍等影響辨識之情形。		○ ○ V	 出口標示燈 損壞已改善
緊急照明設備	1.無內部裝修，致影響辨識之情形。 2.無標識脫落、變形、損傷或周圍放置雜物等影響辨別之情形。 3.燈具之光源有保持明亮，無閃爍等影響辨識之情形。		○ ○ V	 緊急照明燈 損壞已改善
狀況回報				
防火管理人處置情形暨簽章		管理權人處置情形暨簽章		
已改善完畢	陳○○	陳○○		

備考：1.如有指派防火管理人以外之專責人員，當有異常現象，應立即報告防火管理人，由防火管理人回報管理權人。

　　　2.消防安全設備應與檢修申報書之項目一致，以外觀檢查為原則，並依場所自身特性及人員能力，填寫設備內容及實施內容。

　　　3.依場所特性、實際狀況或有無該項內容，增刪有關項目。

符號說明：「○」→符合規定、「V」→立即改善後符合規定、「X」→無法使用、損壞或未依規定且無法立即改善。

附件四　自衛消防隊編組表

自衛消防隊編組表

自衛消防隊長	（陳○○）	指揮、命令及監督自衛消防編組。
分工職責及人員	任務	
通報 陳○○	1.向消防機關報案並確認已報案。有關報案範例如下： 　　　　　報案範例 　火災！新北市○○區○○路○○號○樓。○樓廚房有物品在燃燒， 報案人電話：02-○○○○○○○ 2.向場所內部人員緊急廣播及通報。 3.聯絡有關人員（依緊急聯絡表）。其重點如下： 　　　　玉大瓦斯公司：02-○○○○○○○ 　電力公司：02-○○○○○○○○公司主管：098○○○○○○○ 4.適當進行場所內廣播（麥克風)，應避免發生驚慌。 　　　　緊急廣播例（重複二次以上） 　現在在1樓發生火災！1樓滅火班請立即進行滅火行動。避難引導班 請依照配置位置就定位！火源責任者請將瓦斯關閉，並採取防止延 燒對策。「各位人員請依照引導人員之指示避難逃生。」	
滅火 楊○○	1.指揮成員展開滅火工作。 2.使用滅火器進行滅火工作。 　　　　**滅火器** 　①拔安全插銷 　②噴嘴對準火源 　③用力壓握把 3.與消防隊聯繫並協助之。	
避難引導 葉○○	1.於起火層及其上方樓層，傳達開始避難指令。 2.開放並確認緊急出口之開啟。 3.移除造成避難障礙之物品。 4.無法及時避難及需要緊急救助人員之確認及通報。 5.劃定警戒區。 6.擔任避難引導。 ＜重點＞通道轉角、出入口應配置引導人員。以起火層及其上層為優先配置。 ＜必要裝備＞·哨子。·手電筒。·其他必要之器材。	

1.自衛消防編組表不可逕行填寫「○○」或「自衛消防隊長」，除非輪班制，否則應有具體姓名。

2.場所如為輪班制，應註明自衛消防編組以當日值班台或布告欄公布之編組為準。

3.可依場所特性酌予調整，同一人員可兼任不同班別。

4.自衛消防隊長之代理人，依序為任務分工之通報、滅火、避難引導人員，若該人員因故不在時，依序由成員欄中由上往下之姓名順序代理。

附件五　自衛消防隊裝備一覽表

自衛消防隊裝備一覽表

類別	品名	數量	保管場所	備考
隊用裝備	滅火器（ABC）	3	1樓	
個人裝備	▲警笛			
	▲手電筒	2	1樓	
	▲哨子	1	1樓	

1.隊用裝備，應集中放置，並由自衛消防隊長保管及管理；個人裝備應由個人自行保管或集中管理。

2.上述各項裝備，依場所特性、實際狀況或有無該項內容，增刪有關項目，標示「▲」記號者，表示該欄為「選項」，應視場所實際狀況或有無該項需求而填寫。

附件六　夜間、假日自衛消防編組表

夜間、假日自衛消防編組表（假日夜間無人駐守）

值班人員	任務及人員	任務內容
隊長 陳〇〇 24小時能聯絡到人的電話或手機	指揮 24小時能聯絡到人的電話或手機	擔任初期消防活動之指揮工作，同時應掌握開始避難之決定、避難人員之確保及災害之狀況。 重點 ‧引往起火場所之最短通道。 ‧引導至進出口。 ‧起火場所、燃燒物體及燃燒範圍。 ‧有無受困者、受傷者等。
	通報 陳〇〇 24小時能聯絡到人的電話或手機	1.向消防機關報案並確認已報案。有關報案範例如下： 報案範例 火災！新北市〇〇區〇〇路〇〇號〇樓。〇樓廚房有物品在燃燒，報案人電話：02-〇〇〇〇〇〇〇1 2.向場所內部人員緊急廣播及通報。 3.聯絡有關人員。 重點 玉大瓦斯公司：02-〇〇〇〇〇〇〇〇 電力公司：02-〇〇〇〇〇〇〇〇 公司主管：098〇〇〇〇〇〇〇 4.適當進行場所內廣播，應避免發生驚慌。 緊急廣播例（麥克風）（重複二次以上） 現在在〇樓發生火災！〇樓滅火班請立即進行滅火行動。避難引導班請依照配置位置就定位！火源責任者請將瓦斯關閉，並採取防止延燒對策。「各位人員請依照引導人員之指示避難逃生。」
	滅火 陳〇〇 24小時能聯絡到人的電話或手機	運用區域內之滅火器進行滅火工作。 滅火器 ①拔安全插銷 ②噴嘴對準火源 ③用力壓下握把
	避難引導 陳〇〇 24小時能聯絡到人的電話或手機	1.大聲指引避難方向，避免發生驚慌。 2.打開緊急出口並確認之。 3.移除妨礙避難之物品。 重點 / 裝備 通道轉角、樓梯出入口應配置引導人員。以起火層及其上層為優先配置。 / ‧各居室、避難出口之鑰匙。‧手電筒。‧其他必要之器材。 4.擔任避難引導。 5.確認所有人員是否已避難，並將結果聯絡自衛消防隊長。 6.緊急電源之確保。

附圖一 ○○位置圖

○○位置圖

符號說明：

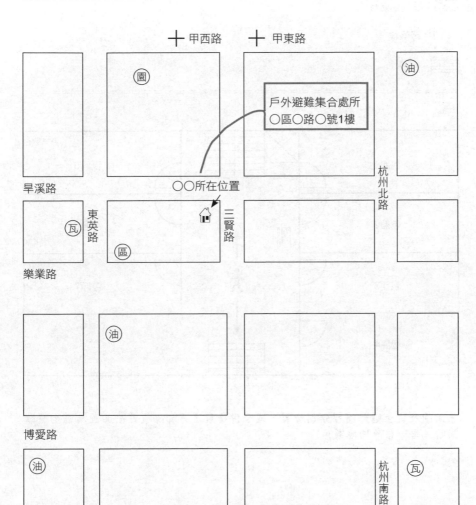

附圖二 ○○平面圖暨逃生避難圖

○○平面圖暨逃生避難圖

符號說明：

Ⓒ：滅火器

▨：室內消防栓

▽：緩降機

▤：樓梯

===

包廂1		包廂5
包廂2		包廂6
包廂3		包廂7
包廂4		

平面圖及逃生避難圖可分別繪製，或合併繪製，另實際製作平面圖及逃生避難圖時，每一樓層均應製。

附錄二　大型社會福利機構消防防護計畫範例

大型機構以收容人數50人以上之老人及身心障礙福利機構為例

目錄

項次暨內容	備考
壹、總則	
貳、預防管理對策	
參、自衛消防活動	
肆、假日暨夜間之防火管理體制	
伍、地震防救對策	
陸、瓦斯災害緊急處置	
柒、防災教育訓練	
捌、附則	

附表

一、防火管理人（遴用、異動）提報表	
二、（共同）消防防護計畫（製定、變更）提報表	
三、消防防護計畫自行檢查表	
四、自衛消防編組訓練計畫提報表	
五、現有建築物（場所）施工中消防防護計畫提報表	
六、現有建築物（場所）施工中消防防護計畫自行檢查表	

附件

一、火災預防管理編組表	
二、日常火源自行檢查表	
三、防火避難設施自行檢查紀錄表	
四、消防安全設備自行檢查表	
五、自衛消防隊編組表	
六、自衛消防隊裝備一覽表	
七、夜間、假日自衛消防編組表	

附圖

一、（場所名稱）位置圖	
二、（場所名稱）平面圖暨逃生避難圖	

大型社會福利機構消防防護計畫範例

（以收容人數50人以上之老人及身心障礙福利機構為例）
民國〇〇年〇月〇〇日製定

壹、總則

一、目的與適用範圍

1.目的：本計畫係依消防法第十三條暨同法施行細則第十三條至十六條，規定防火管理之必要事項，以落實預防火災、地震及其他災害之目的，並達到保障人命安全、減輕災害之目標。

2.適用範圍：在（場所名稱）服務、出入之一切人員都必須遵守。

二、管理權人之職責

1.管理權人負有（場所名稱）防火管理業務之所有責任。

2.選任位於管理或監督層次，且能適當公正地執行防火管理業務權限者之防火管理人，使其推動防火管理業務，並向消防機關申報防火管理人之遴用及解任。

3.管理權人應監督、指導防火管理人推動防火管理上必要之業務。

4.申報消防防護計畫書。

5.防火避難設施及消防安全設備之檢查維護之實施及監督，以及相關設施（備）有缺失時，應儘速改善。

6.申報防火管理人之遴用及解任。

7.在防火管理人製定或變更消防防護計畫時須給與必要之指示。

三、防火管理人之職責

防火管理人負責此消防防護計畫之製作及實行，並推行下列業務：

1.消防防護計畫之製定、檢討及變更。

2.實施滅火、通報及避難引導訓練。

3.防火避難設施、用火用電設備器具、危險物品設施之檢查實施及監督。

4.電氣配線、電氣機器、機械設備之管理及安全確認。

5.消防安全設備檢查維護之實施及監督，以及法定檢修之會同檢查。

6.施工中消防防護計畫之製作及安全措施之建立。

7.火源使用或處理有關之指導及監督。

8.收容人員之適當管理及加強進出人員之管制。。

9.對內部員工、收容院民及相關人員實施防災教育。

10.加強夜間消防情境模擬演練。

11.加強高樓層員工及收容人員之避難引導演練。

12.加強模擬火災時之水平避難演練。

13.訓練、要求院內員工應熟練火災時之救災活動。

14.防火管理業務相關人員之指導及監督。

15.製定護理人員工作手冊，以加強災害發生時的急救處理。

16.若機構內收容有視覺及聽覺障礙者，宜加強其標示設備之聲光功能。

17.加強與鄰近社區之互動關係，以期不甚發生火災時多一分支援與協助。

18.對管理權人提出建議及請求指示。

19.保持機構內通道之順暢，防止物品阻礙通路、樓梯。

20.推動防止縱火之預防措施。

21.各項防火管理相關書面資料之保管與整理。

22.其他防火管理上必要之事項。

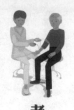

四、與消防機關之通報聯繫

1. 防火管理人遴用及異動時，依附表一填寫，三日內向當地消防機關提報。

2. 消防防護計畫製定及變更後，應依附表二填具「消防防護計畫製定（變更）提報表」，並依附表三檢附「消防防護計畫及消防防護計畫自行檢查表」，向當地消防機關提報。有關消防防護計畫製定後，有下列事項變更時，管理權人（防火管理人）應於3日內向消防機關提報。

   (1) 管理權人或防火管理人之變更。

   (2) 自衛消防編組之大幅或重要變更。

   (3) 建築用途變更、增建、改建等導致消防安全設備之變動時。

3. 實施滅火、通報、避難訓練時，應於10日前填註附表四向當地消防機關提報，並報告其結果。

4. 遇有增建、改建、修建、室內裝修施工時，依「製定現有建築物（場所）施工中消防防護計畫指導須知」之規定，於開工（指實際開工日期）3天前，依附表五填具「現有建築物（場所）施工中消防防護計畫提報表」，檢附附表六「現有建築物（場所）施工中消防防護計畫及現有建築物（場所）施工中消防防護計畫自行檢查表」，向當地消防機關提報。

5. 依法定期限申報消防安全設備檢修結果報告書。

五、防火管理委員會

防火管理委員會之設立，可協調不同部門或特性之機構間的防火管理，其包括之內容如下：

1. 為能適當協調不同部門或特性之機構間防火管理業務之運作，應設置防火對策委員會。

2. 防火對策委員會由主任委員召集，委員會之成員，由各部門相關職員組成。

3.委員會之審議事項包括自衛消防組織的設置及相關裝備，實施滅火、通報、避難引導之相關訓練，相關消防設施的改善強化，火災預防上必要的教育訓練及其他防火管理相關事項。

貳、預防管理對策

一、平時火災預防

1.本（場所名稱）依消防法規定，係屬應設消防安全設備之（○）類場所，為落實消防安全設備之維護管理，定於每年之○○月，委託（消防設備師／士、○○專業檢修機構等）檢修消防安全設備，並於檢修完成後15日內，依規定將檢修結果報請當地消防機關備查。

2.為落實平時之火災預防作為，依場所之使用特性、防火避難設施、燃氣設備及消防安全設備之設置等情形，實施預防管理編組，人人皆應負起火災防制之責任。

3.火災預防管理組織負責平時火災預防及地震時之防止起火，以防火管理人為中心（各樓層或指定範圍），分別設置防火負責人，並劃設責任區域，指派火源責任者進行火災防制措施。有關本場所之火災預防管理編組，如附件一。

4.防火管理人應定期詢問防火負責人、火源責任者及每一位員工，以落實火災預防措施。

5.防火負責人之任務為輔助防火管理人，並指導、監督負責區域內之火源責任者。

6.火源責任者之任務如下：

(1)輔助防火負責人，擔任指定範圍內之火源管理工作，並負責指定範圍內之防火避難設施、用火用電設備器具、電氣設備、危險物品及消防安全設備等之日常維護管理。

(2)地震時用火用電設備器具及住院病患與有關人員之安全確認。

老人居家健康照顧
理論與實務

(3)依照附件二之「日常火源自行檢查表」、附件三之「防火避
　　難設施自行檢查表」及附件四之「消防安全設備自行檢查
　　表」進行檢查。
　　• 日常火源自行檢查，應於每日下班時進行。
　　•[1]日常防火避難設施之自行檢查，每日應檢查二次。
　　• 消防安全設備自行檢查表，每月應檢查乙次（如有相關疑
　　　問，可洽檢修人員或機構）。
7.收容人員之管理：
　(1)重症患者、老人、嬰幼兒等緊急時自力避難有困難之人員，
　　　應收容於低樓層場所。
　(2)確實進行場所內人員出入之查核，落實掌握緊急時患者、住
　　　院人員及相關進出人員之動態，以利火災時，能立即掌握機
　　　構內待救援人數及位置等訊息。
　(3)長期療養或暫時住院人員，外出或外宿時，應確認有管理日
　　　誌或外出許可書等類似證明文件。
　(4)緊急呼叫鈴位置應設置於院民床邊等易使用處，以利行動不
　　　便無法自立行走者，於緊急狀況時，能尋求救助。
8.本（場所名稱）之輪值人員，於假日、夜間，應定時巡邏，確
　　保用火用電安全，並記錄於（工作日誌或交接簿等），俾翌日
　　向防火管理人報告。

二、火災預防措施

1.吸菸及用火等易發生危險行為之規定如下：
　(1)走廊、樓梯間、更衣室、電腦室、電氣機房、危險物品設施
　　　之周遭、實驗室及倉庫等嚴禁吸菸。
　(2)除廚房外，任何地點未經允許嚴禁火源。

---
[1] 依消防法施行細則第十五條第一項第二款規定，防火避難設施每月至少
檢少一次，本場所為強化場所自身安全自行規定，每日應檢查二次。

2. 從事下列行為應事先向防火管理人聯絡取得許可後，始得進行：

(1) 指定場所以外之吸菸及火源使用。

(2) 各種用火用電設備器具之設置或變更時。

(3) 各種慶祝活動必須用火用電時。

(4) 危險物品之貯藏、處理，及其種類及數量之變更時。

(5) 進行施工行為時。

3. 用火用電之監督管理：

(1) 向防火管理人提出使用焊接或其他用火之作業計畫，在使用用火作業之場所，應配置有滅火器，同時，在指定場所以外的區域，亦不可有抽菸、點火等行為，使用危險物時，應經督導之防火管理人許可，對於用火、用電之管理，作業責任者皆應負起相關防火責任。

(2) 向防火管理人提出用火用電使用申請書，並應得到許可，方可使用，用火用電設備器具之使用，應事先檢查，並應確認使用時周遭無易燃物品，使用完畢後，應加以檢查確認其是否處於安全狀況，並置放於適當之安全場所。

4. 為確保防火避難設施之機能運作正常，所有出入人員應遵守下列事項：

(1) 安全門等緊急出口、走廊、樓梯間及避難通道等避難設施：

- 不得擺放物品，以避免造成避難障礙。

- 應確保逃生避難時，樓地板無容易滑倒或牽絆避難人員之情形。

- 作為緊急出口之安全門，應容易開啟，並確保走廊及樓梯間之寬度能容納避難人員。

(2) 為防止火災擴大延燒，並確保消防活動能有效進行之防火設施：

- 安全門應經常保持關閉，並避免放置物品導致影響其關閉之

情形。

- 安全門周遭不得放置容易延燒之可燃物。

5.本（場所名稱）之位置圖如附圖一，另為確保火災發生時逃生避難之安全，有關各樓層之平面圖及逃生避難圖如附圖二，除張貼於公告欄等顯眼處外，並應確實轉知場所內每一位人員（含自衛消防編組之成員），熟悉逃生避難路徑及相關之消防安全設備。

三、施工中消防安全對策之建立

1.本場所進行施工時，應建立消防安全對策。如進行增建、改建、修建及室內裝修時，應依消防法施行細則第十五條第二項規定製定施工中消防防護計畫，並向當地消防機關申報。

2.上述施工中消防防護計畫之製作，應依據「製定現有建築物（場所）施工中消防防護計畫指導須知」[2]之規定辦理，並於實際開工日3天前，填具附表五「現有建築物（場所）施工中消防防護計畫提報表」，並依附表六檢附「現有建築物（場所）施工中消防防護計畫及現有建築物（場所）施工中消防防護計畫自行檢查表」，提報轄區消防機關。

3.防火管理人於施工時，應注意下列事項：

(1)一般注意事項：

- 應對施工現場可能之危害，進行分析評估，並注意強風、地震、粉塵等特殊氣候或施工狀態下可能造成的影響，採取有效之預防措施。
- 應定期及不定期檢查施工現場周遭情形，建立督導及回報機制。
- 應採取增加巡邏次數等強化監視體制之措施。

---

2 參考消防署網站：http://www.nfa.gov.tw/sys1/sys1_10.aspx。

- 建築物施工場所，如需停止消防安全設備之功能，應採取相關替代防護措施及增配滅火器，並強化滅火、通報等相關安全措施，並嚴禁施工人員吸菸及不當之用火用電。
- 為防止縱火，有關施工器材、設備等，應確實收拾整理，並建立管制機制。
- 施工現場應建立用火用電等火源管理機制，同時對現場人員妥善編組，確保火災發生時，能發揮初期應變之功能。

(2) 進行熔接、熔切、電焊、研磨、熱塑、瀝青等會產生火花之工程作業時，為防止施工作業之火焰或火花飛散、掉落致引起火災，除依前述「一般注意事項」外，應採取下列措施：

- 應避免在可燃物附近作業，但作業時確實無法避開可燃物者，應在可燃物周圍，採用不燃材料、披覆防焰帆布或區劃分隔等防處措施，予以有效隔離。
- 作業前應由施工負責人指定防火負責人及火源責任者，進行施工前安全確認，並加強作業中之監視及作業後之檢查。
- 施工單位在實施熔接、熔切、焊接等會產生火花之作業時，應於周邊備有數具滅火器等滅火設備，俾能隨時應變滅火。
- 各施工場所應由防火責任者，依施工進行情形，定期向施工負責人及防火管理人報告。
- 使用危險物品或易燃物品時，應知會施工負責人及防火管理人，採取加強防護措施。

(3) 施工期間應事先公告及通知有關人員，依下列原則辦理教育訓練：

- 防火防災教育及訓練，必須包括全體員工及施工人員。
- 教育訓練之內容，應包括潛在之危險區域及防處作為、緊急應變程序、通訊聯絡機制、疏散避難路線、消防機具及滅火設備之位置及操作方法等有關之防火管理措施及應變要領。
- 進行教育訓練時，應包含滅火、通報，避難引導、安全防護

及緊急救護等相關事項，且就有關人員予以編組，實際進行模擬演練。

- 有雇用外籍人士時，應一併施予防火防災教育及訓練。
- 施工期間之教育訓練，應於各項工程開工前為之，並應定期實施再教育訓練。

四、縱火防制對策

1.平時之縱火防制對策：

- 建築基地內、走廊、樓梯間及洗手間等場所，不得放置可燃物。
- 加強對於進出人員之過濾及查核。
- 設置監控設備，並加強死角之巡查機制，同時建立假日、夜間等之巡邏體制。
- 整理並移除場所周邊之可燃物。
- 最後一位離開者，應做好火源管理，並關閉門窗上鎖。
- 落實汽（機）車停放之安全管理。

2.附近發生連續縱火案件時之對策：

- 加強院內行政管理，確切掌控院內員工及院民數量，審慎防範危險人員的動向，防範人為縱火意外發生。
- 加強死角之巡查機制，並強化假日及夜間之巡邏體制。
- 加強宣導員工落實縱火防制工作，並確實要求最後一位離開者，應關閉門窗上鎖。

參、自衛消防活動

一、自衛消防編組

1.為確保火災及其他災害發生時，能將損害損失減至最低，故成立自衛消防隊（設於辦公室）。其編組情形及任務如附件五。

2.隊長、副隊長及各級幹部的權限及任務：

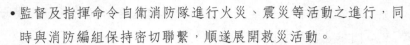

- 監督及指揮命令自衛消防隊進行火災、震災等活動之進行，同時與消防編組保持密切聯繫，順遂展開救災活動。
- 副隊長主要為輔助隊長，當隊長不在時，代行其任務。
- 地區隊長擔任負責地區初期自衛消防活動之指揮工作，隨時與隊長保持密切聯繫。
- 各班班長依其班別，負責滅火、通報、避難引導等相關自衛消防活動。

二、自衛消防活動

　　自衛消防活動包括指揮、通報聯絡、滅火、避難引導、救護及安全防護及假日、夜間之活動體制等項目，尤其於夜間上班人員較日間人員少之情形下，應針對夜間消防情境進行模擬演練，以確保收容院民之安全。相關之自衛消防活動如下：

1. 指揮：應設有指揮人員，同時於大廳前明顯處設置指揮中心，指示自衛消防隊之任務，掌握自衛消防活動之進行。

2. 通報聯絡：通報人員應通知當地消防機關有關機構地址、名稱、目前災害狀況等對外之聯繫，同時亦應負責對內之聯絡，包括管理員室、機構內各部門之聯絡告知等，通報結束後，應向防火管理人及自衛消防隊長告知通報情形及災害最新狀況。

3. 初期滅火：主要是以室內消防栓及滅火器進行初期滅火，以撲滅火災於初萌及防止迅速擴大延燒。

4. 避難引導：發生火災時，避難引導人員應引導起火層之避難者使用與起火處反方向之緊急出口避難，若火勢擴大或滅火行動不順利時，則應引導其至其他安全地方避難，對於高樓層之社會福利機構，應加強此部分之演練，並研擬對策與腹案，使當火災發生時，所有收容院民皆能順利逃生。

5. 救護：救護中心可與指揮中心設置在同一位置，救護班人員對受傷者應施予緊急醫療，必要時，可與救護中心聯絡，派員協

助將傷者快速搬運至救護站或迅速送醫，同時應記錄傷者之部門、姓名及受傷狀況，以供查考。

三、自衛消防編組之裝備：如附件六。

四、發生火災時，自衛消防編組人員，應依據附件五所賦予之責任進行自衛消防活動。

肆、假日暨夜間之防火管理體制

一、為確保夜間及假日之火災預防管理，本場所之值日人員（或保全人員），應定期巡邏各場所，以確保無異常現象。

二、本（場所名稱）之夜間及假日之自衛消防編組如附件七，當夜間及假日發生火災時，應採取下列應變作為：

1.立即通知消防機關（119），在進行初期滅火之同時，應同時通報建築物內部之出入人員，並依緊急通報系統，聯絡自衛消防隊長及防火管理人。

2.與消防機關保持聯繫，將火災情形、延燒狀況等初期火災訊息，隨時提供消防隊掌控，並引導消防人員前往起火地點。

伍、地震防救對策

一、為防範地震造成之災害，場所內應準備必要之防災用品，防火管理人及各樓層防火負責人，應透過防災教育告知所有從業人員，進行平時之安全管理時，並一併進行下列事項：

1.檢查附屬在建築物之設施如廣告牌、窗框、外壁等及陳列物品有無倒塌、掉落、鬆脫。

2.檢查燃氣設備、用火用電設備器具有無防止掉落措施，以及簡易自動滅火裝置、燃料自動停止裝置之動作狀況。

3.檢查危險物品有無掉落，傾倒之虞。

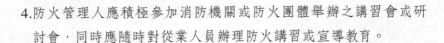
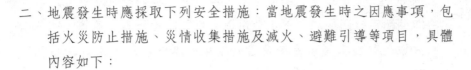

4.防火管理人應積極參加消防機關或防火團體舉辦之講習會或研討會，同時應隨時對從業人員辦理防火講習或宣導教育。

二、地震發生時應採取下列安全措施：當地震發生時之因應事項，包括火災防止措施、災情收集措施及滅火、避難引導等項目，具體內容如下：

1.位於用火用電設備器具周遭之員工，應確實切斷電（火）源，並移除易燃物，當建築物內發生火災，準用自衛消防活動中之滅火活動，採取初期滅火行動，並經火源責任者確認火災狀況後報告防火負責人，由防火負責人回報防火管理人（或指揮據點）。

2.全體員工應確認周圍機具、物品等有無掉落及異常狀況，並告知火源責任者轉知防火管理人（或指揮據點）。

3.地震發生時，自衛消防編組人員應立即指導病患或家屬等有關人員進行適當之避難行為。

三、地震發生後應採取下列安全措施：

1.於用火用電設備器具周遭之員工，應確認電（火）源安全無虞後，方可使用相關設備。

2.地震發生後如發生災害，於自身安全無虞下，應依自衛消防編組分工，進行救災。

3.如有受傷者，應列入最優先之救援行動，採取必要之緊急救護措施。

4.應蒐集相關資料地震資訊，適時通報建築物內部人員，如須採取避難行動，應告知集結地點俾集體前往避難處所。

陸、瓦斯災害緊急處置

一、瓦斯洩漏時，應即關閉附近瓦斯開關，並嚴禁火源，同時立即

通報瓦斯公司及119，告知（場所名稱）之瓦斯洩漏位置（或樓層）及有無受傷人員（及人數）。並進行場所內廣播，其廣播範例如下：「這裡是（警衛室），現在於○樓發生瓦斯外洩。請立即關閉瓦斯關開關、停止使用用火用電設備器具，並熄滅香菸等火源。各位來賓、家屬及患者請依照本院（所）人員之指示避難。」

二、緊急聯絡電話如下：

單位名稱	電話	單位名稱	電話
○○消防局	119	○○瓦斯公司	(○○)○○○○○○
○○警察局	110	單位主管	住宅：(○○)○○○○○ 公司：(○○)○○○○○ 行動電話：○○○○○
○○電力公司	(○○)○○○○○	○○保全公司	(○○)○○○○○

柒、防災教育訓練

一、為提升防火知識、消防技術及震災之對應措施及宣導關於消防防護計畫之內容，防火管理人及相關職員應進行防火、防災相關教育訓練。同時，防火管理人應積極參加消防機關或防火團體舉辦之講習或研討，同時應隨時對內部員工辦理防火講習會或宣導會。

二、實施對象應包含新進人員、正式員工、工讀生、臨時人員、自衛消防編組人員、住院病患及相關人員。

三、進行防災教育之重點如下：

1.徹底周知消防防護計畫內容及內部人員之任務。

2.有關火災預防上之遵守事項，以及火災或地震發生時之各項應變要領。

3.其他火災預防上必要之事項。

四、有關新進人員、正式員工、工讀生、臨時人員等之教育訓練之實

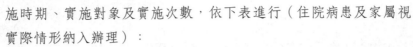

施時期、實施對象及實施次數，依下表進行（住院病患及家屬視實際情形納入辦理）：

對象	時期	次數	實施者		
			防火管理人	防火負責人	火源責任者
新進人員	採用時	乙次	○		
正式員工	○月、○月	每年二次	○		
	早晨集會時機	視需要進行		○	○
工讀生 臨時人員	採用時	乙次	○		
	上班時	視需要進行		○	○

五、為強化自衛消防編組之應變能力，有關自衛消防編組人員之教育訓練，將結合員工、病患暨相關人員，每半年至少舉行滅火、通報及避難訓練乙次，且每次訓練之實施不少於四小時。本場所辦理相關訓練之規劃如下：

類別		實施日期	內容
部分訓練	通報聯絡	○月、○月	假設災害發生時，應採取之通報聯絡作為，包含場所內之人員通報及消防機關之通報等。
	滅火	○月、○月	火災初期滅火要領，及進行滅火器、室內消防栓等之實際放射操作。
	避難引導	○月、○月	假設災害發生時，應採取之應變作為，包含避難指示、避難引導人員之配置及疏散內部收容人員等。
綜合演練		○月、○月	假設災害發生時，應採取之各項應變作為，包含狀況假設、起火地點之確認、通報聯絡、初期滅火、形成區劃、避難引導、緊急救護及指揮聯繫等整體之災害初期應變措施等。
備考			1.部分訓練，係著重於單項動作之操作訓練；而綜合演練，係整合部分訓練進行整體之操作演練。 2.其他訓練演練，將視需要安排時間進行夜間（模擬）訓練、自衛消防隊各班之圖面模擬狀況訓練。

捌、附則

一、本計畫自○○年○○月○○日開始實施。

二、本計畫製作完成後如有變更時，應即填具附表二報當地消防機關。

管理權人職稱	姓名	簽章

附表一　防火管理人（遴用、異動）提報表

防火管理人　　　　　■遴用　　　　　　　　（請勾選）提報表
　　　　　　　　　　　□異動

受文者						
主旨	提報本場所防火管理人					
提報人	（簽名或蓋章）					
場所	名稱			電話		
	地址					
	管理權人	姓名		簽名（或蓋章）		
		住址		身分證字號		
防火管理人	遴用	姓名		簽名（或蓋章）		
		身分證字號		出生日期	民國（前）　年　月　日	
		選派年月日	年　　　月　　　日			
		職稱				
		接受講習機構				
		證書日期	年　月　日	證書文號		
	異動	姓名				
		異動日期	年　　　　月　　　　日			
		異動原因				
綜合意見（消防機關填寫）						

依消防法第十三條之規定辦理。防火管理人如有異動，應併同合格之替換人選，
立即向消防機關提報。

附表二 （共同）消防防護計畫（製定、變更）提報表

□消防防護計畫　　　　　　□製定
□共同消防防護計畫　　　　□變更　　　　（請勾選）提報表

受文者		
主旨	提報 □消防防護計畫 　　□共同消防防護計畫	（如附件）
提報人	□管理權人： □共同防火管理協議會召集人：	（簽章）
製定人	□防火管理人： □共同防火管理人：	（簽章）
場所 名稱		電話
場所 地址		
□製定日期 □變更日期　　年　　月　　日	製定 變更　原因	○○○○○
綜合意見（消防機關填寫）	□准予核備。 □不予核備：	

1. 依消防法第十三條之規定辦理。消防防護計畫或共同消防防護計畫如有變更，請立即向消防機關提出。使用本表應檢附「消防防護計畫」及「消防防護計畫自行檢查表」或「共同消防防護計畫」及「共同消防防護計畫自行檢查表」。

2. 請於□中勾選適當之計畫類別及選項，如為共同消防防護計畫，請勾選「共同消防防護計畫」、「提報人」欄位之「共同防火管理協議會召集人」、「製定人」欄位之「共同防火管理人」。

附表三　消防防護計畫自行檢查表

消防防護計畫自行檢查表

依據消防法第13條及消防法施行細則第13條至第16條規定，防火管理人應製定消防防護計畫，並報請消防機關核備。此表係供防火管理人自行檢查，先行確認所製定之消防防護計畫內容是否適當，俟確認內容無誤後，再報請消防機關核備。

建築物概要
1.用途 ＿＿＿＿＿＿＿＿＿＿＿＿＿＿＿＿＿＿＿＿＿＿＿＿＿＿＿＿＿＿
2.地上＿＿＿層、地下＿＿＿層

審核項目	審核內容（確認事項）	自行檢查 是	否	備考
1.管理權人及防火管理人	1.是否由管理權人決定防火管理人，並向消防機關提報？	☐	☐	
	2.防火管理人是否為管理監督層級之幹部？	☐	☐	
	3.防火管理人是否依法參加講習、持有證書？	☐	☐	
	4.防火管理人是否依法參加每2年之複訓？	☐	☐	
	5.消防防護計畫是否由防火管理人製定，並依規定向消防機關提報？	☐	☐	
2.自衛消防編組	1.依法應實施防火管理之場所，其員工在10人以上時，至少編成滅火班、通報班及避難引導班？	☐	☐	
	2.自衛消防編組之組織圖是否製定？	☐	☐	
	3.各班之任務分工，是否明確訂定？	☐	☐	
	4.各樓層、各班之負責人及承辦人是否指定？	☐	☐	
	5.自衛消防隊之指揮據點是否確定其設置處所？	☐	☐	
	6.隊長及副隊長等重要幹部不在時，是否建立代理機制，並指定相關之代理人？	☐	☐	
	7.自衛消防編組之訓練計畫是否訂定？	☐	☐	
	8.是否針對自衛消防編組之訓練結果，製定相關報告書？	☐	☐	
3.防火避難設施自行檢查	1.是否能掌握建築物防火避難設施，沒有疏漏？	☐	☐	
	2.各項設施是否已訂定檢查負責人及執行人員？	☐	☐	
	3.是否製訂自行檢查表格及執行期程？	☐	☐	
4消防安全設施維護管理	1.是否訂定消防安全設備之年度檢修申報計畫，並以此為基準據以實施？	☐	☐	
	2.是否指定專人或委託專業機構，定期檢查消防安全設備？	☐	☐	
	3.是否依檢修申報規定，定期委託檢修專業機構或專技人員，進行消防安全設備之外觀檢查、性能檢查及綜合檢查，並將檢查結果提報消防機關？	☐	☐	
	4.檢查結果確認不完全、缺點之處，是否改善？	☐	☐	

老人居家健康照顧理論與實務

審核項目	審核內容（確認事項）	自行檢查 是	自行檢查 否	備考
5.火災及其他災害發生時之通報聯絡、滅火行動及避難引導	下列項目是否納入消防防護計畫中？			
	1.通報聯絡			
	(1)非自衛消防編組人員，發現火災時之通報內容及對象，是否訂定範例？	□	□	
	(2)當火警自動警報設備之受信總機，顯示火災時，有關人員至現場確認時，是否以緊急電話或通訊工具，確定狀況並回報管理中心（如防災中心、中控室等）。	□	□	
	(3)確認火災後，自衛消防編組之通報班等有關人員，是否立即向消防隊局（隊）（119）通報，同時，向自衛消防隊長報告，並使用室內廣播引導建築內部人員，採取必要之救災逃生措施。	□	□	
	(4)自衛消防隊之通報班，是否進行下列事項：			
	a.向消防機關作通報之確認，並向隊長報告災害狀況，並對火災狀況之變化進行緊急廣播。	□	□	
	b.進行自衛消防隊長指示命令之傳達。	□	□	
	c.消防人員抵達時，提供火災之延燒狀況、燃燒物品、有無避難未逃出者等情報，同時，對火災發生之場所進行避難引導。	□	□	
	2.滅火行動			
	(1)自衛消防隊之滅火班人員，應與地區隊共同努力，以滅火器或室內消防栓，實施初期滅火。	□	□	
	(2)地區隊滅火行動，是否著重於早期滅火。	□	□	
	3.避難引導			
	(1)自衛消防隊之避難引導班人員是否在火災發生時，是否與地區隊共同協力擔任避難引導。	□	□	
	(2)是否禁止使用電梯避難。	□	□	
	(3)避難引導班人員是否做好準備，人員應部署在安全門、特別安全梯之排煙室前，並規劃禁止通行之場所或路段，且防止有人因故重返火場之情形發生。	□	□	
	(4)進行避難引導時，是否正確使用手提擴音機、手電筒、哨子等器具，並注意防止避難混亂，且將起火樓層及其上一樓層人員，列為優先引導避難之對象。	□	□	
	(5)取得受傷者及尚未逃生者之消息時，是否立即與本部隊聯絡，做適當之處理。	□	□	
	(6)避難結束後，是否儘速進行人員之點名，確認有無尚未逃生者，並向本部隊報告。	□	□	
	(7)地區隊之避難引導者，是否對所負責之避難區域，依照前述之順序作適當之引導。	□	□	
	4.安全防護措施	□	□	
	安全防護班人員於火災發生時，是否進行安全門、防火鐵捲門之關閉操作。			

338

審核項目	審核內容（確認事項）	自行檢查 是	否	備考
	5.緊急救護 (1)設置緊急救護所之地點，是否設於對消防隊或相關救災救護行動沒有障礙之安全場所。	☐	☐	
	(2)救護班對受傷者進行緊急救護時，是否與消防救護人員密切聯繫，迅速將傷患運送至醫院做適當處理。	☐	☐	
6.實施通報、滅火及避難訓練	1.是否每半年進行一次訓練（可參考並填寫下表）？	☐	☐	
7.防災應變之教育訓練	教育訓練實施計畫，應包含下列內容？ 1.訓練師資、授課內容、受訓對象、實施期程是否訂定？	☐	☐	
	2.進行教育訓練時，下列課程內容是否適合受訓對象？			
	(1)消防防護計畫之內容。	☐	☐	
	(2)人員應遵守事項。	☐	☐	
	(3)有關火災發生時之處理。	☐	☐	
	(4)有關地震之處理。	☐	☐	
	(5)有關防火管理之手冊。	☐	☐	
	3.為提升教育效果，訓練師資應為防火管理人本身或相關之各任務負責人，授課重點如下：			
	(1)防火管理人授課時，應就所定之消防防護計畫，進行通盤介紹，並就重點項目詳加說明。	☐	☐	
	(2)其他人員進行授課時，應對日常之火災預防及災害發生時之處理要點等具體事項，詳加說明。	☐	☐	
8.用火、用電之監督管理	1.為確保負責區域內之火源、電氣管理等之完善，是否訂定防火負責人及火源負責人？	☐	☐	
	2.區域內之負責人，對火源、香菸處理及用火用電等，是否進行確認，並記載於檢查紀錄表？	☐	☐	
	3.有無指定吸菸區域，並做好火源管理？	☐	☐	

在項目6內嵌入表格：

訓練類別	實施日期	備註
滅火訓練		
通報訓練		
避難訓練		
安全防護		
緊急救護		
其他		
綜合		

2.是否對每次4小時之訓練製定時間表？ ☐ ☐

3.是否訂定訓練負責人員，且確實地進行訓練？ ☐ ☐

4.是否有個別訓練及綜合性訓練計畫？ ☐ ☐

5.是否製定訓練實施計畫？ ☐ ☐

老人居家健康照顧理論與實務

審核項目	審核內容（確認事項）	自行檢查 是	自行檢查 否	備考
9.防止縱火措施	1.針對能自由出入之場所，是否建立下列對策？			
	(1)整理、整頓，並除去容易產生死角之走廊、樓梯間、洗手台等之可燃物。	☐	☐	
	(2)物品之放置管理及雜貨倉庫之上鎖管理等。	☐	☐	
	(3)對員工或其他出入人員，要求配掛名牌，並強化人員之安全考核與監控。	☐	☐	
	(4)工作人員（包含臨時工作人員）應明確化，對不法進入者應加強監視。	☐	☐	
	(5)設置監控攝影設備，以排除死角，並在易縱火場所不定期巡邏，確立監控體制。	☐	☐	
	(6)內部裝潢、裝飾品等，使用不燃或防焰材質。	☐	☐	
	2.上班時間以外，是否建立下列對策？			
	(1)對建築基地或建築內部，實施禁止不當人員進入之防阻措施。	☐	☐	
	(2)負責火源及最後離開者，進行火源管理及確認上鎖。	☐	☐	
	(3)假日、夜間等巡邏體制確立，並進行放置可燃物場所之整理、整頓及保管場所之檢討。	☐	☐	
	(4)鑰匙妥善保管，不放置在出入口周遭等容易取得之處所，並進行保管場所之檢討。	☐	☐	
	(5)縱火頻繁之季節，是否進行加強巡邏等防處作為。	☐	☐	
	3.下列場所之上鎖管理是否依下列注意事項，建立對策？			
	(1)出入口、門窗及停車場之車輛等之上鎖確認機制。	☐	☐	
	(2)病房等處所等是否於退房後儘早實施上鎖。	☐	☐	
	(3)各樓層是否建立聯絡體制。	☐	☐	
10.場所之位置圖、逃生避難圖及平面圖	是否準備簡明易懂之各種圖面標示？	☐	☐	
11.其他防災應變上必要事項	1是否有定期辦理防火管理會議之機制？	☐	☐	
	2夜間或重點時段，有無其他強化作為？	☐	☐	
綜合意見（消防機關填寫）				

自行檢查時，如有附表（件）或其他應說明事項，請於備考欄中註明，倘該場所無該欄所列項目，請以「△」註記。

附表四　自衛消防編組訓練提報表

自衛消防編組訓練計畫提報表

受文者				
主旨	提報自衛消防編組訓練計畫（如附件）			
提報人	管理權人：			（簽章）
實施者	防火管理人：			（簽章）
場所	名稱		電話	
	地址			
訓練	日期			
	內容	□滅火訓練　　□通報訓練　　□避難引導訓練　　□綜合演練		
	種類	□白天人員之訓練　　□夜間人員之訓練　　□全體人員之訓練		
	參加人數	＿＿＿＿人	前次訓練日期	民國　　年　　月　　日
	派員指導	□要　　□不要	消防車支援	□需要　　輛　　□不要
	其他			
綜合意見（消防機關填寫）				

1. 依消防法施行細則第十五條第五項之規定辦理，並應於實際訓練日期十日前，提報消防機關，消防機關於該場所實際進行訓練時，應派員前往查察，以確認業已報請消防機關核備之消防防護計畫，是否依規劃日期進行。

2. 為落實滅火、通報及避難訓練之實施，應結合自衛消防編組進行，故應製定自衛消防編組訓練計畫，由消防機關提供必要之指導。

附表五　現有建築物（場所）施工中消防防護計畫提報表

現有建築物（場所）施工中消防防護計畫提報表

受文者				
主旨	提報○○○○○○○場所施工中消防防護計畫（如附件）			
提報人	管理權人：			（簽章）
製作人	防火管理人：			（簽章）
場所	名稱		電話	
	地址			
變更日期	年　月　日	變更原因		
綜合意見（消防機關填寫）				

請於實際開工日期三日前（如為郵寄，以郵戳為憑），向消防機關提報。

附表六　現有建築物（場所）施工中消防防護計畫自行檢查表

現有建築物（場所）施工中消防防護計畫自行檢查表

項目	自行檢查 有	自行檢查 無	備考
一、施工作業及計畫			
(一)施工概要	☐	☐	
(二)施工日程表	☐	☐	
(三)施工範圍	☐	☐	
(四)有無消防設備無法動作情形	☐	☐	
(五)有無避難逃生設備無法動作情形	☐	☐	
(六)有無使用會產生火源之設備	☐	☐	
(七)有無運用危險物品作業	☐	☐	
(八)聯絡人	☐	☐	
(九)緊急聯絡人	☐	☐	
(十)其他	☐	☐	
二、施工中之防火管理			
(一)預防火災	☐	☐	
(二)互相聯絡機制	☐	☐	
(三)地震對策	☐	☐	
(四)自衛消防編組	☐	☐	
(五)通報消防機關	☐	☐	
(六)逃生避難路線	☐	☐	
(七)防火區劃	☐	☐	
三、施工期間，施工人員之教育、訓練及施工中消防防護計畫之宣達			
(一)防災教育	☐	☐	
(二)防災訓練	☐	☐	
(三)告知施工中之消防防護計畫相關事宜	☐	☐	
四、其他	☐	☐	
綜合意見 （消防機關填寫）			

業者自我檢查時，如有附表或附件，請於備考欄中註明。倘該欄不需設置，請以「△」註記。

附件一　火災預防管理編組表

火災預防管理編組表

防火管理人（○○○）	防火負責人	火源責任者		
		場所	職稱	姓名
	○樓（○○○）			
	○樓（○○○）			

一般注意事項

1. 不在出入口、樓梯間及避難通道堆積物品，並瞭解滅火器及室內消防栓等消防安全設備之位置。

2. 安全門周遭，應確保通暢，無妨礙安全間關閉之情形出現。

3. 經常整理用火用電設備之附近環境，不放置易燃物品。

4. 休憩場所及辦公室等處所，最後離開人員，應確實處理火源。

5. 規範員工於指定場所吸菸，並確實處理菸蒂。

6. 吸菸場所之菸灰缸、通道垃圾桶附帶之菸灰缸等處，應盛水以確保菸蒂熄滅。

7. 走廊、樓梯間、茶水間及盥洗室等易成為防火死角之地點，不放置可燃物。

8. 使用危險物品時，應獲得防火管理人之許可。

9. 如場所發生火災（或異常現象）時，應通報防火管理人及一一九，並採取適當之應變行動。

10. 進行建築物內外之整頓清理時，垃圾、紙箱等易燃物品，在規定時間以外，決不放置在戶外。

11. 電氣及瓦斯等用火用電設備（施）關閉開關後，應確保各個房間之安全後上鎖。

12. 火源責任者，應確實管理並負責區域之用火用電安全。

13. 各班之負責人員，應記錄實際到課人數，並記載於辦公室之公告欄。

14. 其他易發生火災之情形，參考如下：

　　(1)稀釋劑、塗料等容易造成危險的物品，應禁止攜入。

　　(2)避難通道不得放置突出之平台、吊架等妨礙通行之物品及設備。

　　(3)使用明火或攜入危險物品時，應獲得防火管理人之許可。

　　(4)禁菸場所發現有人吸菸，應立即制止。

　　(5)場所內如有復健訓練等伴隨用火用電設備使用之情形，員工應加強此場所之巡視，並於使用結束後加強用火用電設備之檢查。

　　(6)如有異常狀況應立即告知防火管理人。

附件二　日常火源自行檢查表

日常火源自行檢查表

實施人員				負責區域		檢查月份			
日期	週		實施項目						附記
		用火設備使用情形	電器設備配線	菸蒂處理	下班時火源管理	其他（可燃物管理等）			
1	四								
2	五								
3	六								
4	日								
5	一								
6	二								
7	三								
8	四								
9	五								
10	六								
11	日								
12	一								
13	二								
14	三								
15	四								
16	五								
17	六								
18	日								
19	一								
20	二								
21	三								
22	四								
23	五								
24	六								
25	日								
26	一								
27	二								
28	三								
29	四								
30	五								
31	六								
防火管理人處置情形暨簽章									

備考：如有異常現象，應立即報告防火管理人。

符號說明：「○」→符合規定、「Ｖ」→立即改善後符合規定、「Ｘ」→無法使用、損壞或未依規定且無法立即改善。

附件三　防火避難設施自行檢查紀錄表

防火避難設施自行檢查紀錄表

實施 人員		負責區域		
實施日時				
檢查重點		檢查狀況 （處置情形）		檢查狀況 （處置情形）
1.安全門（防火門）之自動關閉器動作正常				
2.防火鐵捲門下之空間無障礙物				
3.樓梯不得以易燃材料裝修				
4.安全門、樓梯、走廊、通道無堆積妨礙避難逃生之物品				
5.安全門無障礙物並保持關閉				
6.安全門常關不上鎖				
7.樓梯間未堆積雜物				
8.避難通道有確保必要之寬度				
9.避難逃生路線圖依規定設在明顯處				
10.其他：				
回報狀況				
防火管理人處置情形暨簽章		管理權人處置情形暨簽章		

備考：如有異常現象，應立即報告防火管理人。

符號說明：「○」→符合規定、「V」→立即改善後符合規定、「X」→無法使用、損壞或未依規定且無法立即改善。

附件四　消防安全設備自行檢查表

消防安全設備自行檢查表

實施人員		負責區域		
設備內容	實施內容		檢查結果	日期
滅火器	1.放置於固定且便於取用之明顯場所。 2.安全插梢無脫落或損傷等影響使用之情形。 3.噴嘴無變形、損傷、老化等影響使用之情形。 4.壓力指示計之壓力指示值在有效範圍內。 5.無其他影響滅火器使用之情形（如放置雜物）。			
室內消防栓	1.消防栓箱門確實關閉，水帶與瞄子之數量正確。 2.消防栓箱內瞄子及水帶等無變形、損傷等無法使用情形。 3.紅色幫浦表示燈保持明亮。 4.無其他明顯影響使用之情形（如放置雜物）。			
撒水設備	1.無新設隔間、棚架致未在撒水範圍內之情形。 2.撒水頭無變形及漏水之情形。 3.送水口無變形及妨礙操作之情形。 4.制水閥保持開啟，附近並有「制水閥」字樣之標識。 5.無其他明顯影響使用之情形（如放置雜物）。			
火警自動警報設備	1.受信總機電壓表在所定之範圍內或電源表示燈保持明亮。 2.火警探測器無變形、損壞等無法使用之情形。			
火警發信機	1.按鈕前之保護板，無破損、變形及損壞等影響使用之情形。 2.無其他明顯影響使用之情形（如放置雜物）。			
緊急廣播設備	實際進行廣播播放測試，確保設備能正常播放。			
避難器具	1.避難器具之標識，無脫落、汙損等影響辨識之情形。 2.避難器具及其零件，無明顯變形、脫無等影響使用之情形。 3.避難器具周遭無放置雜物影響其使用之情形。 4.下降空間暢通無妨礙下降之情形（如設置遮雨棚）。			
標示設備	1.無內部裝修，致影響辨識之情形。 2.無標識脫落、變形、損傷或周圍放置雜物等影響辨別之情形。 3.燈具之光源有保持明亮，無閃爍等影響辨識之情形。			
狀況回報				

防火管理人處置情形暨簽章	管理權人處置情形暨簽章

備考：如有異常現象，應立即報告防火管理人。

符號說明：「○」→符合規定、「V」→立即改善後符合規定、「X」→無法使用、損壞或未依規定且無法立即改善。

附圖一 （場所名稱）位置圖

○○位置圖

北

比例：1：600

符號說明：

⌂：（場所名稱）瓦：瓦斯行 油：加油站 園：公園 區：區公所

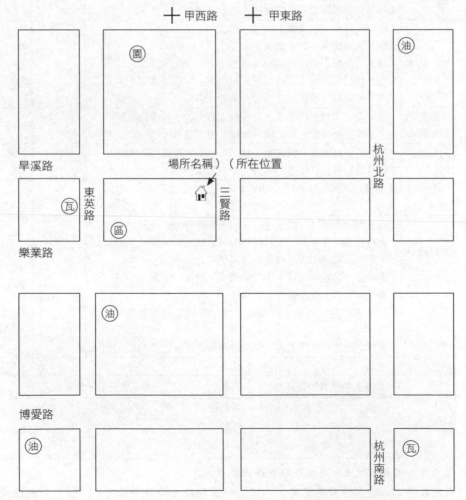

附圖二 （場所名稱）平面圖暨逃生避難圖

符號說明：

ⓒ：滅火器

◹：室內消防栓

▽：緩降機

▤：樓梯

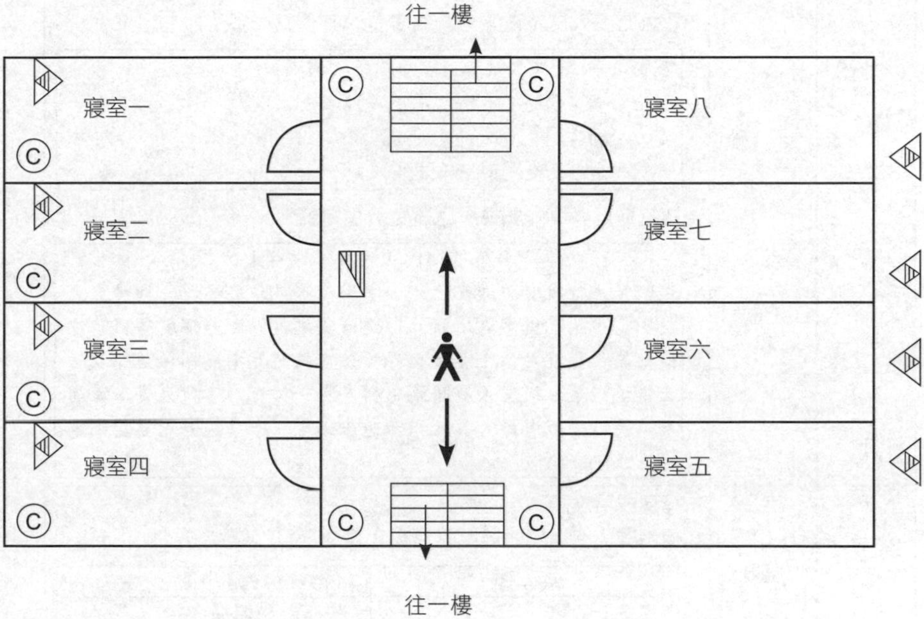

===================================

往一樓

往一樓

註：平面圖及逃生避難圖可分別繪製，或合併繪製，另實際製作平面圖及逃生
避難圖時，每一樓層均應製。

附件五　自衛消防隊編組表

自衛消防隊編組表

自衛消防隊長		指揮、命令及監督自衛消防編組。
自衛消防副隊長		輔助自衛消防隊長，當隊長不在時，代理任務。
班別	成員	任務
通報班	班長 ○○○ 成員 ○○○、 ○○○	1.向消防機關報案並確認已報案。有關報案範例如下： **報案範例** 火災！在○路○段○巷○弄○號○樓，附近有○○○○○○○○在○○樓的○○○燃燒。報案人電話：○○○○－○○○○ 2.向場所內部人員緊急廣播及通報。 3.聯絡有關人員（依緊急聯絡表）。其重點如下： 瓦斯公司：○○○○－○○○○ 保全公司：○○○○－○○○○ 電力公司：○○○○－○○○○ 公司主管：○○○○－○○○○ 4.適當進行場所內廣播，應避免發生驚慌。 **緊急廣播例（重複二次以上）** 這裡是（行政室，或其他適合之單位），現在在○○樓發生火災！○樓及○樓滅火班請立即進行滅火行動。避難引導班請依照配置位置就定位！各層火源責任者請將瓦斯關閉，並採取防止延燒對策。從業人員請讓電梯停在一樓！「各位來賓、家屬及病患請依照引導人員之指示避難逃生。」請絕對不要搭乘電梯。
滅火班	班長 ○○○ 成員 ○○○、 ○○○	1.指揮成員展開滅火工作。 2.使用滅火器、消防栓進行滅火工作。 | 滅火器 | 消防栓 | | ①拔安全插銷 | ①按下起動開關 | | ②噴嘴對準火源 | ②連接延伸水帶 | | ③用力壓握把 | ③打開消防栓放水 | 3.與消防隊聯繫並協助之。

（續）附件五　自衛消防隊編組表

避難引導班	班長 ○○○ 成員 ○○○、 ○○○	1.於起火層及其上方樓層，傳達開始避難指令。 2.開放並確認緊急出口之開啟。 3.移除造成避難障礙之物品。 4.無法及時避難及需要緊急救助人員之確認及通報。 5.運用繩索等，劃定警戒區。 6.操作避難器具、擔任避難引導。

重點	必要裝備
• 通道轉角、樓梯出入口應配置引導人員 • 以起火層及其上層為優先配置	• 各居室、避難出口之萬用鑰匙 • 手提擴音機 • 繩索 • 手電筒 • 其他必要之器材

安全防護班	班長 ○○○ 成員 ○○○、 ○○○	1.立即前往火災發生地區，關閉防火鐵捲門、防火門。 2.緊急電源之確保、鍋爐等用火用電設施之停止使用。 3.電梯、電扶梯之緊急處置。
救護班	班長 ○○○ 成員 ○○○、 ○○○	1.緊急救護所之設置。 2.受傷人員之緊急處理。 3.與消防人員聯絡並提供資訊。

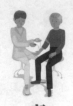

附件六　自衛消防隊裝備一覽表

自衛消防隊裝備一覽表

類別	品名	數量	保管場所	備考
隊用裝備	滅火器（ABC）			
	火鉤			
	繩索（30公尺）			
	手提擴音機			
	收音機			
	醫藥用品			
	建築物、設備圖說			
個人裝備	消防衣			
	安全帽			
	警笛			
	手電筒			
	萬用鑰匙			

1. 隊用裝備，應集中置於指揮據點〔如警衛室、防災中心等經常有人之處所（如本案之辦公室）〕，由自衛消防隊長保管及管理；個人裝備應由個人自行保管或集中管理。
2. 上述各項裝備，可自行增減。

附件七　夜間、假日自衛消防編組表

夜間、假日自衛消防編組表

值班人員	任務	人員	任務內容
隊長〇〇〇 執勤人員 〇〇〇 共 ## 名	指揮		擔任初期消防活動之指揮工作，同時應掌握開始避難之決定、避難人員之確保及災害之狀況。 重點 • 引往起火場所之最短通道。 • 引導至進出口。 • 引導至緊急用昇降機。 • 起火場所、燃燒物體及燃燒範圍。 • 有無受困者、受傷者等。
	通報		1.向消防機關報案並確認已報案。有關報案範例如下： 報案範例 火災！在〇路〇段〇巷〇弄〇號〇樓 附近有〇〇〇〇〇〇 在〇〇樓的〇〇〇燃燒。 報案人電話：〇〇〇－〇〇〇〇 2.向場所內部人員緊急廣播及通報。 3.聯絡有關人員。 重點 瓦斯公司：〇〇〇〇－〇〇〇〇 保全公司：〇〇〇〇－〇〇〇〇 電力公司：〇〇〇〇－〇〇〇〇 公司主管：〇〇〇〇－〇〇〇〇 4.適當進行場所內廣播，應避免發生驚慌。 緊急廣播例（重複二次以上） 這裡是（防災中心），現在在〇〇樓發生火災！〇樓及〇樓滅火班請立即進行滅火行動。避難引導班請依照配置位置就定位！各層火源責任者請將瓦斯關閉，並採取防止延燒對策。從業人員請讓電梯停在一樓！「各位顧客請依照引導人員之指示避難逃生。」請絕對不要搭乘電梯。
	滅火		運用區域內之滅火器、消防栓進行滅火工作。 滅火器 ｜ 消防栓 ①拔安全插銷 ｜ ①按下起動開關 ②噴嘴對準火源 ｜ ②連接延伸水帶 ③用力壓下握把 ｜ ③打開消防栓放水

（續）附件七　夜間、假日自衛消防編組表

值班人員	任務	人員	任務內容
	避難引導		1.大聲指引避難方向，避免發生驚慌。 2.打開緊急出口（安全門等）並確認之。 3.移除妨礙避難之物品。 重點 / 必要裝備（見下表） 4.操作避難器具、擔任避難引導。 5.確認所有人員是否已避難，並將結果聯絡自衛消防隊長。 6.關閉防火門、防火鐵捲門、防火閘門。 7.緊急電源之確保、鍋爐等危險設施之停止供給運轉。 8.昇降機、電扶梯之緊急處置。

重點	必要裝備
• 通道轉角、樓梯出入口應配置引導人員 • 以起火層及其上層為優先配置	• 各居室、避難出口之萬用鑰匙 • 手提擴音機 • 繩索 • 手電筒 • 其他必要之器材

夜間編組如自衛消防（副）隊長未參與編組，應指定適當層級之人員擔任指揮人員。

附錄三　防災計畫書

一、計畫目標

　　本計畫目標在於評估（私立及公設民營）老人（安養暨長期照顧）機構特性與災害風險，據以改善安全設施並預先做好災害準備工作，俾利災時迅速應變與避難疏散，以保障機構內工作人員及住民生命、身體與財產安全。

二、依據

　　99年10月6日內授中字第0990715953號函（99年9月30日老人福利機構評鑑丙丁等相關處理事宜會議紀錄案由二之決議）。

三、機構環境

　　3.1重要設施調查表
　　3.2社區防災地圖

四、災害發生之可能

　　4.1歷史災例
　　4.2災害潛勢

五、相關機關與團體

　　5.1救助單位
　　5.2醫療單位
　　5.3行政聯繫、通報單位

5.4民間救助單位

5.5志工團體

5.6災害緊急應變互助小組

六、機構通訊錄

6.1工作人員通訊錄

6.2住民通訊錄

七、疏散避難

7.1疏散避難機制

7.2路線圖

7.3分組表

7.4緊急用品清單

7.5通報表

7.6定期演練

八、臨時安置

8.1同區安置機構清冊

8.2跨區安置機構清冊

8.3其他安置處所清冊

九、其他

9.1設施設備整備與因應

（備有相關設施設備，如不斷電系統、防水閘門、儲水設

備……）

　　（變電箱非設置於地下室或有其他防淹水設計）

9.2資訊定期更新

1.每年定期檢視相關計畫並更新內容

2.定期檢視所附人員、機關、團體聯絡資料是否正確

3.1重要設施調查表

編號	項目	座落地點	備註
1	（電箱）		電梯旁
2	（消防栓）		門外
3	（監視器）		管理員監控
4	（避難空間）		
5	（防災公園）	捷運站捷運公園	
6	（里辦公處）		里長
7	區公所		里幹事
8	（里辦公處）		里長
9	（區民活動中心）		
台北市○○區區民活動中心			
名稱	面積及可容納人數	座落地址	
	___坪___人		
	___坪___人		

4.1歷史災例

時間 （年月日時）	項目	發生地點	處理方式	備註
	□天然災害 □意外事件 □公共安全事件 □暴力衝突事件 □其他	□機構內 （　　　） □社區內 （　　　）		□已通報 （ 年 月 日）

備註：目前為止無歷史災歷記錄

4.2災害潛勢

(1)淹水潛勢

經濟部水利署防災資訊服務網淹水潛勢下載（要安裝Google地球）

http://fhy2.wra.gov.tw/Pub_Web/WarnInfo.aspx

(2)坡地災害潛勢

台北市大地工程處山坡地地質資訊系統山崩潛感圖／歷史災害圖

http://gisweb.ed.taipei.gov.tw/gisweb/

(3)火災——台北市政府消防局搶救困難地區查詢

http://102.tfd.gov.tw/index.html

(4)地震災害潛勢：依據屋齡、建物使用情形及承重構件堪用狀況評估，必要時進行結構補強。

(5)其他災害風險——例如臨近資源回收廠（堆置雜物且未加強安全措施者）、空屋（治安死角者）、菜市場（髒亂者）、變電箱（高架）、電線電纜招牌（任意垂掛、固定不牢者）、油槽（未加強安全措施者）、工廠（違法者）、騎樓放機車等不安全因素。

災害潛勢	災害類型	風險評估	資料說明	備註
淹水潛勢	水災（淹水）	□地勢低窪 □排水管路 □淹水紀錄 □1樓 □水溝清疏狀況	淹水災害警戒值 淹水災害潛勢地圖 350mm & 450mm & 600mm	經濟部水利署防災資訊服務網，http://fhy2.wra.gov.tw/Pub_Web/WarnInfo.aspx
坡地災害潛勢	土石流	□土石流潛勢地區 □順向坡 □擋土牆 □坡地道路是否有破裂現象	土石流災害警戒值 坡地災害潛勢地圖	台北市大地工程處，http://gisweb.ed.taipei.gov.tw/gisweb/

災害潛勢	災害類型	風險評估	資料說明	備註
火災災害潛勢	火災搶救困難	☐地勢 ☐巷弄寬度 ☐消防隊地點		台北市政府消防局，http://102.tfd.gov.tw/index.html
地震災害潛勢	地震	☐屋齡 ☐建築物改建 ☐結構補強 ☐臨近其他建物 ☐樑、柱是否有深裂痕		
其他災害風險	其他	無	無	

防災應變參考網站

1. 國家災害防救科技中心網站（NCDR）

   http://www.ncdr.nat.gov.tw

2. 土石流防災資訊網

   http://246.swcb.gov.tw/default-1.asp

3. 行政院國家科學委員會網站

   http://web1.nsc.gov.tw/ct.aspx?xItem=8447&ctNode=40&mp=1

4. 中央災害應變中心

   http://www.ndppc.nat.gov.tw/about.htm

5. 交通部中央氣象局

   http://www.cwb.gov.tw/

6. 經濟部水利署防災資訊服務網站

   http://fhy.wra.gov.tw/Pub_Web_2011/

7. 農委會水土保持局土石流災害應變網站

   http://246.swcb.gov.tw/

8.交通部公路總局公路防救災系統

　http://bobe168.tw/

9.內政部消防署

　http://www.nfa.gov.tw/main/index.aspx

10.災害潛勢地圖專屬網站

　http://satis.ncdr.nat.gov.tw/dmap/

11.行政院農業委員會水土保持局土石流防災資訊網

　http://246.swcb.gov.tw/School/school-toknew.asp

12.台北市大地工程處

　http://gisweb.ed.taipei.gov.tw/gisweb

13.台北市政府消防局

　http://102.tfd.gov.tw/index.html

5.1～5.6相關機關與團體

名稱	地址	電話	聯絡人	備註
（救助單位）				
消防局				
警察局				
里長辦公室				
社區巡守隊				
民間救護車				
（醫療單位）				
醫院				
診所				
（行政聯繫）				
縣市政府社會局／平時				
社會局／災害應變中心				
社會局／假日				防災業務承辦股長
社會局／傳真				
市災害應變中心		平時 災時		
區災害應變中心				

健康服務中心				
老人服務中心				
社會福利服務中心				
中央氣象局				
電力公司				
大台北瓦斯公司				
自來水公司				
計程車				
復康巴士				
民間救助單位				
紅十字會				
（志工組織）				
（災害互助小組）				
災害互助小組				

6.1 員工通訊錄

	編號	姓名	市話	手機	地址	備註
1	主任					總指揮
2	護理人員					副指揮
3	社工人員					
4	照顧服務員					
5	照顧服務員					

6.2 住民通訊錄（得以月報表之住民名冊替代，需附有聯絡人資料）

序號	姓名	性別	出生日期	身障手冊	緊急聯絡人	電話	入住日期
1				肢障／輕度			
2				肢障／輕度			

7.1疏散避難機制

災害類型	評估	應變機制	備註
水災（淹水）	□淹水預計12hr退去	住民往高樓層疏散	1.搶救生命優先 2.視機構設施設備及住民健康依賴情形而定 　降雨多不一定淹水，附近河川水位高漲也不一定淹水，但不高也不表示不淹，下水道水位於滿管80%即將淹水
	□淹水預計24hr不退	住民往其他機構疏散	
火災	■機構內火災、立即撲滅	規劃移置他處、進行補強修繕	
	□機構內火災、未能立即撲滅	撤離	強制疏散
	■臨近之火災	撤離警戒區外	強制疏散
地震	■震後緊急鑑定：結構受損、無立即危險	規劃移置他處、進行補強修繕	
	□震後緊急鑑定：結構受損、有立即危險	撤離	強制撤離
坡地災害	■氣象局預報24hr累積雨量達	預作準備	大地處指定之老舊聚落 24hr累積雨量達400強制疏散
	■24hr累積雨量達	撤離	
	■氣象局預報24hr累積雨量達	預作準備	農委會指定之土石流保全戶 24hr累積雨量達500強制疏散
	■24hr累積雨量達	撤離	北投、士林、文山、內湖 400/500 中山450/550 信義、南港500/600
其他	無	無	

7.2避難路線（機構內／社區中／跨區域）

(一)附上逃生避難平面圖

(二)社區逃生避難路線

(三)跨區域逃生避難路線

7.3分組表

編號	姓名	分組組別	負責人	特殊註記	備註
1		1		肢障／輕度	
2		1		肢障／輕度	
3		2		肢障／輕度	
4		2		多重／輕	

總指揮：　　　　　副指揮：　　　　　其他協助疏散人員：

7.4緊急用品清單

編號	項目	放置地點	檢查人員確認	備註
	（緊急發電設備／汽油）	本大樓地下一樓		
	（手電筒／電池）	辦公室		
	（收音機）	護理站		
	（飲用水）	廚房		
	（備用耗材）	護理站		住民醫療相關耗材／非醫療相關耗材
	（備用存糧）	廚房儲藏室		
	（急救箱）	護理站		

7.5緊急事件通報表

台北市老人福利機構緊急事件處理通報單

□初報　□續報（　　）□結報

一、事件內容：

通報單位：

通報人：

通報時間：＿＿＿年＿＿＿月＿＿＿日＿＿＿時＿＿＿分

聯絡電話：

老人福利科傳真：

二、基本資料

　　1.機構名稱：

　　2.□公立　□公設民營　□私立；規模：□49人以下　□50-300人
　　　□300人以上

　　3.負責（或聯絡）人姓名：　　　　聯絡電話：

　　4.發生時間：　年　月　日　□上午　時／□下午　時

　　5.發生地點：　區，地址：　　路（街）　段　巷　弄　號　樓

三、事件說明

　　1.類別：□天然災害　□意外事件　□公共安全事件　□暴力衝突事件
　　　□其他

　　2.傷亡／損失（壞）情形：

　　　□損失狀況（新臺幣）：□100萬元；□200萬元；□300萬元；
　　　□其他

　　　□死亡：□1人；□2人；□3人；□其他

　　　□失蹤：□1人；□2人；□3人；□其他

　　　□傷患：□1人；□2人；□3人；□其他

個人資料	姓名：	□男 □女
	身分證統一編號：	出生年月日：　年　月　日　　歲
	目前留置處所：□醫院　□殯儀館　□原居住地／機構　□庇護處所　□其他	
	福利身分：（可複選）□一般　□低收入　□中低收入　□獨居長者　□榮民　□身障　障度　□遊民　□其他	

　　3.事件經過描述（請敘明人事時地物等項及發生原因、現況說明
　　　等）：

　　4.其他補充訊息：

四、處理情形

　　1.已處理事項（請條列式寫出何時做了什麼事情）：＿＿＿＿＿＿

2.媒體關切？□否 □是→→媒體：□電子 □在場 □不在場
　　　　　　　　　　　　　　　 □平面 □在場 □不在場

＊受訪問題及回答狀況：

3.民意代表關切？□否 □是，姓名＿＿＿＿＿＿＿

4.其他在場相關人員：

　姓名＿＿＿＿＿＿＿單位＿＿＿＿＿＿＿職稱＿＿＿＿＿＿

　聯絡電話＿＿＿＿＿＿＿

5.後續工作事項（如提供社工專業服務、確認相關訊息、行政聯
　繫、檢討改善等）：

　□提供後續服務（請條列式說明）：＿＿＿＿＿＿＿＿＿＿＿

6.請求協助或支援事項：

◎緊急事件處理通報程序

1.電話聯繫：得知事件發生，請機構主管先以電話通知本市社會
　局老人福利科

　電話＿＿＿＿＿＿＿＿＿＿＿＿＿。

2.儘速填寫通報單，並傳真機構承辦人。

3.事件有最新變化發展時，請回報最新處理狀況，至緊急狀況解
　除為止。

◎緊急事件層級及通報時限（依照內政部所轄社會福利機構危機
　預防及緊急應變注意事項）

1.甲級事件（應於獲知事件10分鐘內先以口頭通報本局並儘速傳
　真通報單）

　(1)因危機事件導致人員死亡。

　(2)經醫師診斷惟患傳染病或疑似罹患傳染病致死。

　(3)疑似群聚感染傳染病。

　(4)亟須本局或其他單位協助及研判可能引發媒體關注、社會關

切之事件。

2.乙級事件（應於獲知事件1小時內先以口頭通報本局並儘速傳真通報單）

　(1)因危機事件導致重傷或有死亡之虞。

　(2)疑似罹患傳染病。

　(3)其他未達甲級事件程度，且各機構無法即時處理之事件。

3.丙級事件（應於獲知事件24小時內傳真通報單予本局）

　(1)因危機事件受傷。

　(2)其他未達乙級事件程度，且各機構無法即時處理之事件。

7.6平時演練

時間	年　　月　　日	參與人員	■住民__位 ■工作人員__位 □其他__位
項目	■水災（防範演練：□防水閘門操作 □沙包堆疊 ■發電機／抽水機操作） 　（通報演練：□警察消防單位 □醫療單位 □主管機關） 　（撤離演練：■引導撤離 □交通運輸） ■震災（安全防護演練：■人身安全防護 ■環境安全檢視） 　（通報演練：□警察消防單位 □醫療單位 □主管機關） □其他			
活動紀錄	■疏散時間共　30　分 ■照片			
活動評估與檢討	■			

8.1～8.3安置機構清冊

名稱	地址	電話	聯絡人	可協助安置床位數	備註

9.1本機構現有設施設備整備與因應

備有相關設施設備

■不斷電系統

□防水閘門

■儲水設備

□變電箱非設置於地下室或有其他防淹水設計

9.2本防災計畫書定期於每年12月檢視並更新計畫內容；另所附人員、機關、團體聯絡資料訂每12月更新一次。

附錄四　社會福利機構危機預防及緊急應變注意事項

一、_____（以下簡稱本所）為協助本所住民及工作人員，建立危機預防機制及危機事件處理模式，確保本所住民及工作人員安全，降低損害並迅速復原，特訂定本注意事項。

二、本要點所稱危機事件，包括下列事件：

(一)天然災害：風災、水災、震災、土石流等天然災害。

(二)意外事件：毒性化學物質災害、動物性傷害、傳染病、食（藥）物中毒、交通事故及其他意外性傷亡事件。

(三)公共安全事件：火災、爆炸災、公用氣體與油料管線、輸電線路災害及其他因公共設施產生之傷害。

(四)暴力衝突事件：各機構內外之衝突、暴力或攻擊事件。

(五)其他緊急事件。

三、本所應針對可能發生之危機事件，加強防範，採取下列預防措施：

(一)成立危機管理小組，明確劃分工作權責，並由機構負責人擔任召集人。

(二)針對各種危機事件，訂定應變計畫及處理流程。

(三)隨時偵測發掘可能之危機，加強防範措施。

(四)定期辦理本所住民及工作人員防災之安全教育講習及演練，並作詳細紀錄。

(五)貫徹各項工作流程：各機構應訂定各項工作正確流程，提供員工遵循執行，減少危機事件發生。

(六)建立緊急通報系統，並隨時更新資料。

(七)加強特殊個案及員工（如：曾有暴力衝突、酗酒等）之輔導，並製作完整輔導紀錄。

(八)定期辦理特殊個案研討，並製作詳實紀錄。

(九)建立本所住民及工作人員互助及通報機制。

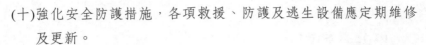

(十)強化安全防護措施，各項救援、防護及逃生設備應定期維修及更新。

(十一)建立機構發言人制度，加強與媒體之聯繫。

四、各機構針對可能發生之危機事件，應依下列原則訂定標準處理程序：

(一)啟動危機事件處理機制：

1.上班時間：依各機構訂定之危機處理流程辦理。

2.非上班時間：值日人員遇有危機事件發生時，應代表各機構負責人緊急調度指揮人員妥適處理。

(二)現場緊急處理並通知各機構負責人。

(三)依危機處理小組分工權責辦理：

1.報案：視事件性質向本府（或本局）或轄區派出所報案並配合採證。

2.緊急送醫救護。

3.通報：通報家屬、本部及相關單位。

(四)召開危機處理小組會議。

(五)確定後續處理工作，並研擬善後計畫。

(六)由各機構發言人適時對外說明。

(七)檢討及善後處理。

(八)建立完整處理紀錄。

五、為適時掌握各機構危機事件，加速處理應變，依各級危機事件之輕重程度區分如下：

(一)甲級事件：

1.本所住民及工作人員因危機事件導致人員死亡。

2.本所住民及工作人員經醫師診斷罹患傳染病或疑似罹患傳染病致死。

3.本所住民及工作人員疑似群聚感染傳染病。

4.亟須社會局或其他單位協助及研判可能引發媒體關注、社會關

切之事件。

(二)乙級事件：

1.本所住民及工作人員因危機事件導致重傷或有死亡之虞。

2.本所住民及工作人員疑似罹患傳染病。

3.其他未達甲級事件程度，且各機構無法即時處理之事件。

(三)丙級事件：

1.本所住民及工作人員因危機事件受傷。

2.其他未達乙級事件程度，且機構無法即時處理之事件。

六、各機構發生危機事件時，應依下列時限通報：

(一)甲級事件：應於獲知事件10分鐘內先以口頭通報社會局，並於30分鐘內傳真危機事件通報單。

(二)乙級事件：應於獲知事件1小時內先以口頭通報社會局，並於30分鐘內傳真危機事件通報單。

(三)丙級事件：應於獲知事件24小時內，通報社會局。

七、考核及獎懲：

(一)社會局應定期或不定期查核各機構相關預防措施執行績效。

附錄五　緊急事故處理流程

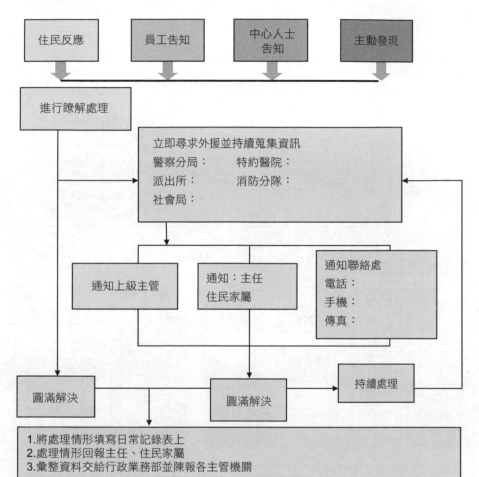

住民反應　員工告知　中心人士告知　主動發現

進行瞭解處理

立即尋求外援並持續蒐集資訊
警察分局：　　特約醫院：
派出所：　　　消防分隊：
社會局：

通知上級主管

通知：主任
住民家屬

通知聯絡處
電話：
手機：
傳真：

圓滿解決　　圓滿解決　　持續處理

1.將處理情形填寫日常記錄表上
2.處理情形回報主任、住民家屬
3.彙整資料交給行政業務部並陳報各主管機關

緊急通報中心（例如中山區）
天然災害防救中心：119
台北市政府防颱中心：27258200
台北市中山區防災中心：25412491
社會局緊急應變小組：27226497
27226437、27226527傳真27597770

台電公司：23788111 恢復電力
環保局：22392874清垃圾、環境消毒
自來水事業處：27352141恢復供水
養工處：27258200-7道路排水修復
衛生局：27287075疾病管制
社會局：27597725-7社會救助

附錄六　社會福利機構危機事件處理流程

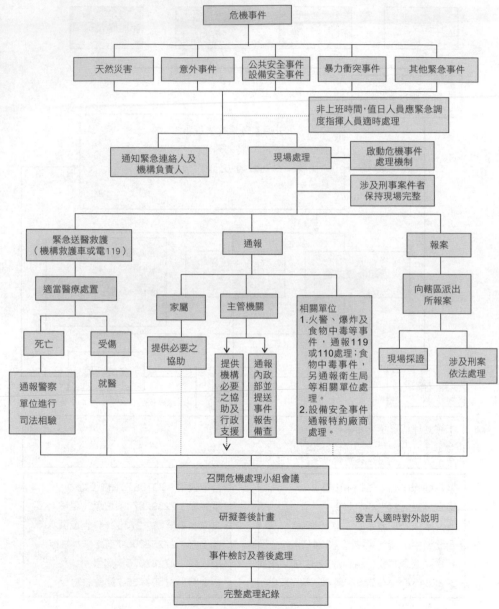

危機事件

- 天然災害
- 意外事件
- 公共安全事件 設備安全事件
- 暴力衝突事件
- 其他緊急事件

非上班時間，值日人員應緊急調度指揮人員適時處理

- 通知緊急連絡人及機構負責人
- 現場處理
  - 啟動危機事件處理機制
  - 涉及刑事案件者保持現場完整

緊急送醫救護（機構救護車或電119）
- 適當醫療處置
  - 死亡
    - 通報警察單位進行司法相驗
  - 受傷
    - 就醫

通報
- 家屬
  - 提供必要之協助
- 主管機關
  - 提供機構必要之協助及行政支援
  - 通報內政部並提送事件報告備查
- 相關單位
  1. 火警、爆炸及食物中毒等事件，通報119或110處理；食物中毒事件，另通報衛生局等相關單位處理。
  2. 設備安全事件通報特約廠商處理。

報案
- 向轄區派出所報案
  - 現場採證
  - 涉及刑案依法處理

召開危機處理小組會議

研擬善後計畫 ── 發言人適時對外說明

事件檢討及善後處理

完整處理紀錄

附錄七　終活筆記

終活筆記

關於我本人	姓名		血型	
	出生　年　月　日		聯絡電話	
	住址			
	戶籍地址□同上			
緊急聯絡人1	關係		聯絡電話	
緊急聯絡人2	關係		聯絡電話	
緊急聯絡人3	關係		聯絡電話	
健康狀況	病名1		服用藥物	
	醫院		主治醫師	
	病名2		服用藥物	
	醫院		主治醫師	
	病名3		服用藥物	
	醫院		主治醫師	
曾患的病史	病名1		醫院及醫師	
	病名2		醫院及醫師	
保險單	號碼		保管場所	
	號碼		保管場所	
年金	號碼		保管場所	
其他證件	1		2	
	3		4	
	5		6	
家人	共_____人包括			
父親	姓名		出生年月日	
	聯絡方式		備註事項	
	住址			
母親	姓名			
	聯絡方式		聯絡方式	
	住址			
配偶	姓名			
	聯絡方式		聯絡方式	
	住址			

孩子	姓名	
	聯絡方式	聯絡方式
	住址	
家系圖		
我的個人史	我的名字的由來	
	兄弟姊妹名字的由來	
	印象最深刻的事情	
學歷	國小	國中
	高中	大學
	研究所	其他
個人大事紀	10歲到60歲 每10年的重要大事	
與配偶的重要回憶	戀愛過程	蜜月地點
	重要日期	重要地點
與孩子的重要回憶	姓名	孩子出生年月日
	名字的由來出生	出生時的插曲
	姓名	孩子出生　年　月　日
	名字的由來出生	出生時的插曲
親朋好友清單	名字1	關係
	聯絡方式	住院或喪禮是否聯絡
	名字2	關係
	聯絡方式	住院或喪禮是否聯絡
	名字3	關係
	聯絡方式	住院或喪禮是否聯絡
	名字4	關係
	聯絡方式	住院或喪禮是否聯絡
	名字5	關係

親朋好友清單	聯絡方式	住院或喪禮是否聯絡
	名字6	關係
	聯絡方式	住院或喪禮是否聯絡
	名字7	關係
	聯絡方式	住院或喪禮是否聯絡
	名字8	關係
	聯絡方式	住院或喪禮是否聯絡
	名字9	關係
	聯絡方式	住院或喪禮是否聯絡
	名字10	關係
	聯絡方式	住院或喪禮是否聯絡
我的寵物	寵物名字	性別
	是否已經節育	暱稱
	獸醫診所	已經接種疫苗
	餵飼料次數	飼料名稱及購買地點
	注意事項	特殊習慣
	寵物身後事處置	安葬地點
我的財產	銀行存款	存摺保管場所
	帳戶名1	帳號
	銀行存款	存摺保管場所
	帳戶名2	帳號
	銀行存款	存摺保管場所
	帳戶名3	帳號
	銀行存款	存摺保管場所
	帳戶名4	帳號
	股票	名稱
	持股數	股東名義
	證券公司	
	不動產1	自有或持分
	名義人	是否抵押貸款或信託
	不動產2	自有或持分
	名義人	是否抵押貸款或信託
	貸款或借款	每月還款日
	保證人	還款銀行
	信用卡	公司

我的財產	卡號	狀況
	卡債	
	融資	狀況
照護方式	需要照顧時的意願	
	□在家	□請服務員照顧
	□家人決定	□在機構或醫院
照護費用	□沒有	□有存款
	□有保險	
有關餘命告知、維生治療、器官捐贈	□是　□否　接受安寧緩和醫療	□是　□否　接受維生治療
	□是　□否　器官捐贈	
有關喪禮	期望	費用
	禮儀公司	環保葬或火葬
	喪禮的形式	
電話處理	電話1	
	電話2	
	電話3	
網路服務處理	帳號1	
	帳號2	
	帳號3	
遺物分配處理	物品1	處理方式
	物品2	處理方式
	物品3	處理方式
	物品4	處理方式
	物品5	處理方式
遺囑	□有　□沒有	保管場所
遺產繼承	說明	
	注意事項	
其他	1. 2. 3.	
給最重要的人的話		

資料來源：劉格安譯（2013）。

附錄八　身心障礙新制8類（ICF）與舊制（16類）身心障礙類別及代碼對應表

依據「身心障礙者權益保障法」，101年7月11日起實施新制身心障礙鑑定與需求評估制度，其身心障礙類別已由舊制16類別改由新制8類別，惟相關部會之福利給付仍使用舊制類別，衛生署已完成對應表如下。身心障礙證明將註記新制類別及舊制代碼。

新制身心障礙類別	舊制身心障礙類別代碼	
	代碼	類別
第一類 神經系統構造及精神、心智功能	06	智能障礙者
	09	植物人
	10	失智症者
	11	自閉症者
	12	慢性精神病患者
	14	頑性（難治型）癲癇症者
第二類 眼、耳及相關構造與感官功能及疼痛	01	視覺障礙者
	02	聽覺機能障礙者
	03	平衡機能障礙者
第三類 涉及聲音與言語構造及其功能	04	聲音機能或語言機能障礙者
第四類 循環、造血、免疫與呼吸系統構造及其功能	07	重要器官失去功能者──心臟
	07	重要器官失去功能者──造血機能
	07	重要器官失去功能者──呼吸器官
第五類 消化、新陳代謝與內分泌系統相關構造及其功能	07	重要器官失去功能──吞嚥機能
	07	重要器官失去功能──胃
	07	重要器官失去功能──腸道
	07	重要器官失去功能──肝臟
第六類 泌尿與生殖系統相關構造及其功能	07	重要器官失去功能──腎臟
	07	重要器官失去功能──膀胱
第七類 神經、肌肉、骨骼之移動相關構造及其功能	05	肢體障礙者
第八類 皮膚與相關構造及其功能	08	顏面損傷者

新制身心障礙類別	舊制身心障礙類別代碼	
	代碼	類別
備註： 依身心障礙者狀況對應第一至八類	13	多重障礙者
	15	經中央衛生主管機關認定，因罕見疾病而致身心功能障礙者
	16	其他經中央衛生主管機關認定之障礙者（染色體異常、先天代謝異常、先天缺陷）

老人居家健康照顧理論與實務

作　　者／陳美蘭、洪櫻純、黃琢嵩、呂文正
出 版 者／揚智文化事業股份有限公司
發 行 人／葉忠賢
總 編 輯／閻富萍
特約執編／鄭美珠
地　　址／新北市深坑區北深路三段 260 號 8 樓
電　　話／(02)8662-6826
傳　　真／(02)2664-7633
網　　址／http://www.ycrc.com.tw
　E-mail ／ service@ycrc.com.tw
ＩＳＢＮ／978-986-298-250-1
初版一刷／2017 年 3 月
定　　價／新台幣 450 元

國家圖書館出版品預行編目（CIP）資料

老人居家健康照顧理論與實務/ 陳美蘭等著.
-- 初版. -- 新北市：揚智文化, 2017.03
　面；　公分

ISBN 978-986-298-250-1 (平裝)

1.老人養護 2.居家照護服務

544.85　　　　　　　　　　　　106002383

Notes

Notes